数字时代的安全与保密

詹榜华 朱蔚兰 安 靖 ◎ 著

中国传媒大学出版社
·北京·

图书在版编目（CIP）数据

数字时代的安全与保密 / 詹榜华，朱蔚兰，安靖著. -- 北京：中国传媒大学出版社，2024.3
ISBN 978-7-5657-3630-8

Ⅰ.①数… Ⅱ.①詹… ②朱… ③安… Ⅲ.①保密—工作—中国 Ⅳ.①D631.3

中国国家版本馆 CIP 数据核字（2024）第 041996 号

数字时代的安全与保密
SHUZI SHIDAI DE ANQUAN YU BAOMI

著　　者	詹榜华　朱蔚兰　安　靖
责任编辑	于水莲
封面设计	拓美设计
责任印制	李志鹏
出版发行	中国传媒大学出版社
社　　址	北京市朝阳区定福庄东街 1 号　邮　编　100024
电　　话	86-10-65450528　65450532　传　真　65779405
网　　址	http://cucp.cuc.edu.cn
经　　销	全国新华书店
印　　刷	唐山玺诚印务有限公司
开　　本	787mm×1092mm　1/16
印　　张	21.25
字　　数	360 千字
版　　次	2024 年 3 月第 1 版
印　　次	2024 年 3 月第 1 次印刷
书　　号	ISBN 978-7-5657-3630-8/D・3630　定　价　96.00 元

本社法律顾问：北京嘉润律师事务所　郭建平

本书编委会

陈青民　丁　晓　范文庆　刘雅璇

孙竞舟　翟建军　钟金鑫　周　颖

目 录

形势篇

第一章　当前安全保密形势　/ 3
　　第一节　保密事关国家安全与社会利益　/ 3
　　第二节　安全保密基本知识　/ 9
　　第三节　信息化时代的安全与保密　/ 18
　　第四节　安全与保密教育　/ 23

第二章　安全保密法律法规　/ 26
　　第一节　安全保密法律法规体系　/ 26
　　第二节　网络信息化领域保密法律法规　/ 31
　　第三节　各领域保密法律法规　/ 39
　　第四节　泄密的法律责任　/ 54
　　第五节　党内保密规定　/ 57

第三章　现实违规行为警示　/ 62
　　第一节　非法持有、泄露国家秘密　/ 62
　　第二节　擅自传输国家涉密信息　/ 65
　　第三节　擅自修改、处理涉密相关设备　/ 71

第四节　线下转移、传递国家秘密载体　/ 73
第五节　办公自动化设备泄密　/ 77
第六节　计算机及移动存储介质泄密　/ 79
第七节　涉密文件、资料泄密　/ 82
第八节　因个人私利故意窃密泄密　/ 85

第四章　安全保密意识　/ 90

第一节　网络信息化下的安全保密观念　/ 90
第二节　工作中的安全保密观念　/ 91
第三节　日常生活中的安全保密观念　/ 94

窃密篇

第五章　窃密与反窃密技术的发展　/ 99

第一节　不断发展的窃密技术　/ 99
第二节　反窃密技术的意义与种类　/ 101

第六章　窃听技术　/ 103

第一节　电话窃听　/ 103
第二节　网络窃听　/ 106
第三节　无线窃听　/ 107
第四节　其他窃听手段　/ 111

第七章　窃照窥视　/ 116

第一节　窃照窥视技术概述　/ 116
第二节　间谍相机的发展　/ 118
第三节　发展中的窃照与窥视技术　/ 121
第四节　数码时代的窃照与窥视技术　/ 123

第八章 综合电子监听 / 126

    第一节 陆海空立体监听体系 / 126

    第二节 网络空间的深度监听 / 128

    第三节 突破物理隔离系统主动攻击技术 / 132

    第四节 基于隐蔽信道的数据渗透技术 / 135

第九章 手机、互联网及办公设备窃密 / 140

    第一节 办公设备泄密隐患 / 140

    第二节 手机泄密隐患 / 142

    第三节 互联网泄密隐患 / 146

    第四节 打印机泄密隐患 / 149

    第五节 移动存储设备泄密隐患 / 152

    第六节 边缘攻击目标 / 153

保密制度篇

第十章 安全保密基本制度 / 159

    第一节 定密 / 159

    第二节 涉密人员管理 / 161

    第三节 涉密场所管理制度 / 163

    第四节 涉密载体管理制度 / 166

    第五节 涉密会议、活动管理制度 / 171

    第六节 涉密信息系统管理制度 / 173

    第七节 泄密风险排查 / 176

    第八节 专项工作中的安全保密 / 178

第十一章 社交活动中的安全保密 / 181

    第一节 接受采访的安全保密 / 181

    第二节 著书立说的安全保密 / 183

第三节　会客商谈的安全保密　/ 186

第四节　网络社交的安全保密　/ 189

第十二章　涉外活动中的安全保密　/ 193

第一节　涉外活动的安全保密　/ 193

第二节　外事活动的安全保密　/ 195

第三节　对外提供资料的安全保密　/ 198

第十三章　出国(境)活动中的安全保密　/ 201

第一节　出国(境)基本常识　/ 201

第二节　因公出国(境)的安全保密　/ 204

第三节　出国(境)期间保密管理　/ 207

第四节　境外涉密突发状况应急处理　/ 209

第五节　归国保密事项　/ 211

第十四章　科研活动中的安全保密　/ 214

第一节　基础知识　/ 214

第二节　涉密科研项目实施　/ 217

保密技术篇

第十五章　信号保密技术　/ 221

第一节　信号探测技术　/ 221

第二节　信号干扰技术　/ 223

第三节　密码技术　/ 229

第四节　信息加密与隔离技术　/ 233

第十六章　涉密信息系统　/ 240

第一节　系统建设　/ 240

第二节　系统环境与设备管理　/ 249

第三节　涉密信息系统安全保密管理人员　/ 261

第四节　涉密信息系统故障与安全事件处理　/ 264

第十七章　涉密计算机设备及互联网管理　/ 266

第一节　选购与系统管理　/ 266

第二节　运行与维护　/ 269

第三节　操作系统安全配置　/ 278

第四节　BIOS 安全配置　/ 282

第五节　存储设备与介质管理　/ 285

第六节　互联网管理　/ 293

第十八章　手机及办公设备管理　/ 302

第一节　手机安全保密技术　/ 302

第二节　打印机安全保密技术　/ 308

第三节　传真机安全保密技术　/ 312

第四节　扫描仪安全保密技术　/ 315

第五节　其他设备及系统安全保密技术　/ 318

第十九章　涉密信息设备管理　/ 320

第一节　涉密信息设备与安全保密产品　/ 320

第二节　涉密信息设备的物理环境安全　/ 323

第三节　涉密场所的环境安全　/ 328

PART 01

形势篇

第一章 当前安全保密形势

第一节 保密事关国家安全与社会利益

一、什么是国家安全

一提到国家安全,大家也许想到的是间谍故事和战争行为,觉得离自己太遥远。其实,国家安全早已不限于保卫国家不受侵略,而是拓展到了从经济、社会、生态环境到网络空间等各个领域,关乎我们每个人的切身利益。

国家安全是国家的基本利益,指一个国家处于没有危险的客观状态,也就是没有外部威胁和侵害,也没有内部动乱的状态。《中华人民共和国国家安全法》(以下简称《国家安全法》)第二条规定:"国家安全是指国家政权、主权、统一和领土完整、人民福祉、经济社会可持续发展和国家其他重大利益相对处于没有危险和不受内外威胁的状态,以及保障持续安全状态的能力。"

国家安全是一种社会现象,是国家生存发展的前提,是人民幸福安康的基础,也是中国特色社会主义事业的重要保障。安全保密工作作为维护和保障国家安全的重要一环,与国家安全息息相关。

国家安全关乎每个人的切身利益,保守国家秘密更是每一位公民义不容辞的责任和义务。如果我们发现间谍组织及其代理人正在实施危害国家安全的活动,应立即向国家安全机关举报。让我们一起绷紧守护国家安全之弦,严守国家秘密,构筑起捍卫国家安全的钢铁长城。

二、国家安全的内容

总体国家安全观涵盖多个重要领域的安全,并且随着社会发展不断动态调整。目前,总体国家安全观下的国家安全涵盖了20个重要领域,包括:政治安全、军事安全、国土安全、经济安全、金融安全、文化安全、社会安全、科技安全、网络安全、粮食安全、生态安全、资源安全、核安全、海外利益安全、太空安全、深海安全、极地安全、生物安全、人工智能安全、数据安全。

政治安全事关党和国家安危,其核心是政权安全和制度安全。政治安全是国家安全的根本,经济、社会、网络、军事等领域安全的维系,最终都需要以政治安全为前提条件;其他领域的安全问题,也会反作用于政治安全。

国土安全涵盖领土、自然资源、基础设施等要素,是指领土完整、国家统一、海洋权益及边疆边境不受侵犯和免受威胁的状态。国土安全是立国之基,是传统安全备受关注的首要方面。

军事安全是指国家不受外部军事入侵和战争威胁的状态,以及保障这一持续安全状态的能力。军事安全既是国家安全体系的重要领域,也是国家其他安全的重要保障。新形势下维护我国军事安全,要有效应对国家面临的各类安全威胁,筹划和推进国防和军队建设,平时营造态势、预防危机,战时遏制战争、打赢战争。

经济安全是国家安全体系的重要组成部分,是国家安全的基础。维护经济安全,核心是坚持社会主义基本经济制度不动摇,不断完善社会主义市场经济体制,坚持发展是硬道理,不断提高国家的经济整体实力、竞争力以及抵御内外各种冲击与威胁的能力,重点防范各种重大风险挑战,保护国家根本利益不受伤害。

文化是民族的血脉,是人民的精神家园。文化安全是国家安全的重要保障。维护国家文化安全,必须坚持社会主义先进文化前进方向,坚持以人民为中心的工作导向,坚定文化自信,增强文化自觉,加快文化改革发展,加强社会主义精神文明建设,建设社会主义文化强国。

社会安全是国家安全的重要内容,包括防范、消除、控制直接威胁社会公共秩序和人民群众生命财产安全的治安、刑事、暴力恐怖事件,以及规模较大的群体性事件等。社会安全工作涉及打击犯罪、维护稳定、社会治理、公共服务等各个方面,与人民群众切身利益息息相关。

科技安全是指科技体系完整有效,国家重点领域核心技术安全可控,国家核心利益和安全不受外部科技优势危害,以及保障持续安全状态的能力。科技安全是国家安全体系的重要组成部分,是支撑国家安全的重要力量。

生态安全是指一个国家具有支撑国家生存发展的较为完整、不受威胁的生态系统,以及应对国内外重大生态问题的能力。我国作为一个领土、人口大国,随着经济社会的快速发展,资源约束趋紧,环境污染严重,生态问题日益成为经济社会发展中的焦点问题。生态安全直接关系人民群众福祉、经济可持续发展和社会长久稳定,成为国家安全体系的重要组成部分和基石。

金融安全是和金融风险、金融危机紧密联系在一起的,是指货币资金融通的安全和整个金融体系的稳定。在经济全球化加速发展的今天,金融安全在国家经济安全中的地位和作用日益加强。

粮食安全指保证任何人在任何时候能买得到又能买得起为维持生存和健康所必需的足够食品。联合国粮农组织指出,粮食安全是人类的一种基本生活权利。粮食安全是政治安全的重要基础,是经济安全的重要基础,是最重要的民生问题。

网络安全指计算机通信网络的安全,客观上不存在威胁,主观上不存在恐惧,一个网络系统不受任何威胁与侵害,能正常地实现资源共享功能,网络系统的硬件、软件及其系统中的数据信息交换受到保护,不因偶然的或者恶意的原因而遭受到破坏、更改、泄露,系统连续、可靠、正常地运行,网络服务不中断。网络已经成为社会发展的重要保证,网络上有很多敏感信息,甚至是国家秘密,难免会吸引来自世界各地的各种人为攻击,另外,网络也会经受诸如水灾、火灾、地震、电磁辐射等方面的考验。

2023年以来,以ChatGPT为代表的人工智能技术迅速发展,人工智能技术正广泛应用于金融、医疗、交通、制造业等领域,对经济社会发展和人类文明进步产生了深远影响,同时给世界现有的国家安全格局带来了巨大的挑战。人工智能需要海量的数据来进行学习和训练,数据中可能包含个人或国家的大量敏感信息;人工智能可以成为破坏网络安全和管理的"帮凶";人工智能技术会在一定程度上成为人力工作的"高效替代品",进而对国家经济安全、社会安全甚至政治安全造成冲击;人工智能训练数据中被投放恶意数据,可能干扰数据分析模型正常运行的行为,比如,在智能汽车系统中"投毒",可能导致交通事故,在舆论宣传中"投毒",一些负面思想可以更加隐蔽地渗透到群众的思想观念中;另外,在军事上,人工智能可被用在致命性自主武器上,通过自主识别攻击目标、远程自动化操作等,隐藏攻击者来源,让军事行动针对性更强、目标更明确、打击范围更广。

数据包含了企业的行业经验、科研成果、生产技术等,是新兴的生产要素,是驱动企业、社会、国家发展的核心资产。数据已成为国家基础性和战略性资源,数据被破坏或者泄露,可能就意味着事故或失去竞争壁垒。美国认为,新时代需要新霸权,美元霸权将会被数据霸权取代。数据安全具有"牵一发而动全身"的影响,加强对数据安全的保护与经济社会发展和国家安全密切相关。

三、总体国家安全观视角下的保密工作

国家安全是国家的基本利益。当前,面对中国的迅速崛起,美国先后提出亚太再平衡和印太战略,发起针对中国的技术封锁和贸易战,在台湾、香港问题上也大做文章,试图对中国崛起进行遏制。中国周边领土海洋权益争端日趋复杂,朝韩等地区的敏感问题也对周边安全环境构成了挑战。同时,世界面临的不稳定性、不确定性因素突出,世界经济增长动能不足,贫富分化日益严重,地区热点问题此起彼伏,恐怖主义、网络安全、重大传染性疾病、气候变化等非传统安全威胁持续蔓延,人类面临许多共同挑战。

从国内来看,我国经济社会正在发生深刻变化,改革进入攻坚期和深水区,社会结构深刻变动、利益格局深刻调整、思想观念深刻变化,社会矛盾新旧叠加,各种可以预见和难以预见的安全风险挑战前所未有。2014年4月15日,习近平总书记主持召开中央国家安全委员会第一次会议并明确提出:"我国国家安全的内涵和外延比历史上任何时候都要丰富,时空领域比历史上任何时候都要宽广,内外因素比历史上任何时候都要复杂。"

以习近平同志为核心的党的新一代领导集体,准确把握我国国家安全形势变化的新特点、新趋势,深刻总结古今中外维护国家安全的理论和实践,创造性地提出了总体国家安全观:必须既重视外部安全,又重视内部安全,对内求发展、求变革、求稳定、建设平安中国,对外求和平、求合作、求共赢、建设和谐世界;既重视国土安全,又重视国

民安全,坚持以民为本、以人为本,坚持国家安全一切为了人民、一切依靠人民,真正夯实国家安全的群众基础;既重视传统安全,又重视非传统安全,构建集政治安全、国土安全、军事安全、经济安全、文化安全、社会安全、科技安全、信息安全、生态安全、资源安全、核安全等于一体的国家安全体系;既重视发展问题,又重视安全问题,发展是安全的基础,安全是发展的条件,富国才能强兵,强兵才能卫国;既重视自身安全,又重视共同安全,打造命运共同体,推动各方朝着互利互惠、共同安全的目标相向而行。

2015年7月通过的《国家安全法》指出,国家安全工作应当坚持总体国家安全观,以法律形式确立了总体国家安全观的指导地位。总体国家安全观是一个具有中国特色的安全概念,浸透着中华传统文化的基因,富有"中国意蕴"和丰富的内涵。总体国家安全观包含对我国当前国家安全形势的科学判断,对各安全领域、安全要素的明确定位,以及对今后国家安全研究方向和实践路径的系统指导。

(1)总体国家安全观是人民的安全观。人民安全是国家安全的宗旨,人民的安全感、幸福感是检验国家安全的根本标准。维护国家安全最终是为了人民,维护国家安全最终也需要依靠人民。总体国家安全观是马克思主义群众观点和党的群众路线"一切为了群众、一切依靠群众"在国家安全领域的贯彻和实践,体现了我们党对人的内在关切和重视。

(2)总体国家安全观是发展的安全观。2014年4月15日,习近平总书记主持召开中央国家安全委员会第一次会议并明确提出,要既重视发展问题,又重视安全问题,发展是安全的基础,安全是发展的条件,富国才能强兵,强兵才能卫国。安全与发展可以说是一枚硬币的两面,二者相互支撑,相互促进,高度融合,有机统一。发展是最大的安全,发展利益与安全利益统一于国家的核心利益。

(3)总体国家安全观是辩证的安全观。总体国家安全观是唯物辩证法在国家安全领域的最新实践,突破了过去"安全观"只强调国际安全忽视国内安全的局限,将内部安全与外部安全、传统安全与非传统安全统一于国家安全,将自身安全与共同安全紧密地联系起来,更加完整、全面地认识国家安全。

(4)总体国家安全观是包容的安全观。总体国家安全观强调以促进国际安全为依托,摒弃了零和博弈、绝对安全、结盟理论等旧思维,超越了"你输我赢,你兴我衰",而是"你中有我,我中有你",大家"既重视自身安全,又重视共同安全,打造命运共同体,推动各方朝着互利互惠、共同安全的目标相向而行"。

在总体国家安全观的指导下,我国通过并实施了《国家安全法》《国家安全战略纲要》和《国家网络空间安全战略》,将国家安全观转化为实践规范和实践安排,把法治贯穿于维护国家安全的全过程。

《国家安全法》与时俱进地提出维护外层空间、国际海底区域和极地这些"战略新疆域"安全的任务。在此基础上,《国家安全法》提出"根据经济社会发展和国家发展利益的需要,不断完善维护国家安全的任务",为将来可能变化的维护国家安全的任务留出了必要空间,体现了动态性、开放性。

保密战略是国家安全战略之下的子战略,保密工作应与总体国家安全观实现有机融合。

第一,保密工作坚持着眼全局、整体筹划。总体国家安全观的思想理念与保密工作的立法体系完善、体制机制改进、领导责任明确等顶层设计和运作相融合,保密工作在宏观上要把握"以人民安全为宗旨,以政治安全为根本,以经济安全为基础,以军事、文化、社会安全为保障,以促进国际安全为依托"的核心内容,以全方位多角度促进国家安全的发展。

第二,拓展保密工作领域,注重非传统安全领域。保密工作在保护好政治、经济、国防、外交等传统领域国家秘密安全的同时,要对非传统安全领域所包含的行业涉及的工作秘密和商业秘密界定及管理制度加以调研,开展有针对性的保密工作,提高保密工作的总体效能。

第三,保密管理方法要提升综合性。充分发挥信息技术的作用,把严格的管理与先进实用的技防手段有机地结合起来,并借助社会力量,利用多种资源,构筑综合防线。

四、保密工作于企业、社会组织和公民个人的意义

《国家安全法》第七十七条规定:"公民和组织应当履行下列维护国家安全的义务:(一)遵守宪法、法律法规关于国家安全的有关规定;(二)及时报告危害国家安全活动的线索;(三)如实提供所知悉的涉及危害国家安全活动的证据;(四)为国家安全工作提供便利条件或者其他协助;(五)向国家安全机关、公安机关和有关军事机关提供必要的支持和协助;(六)保守所知悉的国家秘密……"

保密无小事，每一位公民都应学习保密常识，成为保守国家秘密的一员。违反保密法规，不仅会给自己带来严重后果，也可能给国家带来不可估量的巨大损失。现代信息技术的发展，给保密工作带来了严峻挑战，保密工作的对象、方式和手段都发生了深刻变化，新情况新问题不断涌现，保密工作压力越来越大，防窃密泄密显得更为重要和紧迫。国家利益高于一切，保密责任重于泰山。学习保密常识、遵守法律法规、增强保密防范意识也是我们作为普通公民应尽的义务和责任。

学习保密常识是捍卫国家安全的第一步，也是关键的一步，一定要知道什么该做、什么不能做，了解泄密的危害性和违法需要承担的法律责任。在平时的工作和生活中，我们要严格遵守有关法律法规关于保守国家秘密的规定，使其成为我们的行为习惯和价值取向。

"都说国很大，其实一个家；家是最小国，国是千万家。"个人与国家血脉相连，维护好国家安全，既是在保护祖国也是在保护我们自己。国家秘密是国家安全和利益最重要的信息表现形式，是国家的核心战略资源。只有确保国家秘密安全，才能从根本上维护国家的安全和利益。

第二节 安全保密基本知识

长期以来，各国之间政治、经济、科技、军事等方面的窃密与反窃密斗争从来没有停止过，各类有针对性的情报搜集更是令人叹为观止。特别是当今处于数字化信息时代，失泄密渠道增多，窃密手段更加隐蔽，保密工作难度增大。看似与工作无关的碎片化信息很可能就会泄露整个秘密，因此在日常的保密工作中，我们应慎之又慎，强化保密意识，筑牢保密防线。2024年2月27日，国家对《中华人民共和国保守国家秘密法》(以下简称《保密法》)进行了第二次修订，第九条规定了国家将采取多种形式加强保密宣传教育，将保密教育纳入国民教育体系和干部教育培训体系，鼓励大众传播媒介面向社会进行保密宣传教育，增强全社会的保密意识。

一、国家秘密

国家秘密伴随国家的产生而产生，又随着国家的发展而不断发生变化，始终同国家的安全和利益息息相关。《保密法》对国家秘密做出了定义：国家秘密是关系国家安全和利益，依照法定程序确定，在一定时间内只限一定范围的人员知悉的事项。

保密是一种社会行为，是人或社会组织在意识到关系自身利益的事项如果被他人知悉或对外公开，可能会对自己造成某种伤害时，对该事项所采取的一种保护行为。广义上的保密包括保守国家秘密、工作秘密、商业秘密和个人隐私四个方面。狭义上的保密仅指保守国家秘密，将国家秘密控制在一定的范围和时间之内，防止泄露和非法利用。

与保密概念相关联的是涉密人员和涉密事件。涉密人员是指在涉密岗位（在日常工作中产生、经营或者经常接触、知悉国家秘密事项的岗位）工作的人员。泄密事件是指违反保密法律法规使秘密被不应知悉者知悉，或者超出限定的接触范围而不能证明未被不应知悉者知悉的事件。

我国《保密法》第十三条规定："下列涉及国家安全和利益的事项，泄露后可能损害国家在政治、经济、国防、外交等领域的安全和利益的，应当确定为国家秘密：

（一）国家事务重大决策中的秘密事项；

（二）国防建设和武装力量活动中的秘密事项；

（三）外交和外事活动中的秘密事项以及对外承担保密义务的秘密事项；

（四）国民经济和社会发展中的秘密事项；

（五）科学技术中的秘密事项；

（六）维护国家安全活动和追查刑事犯罪中的秘密事项；

（七）经国家保密行政管理部门确定的其他秘密事项。

政党的秘密事项中符合前款规定的，属于国家秘密。"

对于相关法律责任，《中华人民共和国刑法》（以下简称《刑法》）和《保密法》均作出了规定：

《刑法》第三百九十八条规定："国家机关工作人员违反保守国家秘密法的规定，故意或者过失泄露国家秘密，情节严重的，处三年以下有期徒刑或者拘役；情节特别严重的，处三年以上七年以下有期徒刑。非国家机关工作人员犯前款罪的，依照前款的规定酌情处罚。"

《刑法》第一百一十一条规定："为境外的机构、组织、人员窃取、刺探、收买、非法提供国家秘密或者情报的,处五年以上十年以下有期徒刑;情节特别严重的,处十年以上有期徒刑或者无期徒刑;情节较轻的,处五年以下有期徒刑、拘役、管制或者剥夺政治权利。"

《保密法》第十四条规定:"国家秘密的密级分为绝密、机密、秘密三级。绝密级国家秘密是最重要的国家秘密,泄露会使国家安全和利益遭受特别严重的损害;机密级国家秘密是重要的国家秘密,泄露会使国家安全和利益遭受严重的损害;秘密级国家秘密是一般的国家秘密,泄露会使国家安全和利益遭受损害。"

《保密法》第十五条规定:"国家秘密及其密级的具体范围(以下简称保密事项范围),由国家保密行政管理部门单独或者会同有关中央国家机关规定。军事方面的保密事项范围,由中央军事委员会规定。保密事项范围的确定应当遵循必要、合理原则,科学论证评估,并根据情况变化及时调整。保密事项范围的规定应当在有关范围内公布。"

《保密法》第十九条规定:"机关、单位对所产生的国家秘密事项,应当按照保密事项范围的规定确定密级,同时确定保密期限和知悉范围;有条件的可以标注密点。"

《保密法》第二十条第二款规定:"国家秘密的保密期限,除另有规定外,绝密级不超过三十年,机密级不超过二十年,秘密级不超过十年。"

《保密法》第二十二条规定:"机关、单位对承载国家秘密的纸介质、光介质、电磁介质等载体(以下简称国家秘密载体)以及属于国家秘密的设备、产品,应当作出国家秘密标志。涉及国家秘密的电子文件应当按照国家有关规定作出国家秘密标志。不属于国家秘密的,不得作出国家秘密标志。"

《保密法》第二十五条规定:"机关、单位对是否属于国家秘密或者属于何种密级不明确或者有争议的,由国家保密行政管理部门或者省、自治区、直辖市保密行政管理部门按照国家保密规定确定。"

国家秘密标志由三部分组成:第一,密级分为"绝密""机密"和"秘密"。第二,标识符为星号。第三,保密期限以年或月计,特殊情况也可以是"长期"。具体标志的形式为:从左至右:密级——标识符——保密期限。例如:"秘密★9个月",表示该事项为秘密级,保密期限为9个月;"机密★15年",表示该事项为机密级,保密期限为15年;"绝密★长期",表示该事项为绝密级,保密期限是长期,即该事项保密期限不受绝密级最长保密期限不超过30年的限制,要长期保密,解密时间由有关机关决定。

二、商业秘密

按照《中华人民共和国反不正当竞争法》的规定,商业秘密是指不为公众所知悉、具有商业价值并经权利人采取相应保密措施的技术信息和经营信息。其中,技术信息如生产配方、工艺流程、技术诀窍、设计图样等;经营信息如管理方法、产销策略、客户名单、货源情报等。

商业秘密是企业的无形财富,关系到企业的生存与发展。然而,在激烈的市场竞争环境下,侵害商业秘密的行为时有发生。因此,应把保护商业秘密提到更高的位置,了解泄密渠道和窃密途径,积极研究应对策略,强化商业秘密的保护意识,明确商业秘密的范围,加强管理,运用经济、法律、技术手段,严防泄露。

商业秘密的性质有:

第一,秘密性。秘密性即商业秘密不为公众所知悉。商业秘密首先是处于秘密状态的信息,必须具有秘密的一般特性,一般人员不可能从公开的渠道获悉。

第二,价值性。价值性即商业秘密能通过现在或将来的使用给权利人带来经济价值和竞争价值。这是商业秘密的本质特征,也是法律保护商业秘密的目的。

第三,实用性。实用性即商业秘密具有现实或者潜在的使用价值。商业秘密可以创造出经济上的价值。具有确定的实用性,是实现商业秘密价值性的必然要求。

第四,保密性。保密性即权利人应对商业秘密采取保密措施。法律意义上的商业秘密,必须是权利人主观上具有保密意图。权利人对其所产生的符合商业秘密的客观特征的信息,必须采取能够明确显示其主观保密意图的保密措施,才能成为法律认可的、受保护的商业秘密。

商业秘密与国家秘密的区别主要表现在以下几个方面:

首先,涉及利益不同。国家秘密关系国家安全和利益,其内容涉及政治、军事、外交、经济、社会、科技等各个领域,一旦泄露,将会给国家的安全和利益造成危害和损失。而商业秘密仅仅是涉及权利人经济利益和竞争优势的信息,其内容局限于与科研、生产、经营有关的技术和经营信息,一旦泄露,只会对权利人的利益造成危害和损失。

其次,确定程序不同。国家秘密必须依照法定程序确定,依据国家秘密保密法律法规,确定密级及其保密期限。商业秘密的确定没有法定程序,只要符合商业秘密的基本条件,且权利人采取了相应的保密措施,即可受到法律保护。

再次,处置权不同。国家秘密由通过法律授权的保密机关进行管理,任何人不得擅自对外提供或泄露国家秘密。商业秘密只需要权利人自己决定,就可以参与交易,进行有偿的转让,只要不损害他人权益或公共权益,这种行为将不受法律限制。

最后,法律责任不同。泄露国家秘密将依照法律法规对泄密人依法追究刑事或行政责任。泄露商业秘密将由权利人自行决定是否追究侵权人的法律责任。

商业秘密的泄露途径主要有六个方面:一是离职或在职员工泄露,很多员工在离职后,觉得公司跟自己已经没有关系了,就把公司的秘密泄露出去;二是工业或者商业间谍泄露,有专门的间谍来探测公司的秘密;三是接待外来人员采访、参观、考察、实习中疏忽大意,导致泄露;四是供应商或合作伙伴泄露;五是新产品、技术著作的公开发表或演讲泄露;六是广告及商贸展览泄露。

为有效保护商业秘密,企业要积极组织员工参加商业秘密保护的培训,加强对商业秘密内容及其载体的管理,提高对涉密工作的警惕性。另外,采取必要的保密辅助措施,对存放机密文件的电脑或保险柜采取保护措施。

商业秘密遭侵犯后,企业可以寻求哪些法律保护途径呢?首先,可以向仲裁机构申请仲裁。仲裁申请的提交必须以书面形式进行。其次,向市场监督管理行政部门投诉。需要注意的是要准备好证据,保留好证据。此外,还可以向人民法院提起民事诉讼。最后,可以启动刑事诉讼程序。

 案例

1959年9月,我国在黑龙江松辽盆地发现了一个世界级的特大砂岩油田,打出石油的第一座油井位于一个叫大同的小镇附近。当时正值国庆十周年之际,时任黑龙江省委书记的欧阳钦提议将"大同"改为"大庆",将大庆油田作为一份特殊的厚礼献给成立十周年的祖国。

当时,国内石油供需缺口达60%,西方国家对中国实行封锁,大庆油田的发现和开发,将会对中国工业发展产生极大的影响。因此,对于开发大庆油田的消息,中国对外采取了严格保密的策略,特别是关于大庆油田的具体地点、规模和产量等信息均不做详细公开报道。出于保密的需要,当时对外一度使用代号"农垦场",内部则叫"松辽勘探局"。

即便如此,日本人最终还是找到了大庆的准确地理位置,并根据一系列的情报分析,得出了大庆油田的规模和年产量,推测出当时中国由于炼油设备不足,很可能要向国外购买炼油设备。同时他们还得出结论,中国由于产油能力大大超过炼油能力,将会向国外出口原油,日本将获得很高的经济效益。

1964年,《中国画报》封面刊出的一张照片造成了泄密,也就是中国最著名的"照片泄密案"。在这张照片中,大庆油田的"铁人"王进喜头戴大狗皮帽,身穿厚棉袄,顶着鹅毛大雪,握着钻机手柄眺望远方,在他身后散布着星星点点的高大井架。

日本情报专家据此解开了中国当时最大的石油基地——大庆油田的秘密。他们根据照片上王进喜的衣着判断,只有在北纬46度至48度的区域内,冬季才有可能穿这样的衣服,因此推断大庆油田位于齐齐哈尔与哈尔滨之间;通过照片中王进喜所握手柄的制式,推断出油井的直径;从王进喜所站的钻井与背后油田间的距离和井架密度,推断出油田的大致储量和产量。

根据上述情报,日本人迅速设计出适合大庆油田开采用的石油设备,在中国政府向世界各国征求开采大庆油田的设备方案时,他们一举中标。大庆油田"泄密"事件虽已过去多年,但给我们留下了深刻的启示。

三、工作秘密

工作秘密是指除国家秘密以外的,在公务活动中不得擅自公开,一旦泄露会给本机关、单位的工作带来损害的事项。相对于国家秘密,工作秘密的管理相对薄弱。主要原因是,长久以来工作秘密的含义不够明确、清晰,导致单位员工无法找到对自身工作秘密的范围界定、不同情况下采取的保密方式的相关标准,也就难以对自身的工作秘密进行有效保护。

根据相关规定,工作秘密可以分为以下五类:一是文件类,包括不宜公开的通知、决定、纪要、请示、报告、函件等;二是信息类,包括不宜公开的领导讲话、调研报告、工作研究、工作参考、内部信息等;三是政务类,包括工作方案、领导政务活动方案、公务接待方案等；四是专项业务类，包括尚在酝酿中的人事调整方案、案件调查资料、专项行动方案等；五是内部管理类，包括特殊岗位职责、纪律、奖惩等规定。

工作秘密与国家秘密的区别主要体现在以下六个方面：

第一，利益主体不同。工作秘密涉及的利益主体是国家机关，因泄密而受到损害的是相关国家机关和局部利益；国家秘密涉及的利益主体是国家，因泄密而受到危害的是国家整体利益。

第二，确定方式不同。工作秘密由各级国家机关自行确定；国家秘密则依法确定。

第三，标识不同。属于工作秘密的文件、资料和其他载体，可以自行确定标识，不得使用国家秘密标识。

第四，管理不同。各级国家机关对工作秘密的管理可以参照国家秘密的管理办法执行，但无须遵照执行，可以自行选择。

第五，适用法律不同。工作秘密适用的法律主要是《中华人民共和国公务员法》，以行政手段为主；国家秘密适用的则是《保密法》，不仅能使用行政手段，还能使用刑罚手段。

第六，责任不同。一旦工作秘密泄密造成危害，相关责任人只承担行政责任，并受行政处分；国家秘密泄露后，则依据情节及后果承担相应的法律责任。

工作秘密虽然不同于国家秘密，但行政机关和单位在日常工作处理中，其工作内容、内部信息在不同的情况下均能够与国家秘密产生直接联系，一旦泄露，或被有心人收集利用，也可能给国家造成危害和损失。因此，在实际工作中，不仅要注意保护国家秘密，也要注意保护工作秘密。具体可根据情况，从内容、标识等几个方面对工作秘密进行判断，如果属于工作秘密，那么工作时一定要提高警惕，做好工作秘密的保护。

在实际工作中应当从三个阶段对工作秘密进行防护：一是起草阶段。涉及重大内容、较为敏感的工作文件和信息，在起草阶段应当在专用的电脑、存储介质上处理，防止"交叉感染"。二是保存阶段。凡是涉及国家秘密、工作秘密的正式文件和各类存储介质必须建立涉密台账，归档管理，登记造册，随时检查文件流向。三是销毁阶段。无论是涉及国家秘密还是工作秘密的文件、信息以及相关载体，需要报废更改时，均登记造册后统一送到指定部门销毁，不能随便丢弃。

目前，计算机、打印机、复印机、扫描仪等办公自动化设备的数字化程度日益提高，这些设备在工作中会将处理的信息存储在内设的存储器中，当这些设备需要维护、保修、报废时,厂家或其他人员可通过调换或取走存储器获取所存储的信息。例如,有关部门的技术检测曾发现,从某国进口的传真机、碎纸机、复印机等设备内被安装了窃密装置。使用这些设备时,窃密装置会自动将处理的信息转换为电子信号发射出去,特别是新一代的数码复印机集复印、打印、扫描、传真功能于一体,可以直接接入网络,当数码复印机连接互联网时,处理的信息会自动传输到境外数字信息中心。

美国一名程序员曾发现,惠普打印机在打印的时候会将部分数据传给惠普公司,并且是默认开启,但是却对用户隐藏了这一信息。惠普打印机在安装过程中,会有一个设定:Data Collection Notice & Settings,这个设定可以被理解为收集数据,虽然惠普声明开启这一设置是为了搜集用户的使用情况,改良用户的体验。但是事实上,任何类型的文档,包括打印时间等,都会被记录到信息中并且发送到惠普公司。

四、个人秘密

随着互联网普及率的提升,网购、直播、外卖、网约车等互联网行行业业,对公民社会生活影响的规模与深度也越来越大。在为公众带来更加丰富多样、更加便利的生活学习时,网络安全问题也无时无刻不在困扰着广大用户,个人信息泄露、电信诈骗、电话骚扰、木马病毒勒索等事件屡见不鲜。

必须指出,如今网民中的大多数群体对维护网络安全的法律、法规、条例知之甚少,网络安全防范意识相对淡薄,网络安全问题对公民的生活、经济、精神与心理产生了诸多不利影响。

随意复制他人文件到自己的计算机上,可能同时将计算机病毒,特别是"木马"窃密程序安装到计算机中,带来泄密隐患。比如,"水腹蛇"(COTTONMOUTH)是2009年美国国家安全局开发出来的U盘攻击工具,2014年传入公网,其内部包含了一套ARMv7芯片和无线收发装置,被插入目标主机后,它会植入恶意程序并创建一个无线网桥,配套的设备可通过RF信号与其进行交互,实施命令及数据传输。"水腹蛇"同样也被用于攻击伊朗的秘密机构,在长达数年的时间里从物理隔离的设备中窃取数据。

例如,现在云服务越来越被大家接受,但是"云服务"所保障的安全性建立在对方信任的基础上,即"云服务"服务商不管是技术上还是道德上都是安全可靠的。

但不管是因为黑客也好还是"云服务"提供商内部泄密也好,都可能造成用户隐私泄露。

个人电子设备也是一个潜在的个人隐私泄露途径。窃密者可以在他人手机中安装窃密软件,不但可以窥探语音图像信息,还可以确定机主位置。一些功能强大的窃密软件还能够监控用户的话费、控制用户的GPRS流量费用、远程实时通过手机监听监控等。个人电子设备需要维修时,要由可信任的官方维修人员负责维修,并最好本人持续现场监督。送检查维修前应当拆除信息存储部件或进行专业销密,对隐私涉密信息进行清除,确保不能被还原,否则有心之人就能通过拆除设备中的存储介质来获得个人的隐私信息。

 **案例**

国际知名酒店集团万豪国际集团于2021年11月30日发布公告称,旗下喜达屋酒店客房预订数据库遭黑客入侵,最多约5亿客人的信息可能被泄露。万豪酒店在随后的调查中发现,有第三方对喜达屋的网络进行未经授权的访问。目前,未经授权的第三方已复制并加密了某些信息,且采取措施试图将该信息移出。已知的是,大约3.27亿客人的个人姓名、通信地址、电话号码、电子邮箱、护照号码、喜达屋SPG俱乐部账户信息、出生日期、性别等信息都已经全部泄漏。

公民要具备网络安全意识,才能从根本上防患于未然。

首先是加强防护意识。不要向任何人透露关于个人的任何真实身份信息,例如家庭成员、住址、工作单位、人际关系等,尤其是不要轻易透露身份证、手机号等信息。

其次是增强分辨能力。谨慎进行电子交易、网上支付等涉及经济利益的操作,一定要认准正规商户和平台的二维码,对来历不明的二维码要有防范意识,不要被所谓的"丰厚礼品"所吸引,提高防骗意识,谨防上当受骗。不要相信"网络贷"等诈骗套路,遇到陌生电话不接或者多长个心眼,避免轻信他人,防范个人信息泄露和财产损失。更不要轻易加好友、浏览不安全网站、点击不明链接、随便打开陌生人的邮件附件。及时修复电脑手机安全漏洞。要重视密码安全,密码的设置要增加复杂性,尽量使用生物特征与密码的双保险。

最后是提升应对能力。一旦遇到不安全的问题,要学会及时向公安机关和相关单位寻求帮助,保存好相关证据,如与骗子联络的转账凭证以及其他与案件相关的证据资料,运用法律武器维护自己的合法权益。

第三节 信息化时代的安全与保密

一、信息化时代窃密活动的特点

所谓信息安全,指保障国家、机构、个人的信息空间、载体和信息资源不受来自内外各种形式的危险、威胁、侵害和误导。传统的信息安全包含物理安全、平台安全、数据安全、通信安全和网络安全五个方面的安全。

改革开放以来,我国经济建设取得巨大成就。随着我国综合国力的快速提升、国际地位的显著提高,世界各国,特别是各大国,加紧对我国实施全方位的信息监控和情报战略,他们的情报机构纷纷把我国确定为窃密的主要目标,在窃密与反窃密斗争更加尖锐复杂的情况下,针对我国的窃密活动呈现出一些新特点。

(一)窃密目标更加广泛

敌对势力在进一步加强对我国重要部门、核心岗位的渗透,对核心重要涉密人员进行策反的同时,还将窃密目标对准我国从事涉密科研项目的高等院校和科研院所,对准参与涉密业务的企业事业单位和社会组织,甚至对准普通公民,可谓无孔不入。

(二)窃密主体更加多元

窃密活动的主体不仅有间谍情报机构的专业特工人员,还有大量受间谍情报机构指使,以商贸企业或基金会、民间研究机构等合法外衣为掩护的窃密者,这些人有着不可告人的背景又打着合法旗号来到我国,搞经营或是交流活动,这就是所谓的准情报人员。也就是说,这些人本身不是情报人员,可能来自某个企业、某个社会团体,但是他们来到我国以后,境外情报机构赋予了他们搜集我国情报的任务,所以也算是窃密活动的主体。

(三) 窃密手段更加先进

随着信息化的飞速发展,特别是西方发达国家先进的信息技术,使我们的反窃密、防泄密工作变得更加困难。现在的这些特工、情报人员早已不采用原始的偷盗、抢夺式手段窃密,而是大量采用网络攻击、植入木马间谍程序、通信侦察等高科技手段进行窃密,可以说防不胜防。

(四) 窃密领域更加广泛

当前,间谍情报机构的窃密领域已经从之前的侧重政治军事等传统领域为主,拓展到经济、科技、文化等广泛的领域,包括社会情况、人种基因、自然资源、环境问题、文化信息等非传统领域,窃密领域越来越广泛。比如,国外有的机构到我国农村为农民免费检查身体并采集样本,从中获取基因方面的重要资料。

(五) 窃密方式更加多样

境外间谍机构不仅使用派遣间谍、策反等传统方式,还在我国周边布置了陆海空立体式的监视窃密网络。比如,通过间谍卫星,昼夜不停地对我国进行监视,尤其对军事行动进行严密监视;又如,在我国周边地区设立侦听站,对我国通信实施24小时监听。

二、安全保密工作面临的严峻挑战

伴随信息革命的飞速发展,互联网、通信网、计算机系统、自动化控制系统、数字设备及其承载的应用、服务和数据等组成的网络空间,正在全面改变人们的生产生活方式,深刻影响人类社会历史发展进程。网络空间成为信息传播的新渠道、生产生活的新空间、经济发展的新引擎、文化繁荣的新载体、社会治理的新平台、交流合作的新纽带及国家主权的新疆域。

在国内,沈昌祥院士指出网络空间已经成为继陆、海、空、天之后的第五大主权领域空间,也是国际战略在军事领域的演进。方滨兴院士则提出:"网络空间是所有由可对外交换信息的电磁设备作为载体,通过与人互动而形成的虚拟空间,包括互联网、通信网、广电网、物联网、社交网络、计算系统、通信系统、控制系统等。"虽然定义有所区别,但是研究人员普遍认可网络空间是一种包含互联网、通信网、物联网、工控网等信息基础设施,并由"人—机—物"相互作用而形成的动态虚拟空间。

信息技术的广泛应用和网络空间的兴起发展,一方面极大地促进了经济社会繁荣进步,另一方面也给国家带来了新的安全风险和挑战。"鼠标轻轻一点,世界尽在眼前。"互联网的迅速发展拉近了人们之间的距离,也使得我国安全保密工作面临的外部环境与内部形势更加复杂。

当前我国网络安全形势日益严峻,国家政治、经济、文化、社会、国防安全及公民在网络空间的合法权益面临严峻风险与挑战。

(一)网络渗透危害政治安全

政治稳定是国家发展、人民幸福的基本前提。利用网络干涉他国内政、攻击他国政治制度、煽动社会动乱、颠覆他国政权以及大规模网络监控、网络窃密等活动严重危害国家政治安全和用户信息安全。

(二)网络攻击威胁经济安全

网络和信息系统已经成为关键基础设施乃至整个经济社会的神经中枢,遭受攻击破坏、发生重大安全事件,将导致交通、通信、金融等基础设施瘫痪,造成灾难性后果,严重危害国家经济安全和公共利益。

(三)网络有害信息侵蚀文化安全

网络上各种思想文化相互激荡、交锋,优秀传统文化和主流价值观面临冲击。网络谣言、颓废文化和淫秽、暴力、迷信等违背社会主义核心价值观的有害信息侵蚀青少年身心健康,败坏社会风气,误导价值取向,危害文化安全。网上道德失范、诚信缺失现象频发,网络文明程度亟待提高。

(四)网络恐怖和违法犯罪破坏社会安全

恐怖主义、分裂主义、极端主义等势力利用网络煽动、策划、组织和实施暴力恐怖活动,直接威胁人民生命财产安全、社会秩序。计算机病毒、木马病毒等在网络空间传播蔓延,网络欺诈、黑客攻击、侵犯知识产权、滥用个人信息等不法行为大量存在,一些组织肆意窃取用户信息、交易数据、位置信息及企业商业秘密,严重损害国家、企业和个人利益,影响社会和谐稳定。

(五) 网络空间的国际竞争方兴未艾

国际上争夺和控制网络空间战略资源、抢占规则制定权和战略制高点、谋求战略主动权的竞争日趋激烈。个别国家强化网络威慑战略,世界和平受到新的挑战。

(六) 窃密威胁明显加大

在当前国际格局大变革大调整的背景下,各大国为获得竞争优势,赢得战略主动,对信息和情报的需求急剧上升,对信息控制权的争夺愈演愈烈。随着我国综合国力的不断增强和国际地位的显著提升,境内外敌对势力出于对我国"西化""分化"的政治图谋和遏制发展的战略需要,加紧对我国实施全方位的信息监控和情报战略,在采取收买、策反、渗透等传统手段的同时,更加注重借助高科技手段进行窃密,目标直指我国党政军领导机关、国防军工科研生产单位和重要计算机信息系统,直指要害部门、部位和重要涉密人员,直指党和国家核心秘密。窃密与反窃密的斗争更加尖锐复杂,党和国家秘密安全面临严重威胁。

(七) 泄密隐患明显增多

随着安全保密管理的对象、领域、内容、手段发生深刻变化,安全保密工作的环境越来越复杂,难度越来越大。

从涉密主体角度看,涉密人员思想意识多样化,流动加快,流向复杂,越来越多的中介机构和非公有制企业进入涉密领域,涉外单位迅速增多,涉外活动日益频繁;国有大中型企业进行海外上市、资产重组、跨国并购,外方人员入驻国有企业及国有企业聘用外籍高管的情况不断增多。

从涉密载体角度看,信息化的快速推进使国家秘密的存储、处理和传输方式发生了根本性变化,大量国家秘密信息传递快捷、复制方便、可控性减弱;新技术产品广泛应用于党政军机关,使原有的一些保密管理方式失去有效性,泄密渠道增多。

从涉及利益关系角度看,在政府信息公开不断推进的情况下,要处理好信息公开与保守国家秘密的关系,既确保国家秘密安全,又保障公民依法享有知情权,保密管控的难度加大。

(八) 思想观念相对落后

长期的和平环境,使一些人滋生了严重的麻痹思想,安全保密意识弱化,存在无密可保、有密难保、与己无关等错误认识。一些部门安全保密管理松懈,安全保密纪律松弛,保密制度形同虚设,有法不依、有章不循的现象比较突出。一些机关单位安全保密工作方式落后,仍然因循管好文件、管住嘴巴的老办法、老习惯。另外,保密技术人才匮乏,一些人对高新技术条件下的计算机网络不会管、管不好。

特别值得注意的是,目前我们在安全保密技术条件上同发达国家相比,还处在比较低的水平上,设施装备落后,自主创新能力不足,检查监管水平不高,难以做到及时发现、有效杜绝泄密隐患。

(九) 自我防范能力薄弱

一方面,安全技防设施装备落后,安全保密技术防范还停留在低水平上。

另一方面,一些涉密人员缺乏做好信息化条件下安全保密工作所必需的常识和技能,工作上疏于防范,违规操作时有发生,经常犯一些不该犯的错误。

同时,安全保密队伍力量薄弱,整体素质亟待提高,基层技术干部普遍缺乏,难以满足日益繁重的安全保密技术管理、检查、监督和保障的需要。

三、总体国家安全观下的安全保密原则

按照总体国家安全观的要求,做好安全保密工作,对于维护我国利益乃至全球安全和世界和平都具有重大意义。

(一) 坚定捍卫国家主权

根据宪法和法律法规坚决维护我国主权,坚决反对颠覆我国国家政权、破坏我国国家主权的一切行为。

(二) 坚决维护国家安全

防范、制止和依法惩治窃取、泄露国家秘密的行为,打击渗透、叛国、分裂国家、煽动叛乱、颠覆危害国家安全的行为。

(三) 保护关键信息基础设施

建立实施关键信息基础设施保护制度,保护关键信息基础设施及其重要数据不受攻击破坏。

(四) 加强网络文化建设

发展积极向上的网络文化,传播正能量,营造良好的网络氛围。加强网络伦理、网络文明建设,修复网络生态。建设文明诚信的网络环境,坚决打击谣言、淫秽、暴力、迷信、邪教等违法有害信息在网络空间传播蔓延,以维护文化安全和网络安全。

(五) 打击恐怖和违法犯罪

严厉打击恐怖和间谍活动,加强反恐、反间谍、反窃密能力建设。严厉打击网络诈骗、网络盗窃、贩枪贩毒、侵害公民个人信息黑客攻击、侵犯知识产权等违法犯罪行为。

(六) 完善安全保密治理体系

健全安全保密法律法规体系,明确社会各方面的责任和义务,明确安全保密管理要求。完善安全保密相关制度,提高安全保密管理的科学化、规范化水平。鼓励社会组织等参与安全保密工作,加强新型网络社会组织建设。鼓励公民举报违法行为和不良信息。

安全保密与每个公民的切身利益和人身安全息息相关,安全保密工作不仅是战略层面的国家大事,也是我们每个公民义不容辞的责任和义务。安全保密工作是全社会的共同责任,需要广泛动员公民积极参与。要通过提升安全保密意识,做好个人安全保密行为,发挥社会监督作用,践行正确的安全保密观,全社会共筑安全保密防线。

第四节 安全与保密教育

近年来,泄密案件一直处于高发态势,尤其是重大泄密案时有发生,性质严重,危害极大。为什么会有那么多的泄密案件呢？究其原因，在于我们内部的安全保密防线不够坚固牢靠，安全保密管理表现出"五个不到位"，值得我们忧思警觉。

（一）安全保密意识不到位

一些关键岗位的人安全保密思想麻痹、敌情观念不强、安全保密意识淡薄，对安全保密工作还存在一些错误认识，导致过失泄密频发、高发。突出表现在：

一是对安全保密工作缺乏政治意识和责任意识，重业务轻安全保密，存在"说起来重要、干起来次要、忙起来不要"的现象。

二是认为西方国家在技术领域占有绝对优势，已经"无密可保""有密难保"，从而放松保密要求，认为反正也保不住，干脆就不管了，省得做无用功。

三是认为安全保密工作是安全保密部门的事，是涉密人员的事，存在与己无关的思想。

分析近几年发生的失泄密案，不难发现这样一种趋势：一些单位的业务骨干已经成为导致失泄密案件发生的"高危人群"。实际情况中，很多被查处的同志平时兢兢业业、勤勤恳恳，但就是因为不懂保密，或是一时疏忽大意，导致失泄密事件发生，本人受到处分，前途尽毁，令人扼腕叹息。

（二）安全保密知识不到位

有些单位对安全保密教育培训抓得不紧，不能系统性、有针对性地开展安全保密教育培训，对信息化条件下的安全保密常识和技能不懂、不知、不会，对保密违规行为不怕、不在乎，致使泄密隐患突出，泄密事件时有发生。一些同志对安全保密工作还满足于"管好嘴巴、管好文件、管好笔记本"，缺乏做好信息化条件下保密工作的常识技能，计算机网络违规使用现象较为普遍，不该连的连了，不该存的存了，不该用的用了，使计算机网络成为泄密的主渠道、重灾区，严重危害党和国家秘密安全，直接损害党和国家的安全和利益。

（三）安全保密管理不到位

一是一些单位定密管理不规范，存在随意定密现象，该定的不定、不该定的瞎定，从而埋下了泄密隐患。

二是涉密人员管理不到位,日常的安全保密宣传教育工作没有做好,没有落实先培训后上岗、在岗经常教育、先教育再离岗等措施。

三是涉密载体管理不严,不能严格落实涉密载体管理规定要求,存在违规使用涉密载体现象,导致涉密载体失控乃至发生泄密事件。

四是技术管理手段缺乏,没有配备必要的安全保密技术防护设施设备,特别是网络安全保密技术薄弱,造成防线虚设、城门洞开,存在严重泄密隐患。

(四)安全保密制度执行不到位

一些单位安全保密规章制度"讲在嘴上、写在纸上、挂在墙上,就是不落实在行动上",形同虚设。一些单位在文件管理、计算机网络管理方面的制度执行问题尤为突出。有的人在秘密文件传达学习过程中违规摘抄、翻印、传递,或以"白头材料"形式变相转发,随意扩大知悉范围,导致文件失控,甚至扩散到网上,造成严重泄密后果。

(五)安全保密责任落实不到位

安全保密工作责任不落实,是当前安全保密工作存在的突出问题,也是保密观念淡薄、保密纪律松弛、保密管理松懈以至于泄密案件频发的深层次原因。面对严峻的安全保密形势,我们的安全保密工作要"日日讲时时讲",只有把发条拧得更紧一点,把紧箍咒念得更勤一点,把篱笆扎得更牢一点,国家秘密安全才更有保障。

第二章　安全保密法律法规

第一节　安全保密法律法规体系

一、我国保密法律制度体系

我国保密法律制度体系经过多年的建设,构建了以《宪法》为依据,以《保密法》为核心,以保密法实施条例及相关保密法规、规章和标准为配套的保密法律制度体系。

我国现行保密法律制度体系,主要由以下七个部分构成:

(1)宪法。《宪法》第五十三条明确规定了保守国家秘密是一项宪法性义务。

(2)保密法律。《保密法》是我国保密法律体系的主干,是我国调整保密法律关系的专门性、综合性法律。除了专门的《保密法》之外,我国的《刑法》《国家安全法》《反间谍法》《网络安全法》《密码法》《公务员法》《出境入境管理法》《统计法》《档案法》等法律中涉及国家秘密的条款,也属于保密法律体系的重要内容,例如《刑法》对故意泄露国家秘密罪,过失泄露国家秘密罪,非法获取国家秘密罪,非法持有国家秘密、机密文件、资料、物品罪,为境外窃取、刺探、收买、非法提供国家秘密罪的规定等。

(3)保密法规。保密法规是对《保密法》及其有关保密法律规定的具体化,保密法规包括保密行政法规和地方性保密法规,如《中华人民共和国保守国家秘密法实施条例》《中华人民共和国政府信息公开条例》。

(4)保密规章。保密规章主要由国家保密行政管理部门、中央和国家有关机关和省、自治区、直辖市以及设区的市的人民政府制定的保密规章、保密规范性文件,也包括其他规章中的保密条款和法律授权部门对保密法律规定的解释。保密规章一般具有行业或地域特点,具有较强的实用性和可操作性,例如 1992 年国家保密局、中央对外宣传小组、新闻出版署、广播电影电视部颁布的《新闻出版保密规定》,2015 年科学技术部、国家保密局颁布的《科学技术保密规定》等。

(5)相关司法解释。最高司法机关在司法实践中对相关罪名的具体适用标准做出了详细的司法解释,指导司法实践,例如《最高人民检察院关于渎职侵权犯罪案件立案标准的规定》对于故意泄露国家秘密和过失泄露国家秘密应予以立案的规定。

(6)国家保密标准。国家保密标准是一类特殊的强制性国家标准,由国家保密行政管理部门归口组织制定、发布、管理。国家保密标准主要涵盖涉密网络、涉密专用计算机、电磁泄漏防护、安全保密产品等多个领域,涉及技术标准、管理标准和测评与检查标准等,适用于全国各行各业各单位对国家秘密的保护工作,在国家秘密产生、处理、传输、存储和销毁的全过程中都应严格执行。

(7)国际公约或政府间协定的相关规定。在国际交往中,根据国际公约和有关政府间协定的规定,在我国承担公约义务的范围内,我国政府也会承担相关保守秘密的义务。

二、《国家安全法》的主要内容

《国家安全法》已于 2015 年 7 月 1 日第十二届全国人民代表大会常务委员会第十五次会议通过,国家主席习近平签署第 29 号主席令予以公布,自 2015 年 7 月 1 日起施行。

《国家安全法》是为了维护国家安全,保卫人民民主专政的政权和中国特色社会主义制度,保护人民的根本利益,保障改革开放和社会主义现代化建设的顺利进行,实现中华民族伟大复兴,根据《宪法》制定的重要法律。

《国家安全法》共七章八十四条,其主要内容包括:①规定了国家安全的含义和国家安全的指导思想;②规定了国家安全领导体制和有关国家机构的职责;③规定了维护国家安全工作的基本原则;④规定了维护国家安全的任务;⑤规定了国家安全制度和保障措施;⑥规定了公民、组织的权利义务。

《国家安全法》中的条例均体现了国家安全的重要性。比如：

第一条："为了维护国家安全，保卫人民民主专政的政权和中国特色社会主义制度，保护人民的根本利益，保障改革开放和社会主义现代化建设的顺利进行，实现中华民族伟大复兴，根据宪法，制定本法。"

第二条："国家安全是指国家政权、主权、统一和领土完整、人民福祉、经济社会可持续发展和国家其他重大利益相对处于没有危险和不受内外威胁的状态，以及保障持续安全状态的能力。"

第三条："国家安全工作应当坚持总体国家安全观，以人民安全为宗旨，以政治安全为根本，以经济安全为基础，以军事、文化、社会安全为保障，以促进国际安全为依托，维护各领域国家安全，构建国家安全体系，走中国特色国家安全道路。"

《国家安全法》有五大亮点：一是综合性、全局性、基础性；二是维护国家经济安全；三是确保文化安全；四是维护国家网络空间主权；五是为太空、深海和极地等新型领域国家安全提供法律支撑。

三、《保密法》的主要内容

我国第一部与国家安全有关的法律是 1988 年 9 月 5 日公布，1989 年 5 月 1 日实施的《保密法》。该法于 2010 年进行了第一次修订，于 2024 年进行了第二次修订，主要解决国家秘密的界定、保护和泄露惩罚等问题，共六章六十五条，对国家秘密的范围和密级、保密制度、监督管理和法律责任等做出了明确规定。

第一章"总则"共十二条，主要明确了立法宗旨，适用范围，国家秘密概念，保密工作方针，保密工作管理制度，机关、单位保密工作职责以及保密奖励制度等。其中第一条规定了《保密法》的宗旨："为了保守国家秘密，维护国家安全和利益，保障改革开放和社会主义建设事业的顺利进行，根据宪法，制定本法。"

第二章"国家秘密的范围和密级"共十三条，主要规定涉密事项范围和密级范围、定密工作体制、定密责任和权限、定密工作内容和流程、国家秘密的变更和解除，以及不明确或者有争议事项的确定等。

第三章"保密制度"共二十二条，主要规定国家秘密载体、涉密信息系统、信息发布、数据安全、涉密采购、对外交往和合作、涉密会议活动、保密要害部门部位、军事禁区与涉密场所、从事涉密业务的企业事业单位、涉密人员等方面的保密管理制度,并针对危害国家秘密安全的行为做出禁止性规定。

第四章"监督管理"共九条,主要规定保密行政管理部门制定保密规章和标准、宣传教育、保密检查、保密技术防护、泄密案件查处、定密监督、密级鉴定和处分监督等职责。

第五章"法律责任"共六条,主要规定严重违规行为的法律责任,机关、单位发生重大泄密案件和定密不当的法律责任,互联网及其他公共信息网络运营商、服务商的法律责任,以及保密行政管理部门工作人员的法律责任。

第六章"附则"共三条,是关于军事保密法规、工作秘密管理办法和本法施行日期的规定。

《保密法》及其实施条例从定密、计算机网络、涉密人员、保密资质、信息公开保密审查、涉外保密等方面对安全保密工作做出了全面的制度性规定。《保密法》确定的制度主要包括以下几个方面:

(1)保密工作责任制度。《保密法》第八条规定:"机关、单位应当实行保密工作责任制……"保密工作责任制主要包括:领导干部保密工作责任制,机关、单位保密工作责任制,涉密人员保密工作责任制,保密行政管理部门保密工作责任制等。

(2)定密制度。定密是指机关、单位依法确定、变更和解除国家秘密的活动,是保密工作的源头。《保密法》就定密专门确立了定密责任人制度、定期审核制度等,规范了定密程序和要求。

(3)涉密人员管理制度。《保密法》按照责任与权益相一致的原则,确立了涉密人员管理制度。主要内容包括:分类管理制度、上岗审查培训制度、出境管理制度、脱密期管理制度、涉密人员合法权益受法律保护等。

(4)涉密载体保护制度。《保密法》就国家秘密载体的制作、收发、传递、使用、复制、保存、维修和销毁等做出了规定。

(5)涉密信息系统保护制度。《保密法》就涉密信息系统保护规定了一系列保密措施,按照涉密程度实行分级保护,加强技术防护,针对信息系统和信息设备使用过程中存在的安全保密问题做出了严格规定。

(6)涉密数据处理与管理制度。《保密法》就开展涉及国家秘密的数据处理活动及其安全监管进行了规定。机关、单位应当对汇聚、关联后属于国家秘密事项的数据依法加强安全管理。

（7）信息公开发布保密审查制度。公开发布信息应当遵守保密规定，坚持"谁公开、谁审查"以及事前审查和依法审查的原则。

（8）涉外保密审批制度。《保密法》规定了机关、单位对外交往与合作中需要提供国家秘密事项，或者任用、聘用的境外人员因工作需要知悉国家秘密的，应当报国务院有关主管部门或者省、自治区、直辖市人民政府有关主管部门批准，并与对方签订保密协议。

（9）涉密会议、活动保密制度。《保密法》对举办会议或者其他活动涉及国家秘密的，要求主办单位应当采取保密措施，并对参加人员进行保密教育，提出具体保密要求。

（10）保密要害部门部位保密制度。《保密法》规定了机关、单位应当将涉及绝密级或者较多机密级、秘密级国家秘密的机构确定为保密要害部门，将集中制作、存放、保管国家秘密载体的专门场所确定为保密要害部位，按照国家保密规定和标准配备、使用必要的技术防护设施、设备。

（11）企业事业单位从事涉密业务保密审查制度。《保密法》规定，从事国家秘密载体制作、复制、维修、销毁，涉密信息系统集成，或者武器装备科研生产等涉及国家秘密业务的企业事业单位，应当取得相应保密资质。机关、单位委托企业事业单位从事上述涉密业务，应当与其签订保密协议，提出保密要求，采取保密措施。

（12）保密法律责任制度。保密法律责任是确保《保密法》有效实施的重要保障，《保密法》规定了十三种违法行为的责任，规定了机关、单位因违规发生重大泄密案件和定密不当时对直接责任人员的处分，规定了互联网及其他公共信息网络运营商、服务商的责任，规定了保密行政管理部门工作人员的违规责任。

四、《网络安全法》的主要内容

《中华人民共和国网络安全法》（以下简称《网络安全法》）是为了保障网络安全，维护网络空间主权和国家安全、社会公共利益，保护公民、法人和其他组织的合法权益，促进经济社会信息化健康发展而制定的法规。2016年11月7日第十二届全国人民代表大会常务委员会第二十四次会议通过《网络安全法》，自2017年6月1日起施行。

《网络安全法》相关条例:

第一条:"为了保障网络安全,维护网络空间主权和国家安全、社会公共利益,保护公民、法人和其他组织的合法权益,促进经济社会信息化健康发展,制定本法。"

第二条:"在中华人民共和国境内建设、运营、维护和使用网络,以及网络安全的监督管理,适用本法。"

第三条:"国家坚持网络安全与信息化发展并重,遵循积极利用、科学发展、依法管理、确保安全的方针,推进网络基础设施建设和互联互通,鼓励网络技术创新和应用,支持培养网络安全人才,建立健全网络安全保障体系,提高网络安全保护能力。"

 案例

2019年2月,南京某研究院、无锡某图书馆因安全责任意识淡薄、网络安全等级保护制度落实不到位、管理制度和技术防护措施严重缺失,导致网站遭受攻击破坏。南京和无锡警方依据《网络安全法》第二十一条、第五十九条规定,对上述单位分别予以5万元罚款,对相关责任人予以5000元、2万元不等的罚款,同时责令限期整改安全隐患,落实网络安全等级保护制度。

第二节 网络信息化领域保密法律法规

一、涉及国家秘密的网络安全事件分级

《国家网络安全事件应急预案》将网络安全事件划分为四级:特别重大网络安全事件、重大网络安全事件、较大网络安全事件和一般网络安全事件。

国家秘密信息、重要敏感信息和关键数据丢失或被窃取、篡改、假冒,对国家安全和社会稳定构成特别严重威胁的,为特别重大网络安全事件。

国家秘密信息、重要敏感信息和关键数据丢失或被窃取、篡改、假冒,对国家安全和社会稳定构成严重威胁,未达到特别重大网络安全事件的,为重大网络安全事件。

国家秘密信息、重要敏感信息和关键数据丢失或被窃取、篡改、假冒,对国家安全和社会稳定构成较严重威胁,未达到重大网络安全事件的,为较大网络安全事件。

除上述情形外,对国家安全、社会秩序、经济建设和公众利益构成一定威胁、造成一定影响的网络安全事件,为一般网络安全事件。

《国家网络安全事件应急预案》还对于"重要敏感信息"做出了明确的界定:

"不涉及国家秘密,但与国家安全、经济发展、社会稳定以及企业和公众利益密切相关的信息,这些信息一旦未经授权披露、丢失、滥用、篡改或销毁,可能造成以下后果:

a) 损害国防、国际关系;

b) 损害国家财产、公共利益以及个人财产或人身安全;

c) 影响国家预防和打击经济与军事间谍、政治渗透、有组织犯罪等;

d) 影响行政机关依法调查处理违法、渎职行为,或涉嫌违法、渎职行为;

e) 干扰政府部门依法公正地开展监督、管理、检查、审计等行政活动,妨碍政府部门履行职责;

f) 危害国家关键基础设施、政府信息系统安全;

g) 影响市场秩序,造成不公平竞争,破坏市场规律;

h) 可推论出国家秘密事项;

i) 侵犯个人隐私、企业商业秘密和知识产权;

j) 损害国家、企业、个人的其他利益和声誉。"

二、网络信息安全保密的相关法律法规条款

部分法律法规对网络信息安全保密做出了规定:

《全国人民代表大会常务委员会关于维护互联网安全的决定》明确指出,通过互联网窃取、泄露国家秘密、情报或者军事秘密,构成犯罪的,依照刑法有关规定追究刑事责任。

《中华人民共和国计算机信息系统安全保护条例》第七条规定:"任何组织或者个人,不得利用计算机信息系统从事危害国家利益、集体利益和公民合法利益的活动,不得危害计算机信息系统的安全。"

《计算机信息网络国际联网安全保护管理办法》第四条规定:"任何单位和个人不得利用国际联网危害国家安全、泄露国家秘密,不得侵犯国家的、社会的、集体的利益

和公民的合法权益,不得从事违法犯罪活动。"

《网络安全法》第七十七条规定:"存储、处理涉及国家秘密信息的网络的运行安全保护,除应当遵守本法外,还应当遵守保密法律、行政法规的规定。"

《国务院关于大力推进信息化发展和切实保障信息安全的若干意见》提出,加强政府和涉密信息系统安全管理,落实涉密信息系统分级保护制度,强化涉密信息系统审查机制;加强网络信任体系建设和密码保障,大力推动密码技术在涉密信息系统和重要信息系统保护中的应用。

三、《信息安全等级保护管理办法》

在一系列关于保密的法律法规中,公安部、国家保密局、国家密码管理局、原国务院信息工作办公室颁布的《信息安全等级保护管理办法》对信息系统制定了统一的等级保护管理规范和技术标准。

《信息安全等级保护管理办法》对于从事信息系统安全等级测评的机构提出了标准和要求:

第二十二条:"第三级以上信息系统应当选择符合下列条件的等级保护测评机构进行测评:……(七)具有完备的保密管理、项目管理、质量管理、人员管理和培训教育等安全管理制度……"

第二十三条:"从事信息系统安全等级测评的机构,应当履行下列义务:

……

(二)保守在测评活动中知悉的国家秘密、商业秘密和个人隐私,防范测评风险;

(三)对测评人员进行安全保密教育,与其签订安全保密责任书,规定应当履行的安全保密义务和承担的法律责任,并负责检查落实。"

《信息安全等级保护管理办法》对涉密信息系统的分级保护管理做了详细规定:

第二十四条:"涉密信息系统应当依据国家信息安全等级保护的基本要求,按照国家保密工作部门有关涉密信息系统分级保护的管理规定和技术标准,结合系统实际情况进行保护。

非涉密信息系统不得处理国家秘密信息等。"

第二十五条:"涉密信息系统按照所处理信息的最高密级,由低到高分为秘密、机密、绝密三个等级。

涉密信息系统建设使用单位应当在信息规范定密的基础上,依据涉密信息系统分级保护管理办法和国家保密标准 BMB17-2006《涉及国家秘密的计算机信息系统分级保护技术要求》确定系统等级。对于包含多个安全域的涉密信息系统,各安全域可以分别确定保护等级。

保密工作部门和机构应当监督指导涉密信息系统建设使用单位准确、合理地进行系统定级。"

第二十六条:"涉密信息系统建设使用单位应当将涉密信息系统定级和建设使用情况,及时上报业务主管部门的保密工作机构和负责系统审批的保密工作部门备案,并接受保密部门的监督、检查、指导。"

第二十七条:"涉密信息系统建设使用单位应当选择具有涉密集成资质的单位承担或者参与涉密信息系统的设计与实施。

涉密信息系统建设使用单位应当依据涉密信息系统分级保护管理规范和技术标准,按照秘密、机密、绝密三级的不同要求,结合系统实际进行方案设计,实施分级保护,其保护水平总体上不低于国家信息安全等级保护第三级、第四级、第五级的水平。"

第二十八条:"涉密信息系统使用的信息安全保密产品原则上应当选用国产品,并应当通过国家保密局授权的检测机构依据有关国家保密标准进行的检测,通过检测的产品由国家保密局审核发布目录。"

第二十九条:"涉密信息系统建设使用单位在系统工程实施结束后,应当向保密工作部门提出申请,由国家保密局授权的系统测评机构依据国家保密标准 BMB22-2007《涉及国家秘密的计算机信息系统分级保护测评指南》,对涉密信息系统进行安全保密测评。

涉密信息系统建设使用单位在系统投入使用前,应当按照《涉及国家秘密的信息系统审批管理规定》,向设区的市级以上保密工作部门申请进行系统审批,涉密信息系统通过审批后方可投入使用。已投入使用的涉密信息系统,其建设使用单位在按照分级保护要求完成系统整改后,应当向保密工作部门备案。"

第三十一条:"涉密信息系统发生涉密等级、连接范围、环境设施、主要应用、安全保密管理责任单位变更时,其建设使用单位应当及时向负责审批的保密工作部门报告。保密工作部门应当根据实际情况,决定是否对其重新进行测评和审批。"

《信息安全等级保护管理办法》还对信息安全等级保护的密码管理做了详细规定:

第三十四条:"国家密码管理部门对信息安全等级保护的密码实行分类分级管理。根据被保护对象在国家安全、社会稳定、经济建设中的作用和重要程度,被保护对象的安全防护要求和涉密程度,被保护对象被破坏后的危害程度以及密码使用部门的性质等,确定密码的等级保护准则。……"

第三十六条:"信息系统运营、使用单位应当充分运用密码技术对信息系统进行保护。采用密码对涉及国家秘密的信息和信息系统进行保护的,应报经国家密码管理局审批,密码的设计、实施、使用、运行维护和日常管理等,应当按照国家密码管理有关规定和相关标准执行;……"

第三十九条:"各级密码管理部门可以定期或者不定期对信息系统等级保护工作中密码配备、使用和管理的情况进行检查和测评,对重要涉密信息系统的密码配备、使用和管理情况每两年至少进行一次检查和测评。在监督检查过程中,发现存在安全隐患或者违反密码管理相关规定或者未达到密码相关标准要求的,应当按照国家密码管理的相关规定进行处置。"

四、《计算机信息系统保密管理暂行规定》

(一)涉密系统

第四条:"规划和建设计算机信息系统,应当同步规划落实相应的保密设施。"

第五条:"计算机信息系统的研制、安装和使用,必须符合保密要求。"

第六条:"计算机信息系统应当采取有效的保密措施,配置合格的保密专用设备,防泄密、防窃密。所采取的保密措施应与所处理信息的密级要求相一致。"

第七条:"计算机信息系统联网应当采取系统访问控制、数据保护和系统安全保密监控管理等技术措施。"

第八条:"计算机信息系统的访问应当按照权限控制,不得进行越权操作。未采取技术安全保密措施的数据库不得联网。"

(二)涉密信息

第九条:"涉密信息和数据必须按照保密规定进行采集、存储、处理、传递、使用和销毁。"

第十条:"计算机信息系统存储、处理、传递、输出的涉密信息要有相应的密级标识,密级标识不能与正文分离。"

第十一条:"国家秘密信息不得在与国际网络联网的计算机信息系统中存储、处理、传递。"

(三)涉密媒体

第十二条:"存储国家秘密信息的计算机媒体,应按所存储信息的最高密级标明密级,并按相应密级的文件进行管理。

存储在计算机信息系统内的国家秘密信息应当采取保护措施。"

第十三条:"存储过国家秘密信息的计算机媒体不能降低密级使用。不再使用的媒体应及时销毁。"

第十四条:"存储过国家秘密信息的计算机媒体的维修应保证所存储的国家秘密信息不被泄露。"

第十五条:"计算机信息系统打印输出的涉密文件,应当按相应密级的文件进行管理。"

(四)涉密场所

第十六条:"涉密信息处理场所应当按照国家的有关规定,与境外机构驻地、人员住所保持相应的安全距离。"

第十七条:"涉密信息处理场所应当根据涉密程度和有关规定设立控制区,未经管理机关批准无关人员不得进入。"

第十八条:"涉密信息处理场所应当定期或者根据需要进行保密技术检查。"

第十九条:"计算机信息系统应采取相应的防电磁信息泄漏的保密措施。"

第二十条:"计算机信息系统的其它物理安全要求应符合国家有关保密标准。"

（五）系统管理

第二十二条："计算机信息系统的使用单位应根据系统所处理的信息涉密等级和重要性制订相应的管理制度。"

第二十四条："计算机信息系统的系统安全保密管理人员应经过严格审查，定期进行考核，并保持相对稳定。"

第二十五条："各单位保密工作机构应对计算机信息系统的工作人员进行上岗前的保密培训，并定期进行保密教育和检查。"

第二十六条："任何单位和个人发现计算机信息系统泄密后，应及时采取补救措施，并按有关规定及时向上级报告。"

（六）奖惩

第二十九条："违反本规定泄露国家秘密，依据《中华人民共和国保守国家秘密法》及其实施办法进行处理，并追究单位领导的责任。"

五、《计算机信息系统国际联网保密管理规定》

以下为《计算机信息系统国际联网保密管理规定》中公民、法人和其他组织必须要知道的条款，各涉密单位可根据此法规制定本单位的上网管理制度。

第六条："涉及国家秘密的计算机信息系统，不得直接或间接地与国际互联网或其它公共信息网络相联接，必须实行物理隔离。"

第七条："涉及国家秘密的信息，包括在对外交往与合作中经审查、批准与境外特定对象合法交换的国家秘密信息，不得在国际联网的计算机信息系统中存储、处理、传递。"

第八条："上网信息的保密管理坚持'谁上网谁负责'的原则。凡向国际联网的站点提供或发布信息，必须经过保密审查批准。保密审批实行部门管理，有关单位应当根据国家保密法规，建立健全上网信息保密审批领导责任制。提供信息的单位应当按照一定的工作程序，健全信息保密审批制度。"

第九条："凡以提供网上信息服务为目的而采集的信息，除在其它新闻媒体上已公开发表的，组织者在上网发布前，应当征得提供信息单位的同意；凡对网上信息进行扩充或更新,应当认真执行信息保密审核制度。"

第十条:"凡在网上开设电子公告系统、聊天室、网络新闻组的单位和用户,应由相应的保密工作机构审批,明确保密要求和责任。任何单位和个人不得在电子公告系统、聊天室、网络新闻组上发布、谈论和传播国家秘密信息。

面向社会开放的电子公告系统、聊天室、网络新闻组,开办人或其上级主管部门应认真履行保密义务,建立完善的管理制度,加强监督检查。发现有涉密信息,应及时采取措施,并报告当地保密工作部门。"

第十一条:"用户使用电子函件进行网上信息交流,应当遵守国家有关保密规定,不得利用电子函件传递、转发或抄送国家秘密信息。

互联单位、接入单位对其管理的邮件服务器的用户,应当明确保密要求,完善管理制度。"

第十二条:"互联单位和接入单位,应当把保密教育作为国际联网技术培训的重要内容。互联单位与接入单位、接入单位与用户所签定的协议和用户守则中,应当明确规定遵守国家保密法律,不得泄露国家秘密信息的条款。"

第十五条:"互联单位、接入单位和用户,应当接受并配合保密工作部门实施的保密监督检查,协助保密工作部门查处利用国际联网泄露国家秘密的违法行为,并根据保密工作部门的要求,删除网上涉及国家秘密的信息。"

第十六条:"互联单位、接入单位和用户,发现国家秘密泄露或可能泄露情况时,应当立即向保密工作部门或机构报告。"

六、《网络安全审查办法》

《网络安全审查办法》是 2022 年 2 月由国家 13 个部门联合发布,针对关键信息基础设施的信息窃取、攻击破坏等恶意活动,针对数据的网络攻击以及数据滥用问题制定的相关法规。

第五条:"关键信息基础设施运营者采购网络产品和服务的,应当预判该产品和服务投入使用后可能带来的国家安全风险。影响或者可能影响国家安全的,应当向网络安全审查办公室申报网络安全审查。

关键信息基础设施安全保护工作部门可以制定本行业、本领域预判指南。"

第六条:"对于申报网络安全审查的采购活动,关键信息基础设施运营者应当通过采购文件、协议等要求产品和服务提供者配合网络安全审查,包括承诺不利用提供产品和服务的便利条件非法获取用户数据、非法控制和操纵用户设备,无正当理由不中断产品供应或者必要的技术支持服务等。"

第七条:"掌握超过100万用户个人信息的网络平台运营者赴国外上市,必须向网络安全审查办公室申报网络安全审查。"

第二十一条:"本办法所称网络产品和服务主要指核心网络设备、重要通信产品、高性能计算机和服务器、大容量存储设备、大型数据库和应用软件、网络安全设备、云计算服务,以及其他对关键信息基础设施安全、网络安全和数据安全有重要影响的网络产品和服务。"

第二十二条:"涉及国家秘密信息的,依照国家有关保密规定执行。

国家对数据安全审查、外商投资安全审查另有规定的,应当同时符合其规定。"

第三节　各领域保密法律法规

一、新闻出版领域保密规定

《新闻出版保密规定》中关于保密制度的条款和泄密查处的条款如下:

(一)新闻出版单位的保密审查制度

第五条:"新闻出版单位和提供信息的单位,应当根据国家保密法规,建立健全新闻出版保密审查制度。"

第六条:"新闻出版保密审查实行自审与送审相结合的制度。"

第七条:"新闻出版单位和提供信息的单位,对拟公开出版、报道的信息,应当按照有关的保密规定进行自审;对是否涉及国家秘密界限不清的信息,应当送交有关主管部门或其上级机关、单位审定。"

(二)新闻出版单位处理涉密业务的行为规范

第八条:"新闻出版单位及其采编人员需向有关部门反映或通报的涉及国家秘密

的信息,应当通过内部途径进行,并对反映或通报的信息按照有关规定做出国家秘密的标志。"

第九条:"被采访单位、被采访人向新闻出版单位的采编人员提供有关信息时,对其中确因工作需要而又涉及国家秘密的事项,应当事先按照有关规定的程序批准,并向采编人员申明;新闻出版单位及其采编人员对被采访单位、被采访人申明属于国家秘密的事项,不得公开报道、出版。

对涉及国家秘密但确需公开报道、出版的信息,新闻出版单位应当向有关主管部门建议解密或采取删节、改编、隐去等保密措施,并经有关主管部门审定。"

第十条:"新闻出版单位采访涉及国家秘密的会议或其他活动,应当经主办单位批准。主办单位应当验明采访人员的工作身份,指明哪些内容不得公开报道、出版,并对拟公开报道、出版的内容进行审定。"

(三)新闻出版审查相关部门应履行的义务

第十一条:"为了防止泄露国家秘密又利于新闻出版工作的正常进行,中央国家机关各部门和其他有关单位,应当根据各自业务工作的性质,加强与新闻出版单位的联系,建立提供信息的正常渠道,健全新闻发布制度,适时通报宣传口径。"

第十二条:"有关机关、单位应当指定有权代表本机关、单位的审稿机构和审稿人,负责对新闻出版单位送审的稿件是否涉及国家秘密进行审定。对是否涉及国家秘密界限不清的内容,应当报请上级机关、单位审定;涉及其他单位工作中国家秘密的,应当负责征求有关单位的意见。"

第十三条:"有关机关、单位审定送审的稿件时,应当满足新闻出版单位提出的审定时限的要求,遇到特殊情况不能在所要求的时限内完成审定的,应当及时向送审稿件的新闻出版单位说明,并共同商量解决办法。"

(四)公民个人向新闻出版机构提供公开信息时应履行的义务

第十四条:"个人拟向新闻出版单位提供公开报道、出版的信息,凡涉及本系统、本单位业务工作的或对是否涉及国家秘密界限不清的,应当事先经本单位或其上级机关、单位审定。"

第十五条:"个人拟向境外新闻出版机构提供报道、出版涉及国家政治、经济、外交、科技、军事方面内容的,应当事先经过本单位或其上级机关、单位审定。向境外投寄稿件,应当按照国家有关规定办理。"

(五)泄密的查处(主动报告,及时调查,严肃处理,没收所得)

第十六条:"国家工作人员或其他公民发现国家秘密被非法报道、出版时,应当及时报告有关机关、单位或保密工作部门。

泄密事件所涉及的新闻出版单位和有关单位,应当主动联系,共同采取补救措施。"

第十七条:"新闻出版活动中发生的泄密事件,由有关责任单位负责及时调查;责任暂时不清的,由有关保密工作部门决定自行调查或者指定有关单位调查。"

第十八条:"对泄露国家秘密的责任单位、责任人,应当按照有关法律和规定严肃处理。"

第十九条:"新闻出版工作中因泄密问题需要对出版物停发、停办或者收缴以及由此造成的经济损失,应当按照有关主管部门的规定处理。

新闻出版单位及其采编人员和提供信息的单位及其有关人员因泄露国家秘密所获得的非法收入,应当依法没收并上缴国家财政。"

改革开放后,出版业蓬勃发展,有少数出版单位在出版涉及中外关系、革命史料、国防建设等方面的出版物中,把关不严,未经认真的审核和报批,致使有的出版物严重违反《保密法》《中国人民解放军保密条例》和《新闻出版保密规定》,泄露了党和国家的重要秘密和军事秘密,以及其他应当严格保密的资料,造成了恶劣的政治影响和严重的后果。新闻出版署又印发了《新闻出版署关于防止在出版物中泄露国家秘密的通知》,用以严格规范出版行业审查不严乱象。具体通知如下:

"一、各出版单位必须严格执行《中华人民共和国保守国家秘密法》、《中国人民解放军保密条例》、《新闻出版保密规定》等各项有关保密的规定及要求,并根据本单位的实际情况制定有力防范措施,杜绝在出版工作中出现泄密事件。(强调遵守现行保密法律法规)

二、在出版物中(包括内部发行的出版物)严禁载有下列内容:国家事务重大决策中的秘密事项;国防建设和武装力量活动中的秘密事项;外交和外事活动中的秘密事项以及对外承担保密义务的事项;国民经济和社会发展中的秘密事项;科学技术中的秘密事项；维护国家安全活动和追查刑事犯罪中的秘密事项；其他经国家保密工作部门确定应当保守的国家秘密事项。(强调发行的出版物不得载有的内容)

三、出版物中凡涉及下列内容的，要严格执行送审报批制度：国家事务的重大决策，党的文献和档案，国防建设和武装力量情况，国家外交政策和对外宣传工作，国民经济和社会发展中的统计资料和数据，尖端科技、科技成果及资料，测绘和地图，国家安全活动和追查刑事犯罪活动，其他各部门各行业中不宜公开的重大事项；以及出版单位把握不准是否属于秘密的问题。

四、送审报批的原则和要求。凡需送审报批的出版物，出版单位应遵照有关的文件和规定事先做好自审工作，提出需审核确定是否秘密的事项和问题，报经出版单位主管部门审核批准。出版单位主管部门如把握不准，应及时报有关主管部门审定。凡涉及已有文件规定的事项和内容，应严格按照文件规定的程序送审。凡涉及国防建设和武装力量活动中的各项重要事宜的出版物，原则上应由军队出版单位安排出版；其他有关出版单位如需安排出版，选题应报新闻出版署批准；书稿内容在出版单位严格自审及出版单位主管部门审核同意后，须报中国人民解放军军以上机关有关部门审定，否则不得出版。

五、出版物泄密的认定和查处。出版物是否构成泄密的认定部门是：国家保密部门，军队保密部门以及所涉及问题的中央有关主管部门。一旦出现出版物泄密问题，出版单位、出版单位主管部门、发行部门、印刷、制作部门以及新闻出版管理部门须立即采取果断措施，停售、封存全部出版物，对已发出去的出版物要根据发货渠道尽力收回，一并就地销毁，防止国家秘密进一步扩散。因泄密而停售、封存、销毁所造成的经济损失，由出版单位承担。对违反各项保密规定，造成泄密的单位，根据情节轻重，由省级以上新闻出版管理部门给予没收利润、罚款、通报批评、停业整顿的处分。对有关责任者，由出版单位和出版单位主管部门严肃处理，情节严重的，应移交司法部门追究刑事责任。"

二、科学研究领域保密规定

《科学技术保密规定》对科学技术的保密做出了详细的规定，分别是：单位的科学技术保密工作，涉密人员应当遵守的保密要求，科学技术合作与交流活动的规范，存储、处理国家科学技术秘密信息的规定,对外科学技术交流与合作的规范,开展涉密科学技术活动的要求,涉密科学技术项目与涉密科技成果的相关规定,以及科学技术秘密申请知识产权保护时要遵守的规定。具体如下:

第九条第一款:"关系国家安全和利益,泄露后可能造成下列后果之一的科学技术事项,应当确定为国家科学技术秘密:

(一)削弱国家防御和治安能力;

(二)降低国家科学技术国际竞争力;

(三)制约国民经济和社会长远发展;

(四)损害国家声誉、权益和对外关系。"

第十条:"国家科学技术秘密的密级分为绝密、机密和秘密三级。国家科学技术秘密密级应当根据泄露后可能对国家安全和利益造成的损害程度确定。

除泄露后会给国家安全和利益带来特别严重损害的外,科学技术原则上不确定为绝密级国家科学技术秘密。"

第十一条:"有下列情形之一的科学技术事项,不得确定为国家科学技术秘密:

(一)国内外已经公开;

(二)难以采取有效措施控制知悉范围;

(三)无国际竞争力且不涉及国家防御和治安能力;

(四)已经流传或者受自然条件制约的传统工艺。"

第十九条:"国家科学技术秘密保密要点是指必须确保安全的核心事项或者信息,主要涉及以下内容:

(一)不宜公开的国家科学技术发展战略、方针、政策、专项计划;

(二)涉密项目研制目标、路线和过程;

(三)敏感领域资源、物种、物品、数据和信息;

(四)关键技术诀窍、参数和工艺;

(五)科学技术成果涉密应用方向;

(六)其他泄露后会损害国家安全和利益的核心信息。"

第二十八条:"机关、单位管理本机关、本单位的科学技术保密工作。主要职责如下:

(一)建立健全科学技术保密管理制度;

(二)设立或者指定专门机构管理科学技术保密工作;

(三)依法开展国家科学技术秘密定密工作,管理涉密科学技术活动、项目及成果;

(四)确定涉及国家科学技术秘密的人员(以下简称涉密人员),并加强对涉密人员的保密宣传、教育培训和监督管理;

(五)加强计算机及信息系统、涉密载体和涉密会议活动保密管理,严格对外科学技术交流合作和信息公开保密审查;

(六)发生资产重组、单位变更等影响国家科学技术秘密管理的事项时,及时向上级机关或者业务主管部门报告。"

第二十九条:"涉密人员应当遵守以下保密要求:

(一)严格执行国家科学技术保密法律法规和规章以及本机关、本单位科学技术保密制度;

(二)接受科学技术保密教育培训和监督检查;

(三)产生涉密科学技术事项时,先行采取保密措施,按规定提请定密,并及时向本机关、本单位科学技术保密管理机构报告;

(四)参加对外科学技术交流合作与涉外商务活动前向本机关、本单位科学技术保密管理机构报告;

(五)发表论文、申请专利、参加学术交流等公开行为前按规定履行保密审查手续;

(六)发现国家科学技术秘密正在泄露或者可能泄露时,立即采取补救措施,并向本机关、本单位科学技术保密管理机构报告;

(七)离岗离职时,与机关、单位签订保密协议,接受脱密期保密管理,严格保守国家科学技术秘密。"

第三十条:"机关、单位和个人在下列科学技术合作与交流活动中,不得涉及国家科学技术秘密:

(一)进行公开的科学技术讲学、进修、考察、合作研究等活动;

(二)利用互联网及其他公共信息网络、广播、电影、电视以及公开发行的报刊、书籍、图文资料和声像制品进行宣传、报道或者发表论文;

(三)进行公开的科学技术展览和展示等活动。"

第三十一条:"机关、单位和个人应当加强国家科学技术秘密信息保密管理,存储、处理国家科学技术秘密信息应当符合国家保密规定。任何机关、单位和个人不得有下列行为:

(一)非法获取、持有、复制、记录、存储国家科学技术秘密信息;

(二)使用非涉密计算机、非涉密存储设备存储、处理国家科学技术秘密;

(三)在互联网及其他公共信息网络或者未采取保密措施的有线和无线通信中传递国家科学技术秘密信息;

(四)通过普通邮政、快递等无保密措施的渠道传递国家科学技术秘密信息;

(五)在私人交往和通信中涉及国家科学技术秘密信息;

(六)其他违反国家保密规定的行为。"

第三十二条第一款:"对外科学技术交流与合作中需要提供国家科学技术秘密的,应当经过批准,并与对方签订保密协议。绝密级国家科学技术秘密原则上不得对外提供,确需提供的,应当经中央国家机关有关主管部门同意后,报国家科学技术行政管理部门批准;机密级国家科学技术秘密对外提供应当报中央国家机关有关主管部门批准;秘密级国家科学技术秘密对外提供应当报中央国家机关有关主管部门或者省、自治区、直辖市人民政府有关主管部门批准。"

第三十三条:"机关、单位开展涉密科学技术活动的,应当指定专人负责保密工作、明确保密纪律和要求,并加强以下方面保密管理:

(一)研究、制定涉密科学技术规划应当制定保密工作方案,签订保密责任书;

(二)组织实施涉密科学技术计划应当制定保密制度;

(三)举办涉密科学技术会议或者组织开展涉密科学技术展览、展示应当采取必要的保密管理措施,在符合保密要求的场所进行;

(四)涉密科学技术活动进行公开宣传报道前应当进行保密审查。"

第三十四条:"涉密科学技术项目应当按照以下要求加强保密管理:

(一)涉密科学技术项目在指南发布、项目申报、专家评审、立项批复、项目实施、结题验收、成果评价、转化应用及科学技术奖励各个环节应当建立保密制度;

(二)涉密科学技术项目下达单位与承担单位、承担单位与项目负责人、项目负责人与参研人员之间应当签订保密责任书;

(三)涉密科学技术项目的文件、资料及其他载体应当指定专人负责管理并建立台账；

(四)涉密科学技术项目进行对外科学技术交流与合作、宣传展示、发表论文、申请专利等，承担单位应当提前进行保密审查；

(五)涉密科学技术项目原则上不得聘用境外人员，确需聘用境外人员的，承担单位应当按规定报批。"

第三十五条："涉密科学技术成果应当按以下要求加强保密管理：

(一)涉密科学技术成果在境内转让或者推广应用，应当报原定密机关、单位批准，并与受让方签订保密协议；

(二)涉密科学技术成果向境外出口，利用涉密科学技术成果在境外开办企业，在境内与外资、外企合作，应当按照本规定第三十二条规定报有关主管部门批准。"

第三十九条："国家科学技术秘密申请知识产权保护应当遵守以下规定：

(一)绝密级国家科学技术秘密不得申请普通专利或者保密专利；

(二)机密级、秘密级国家科学技术秘密经原定密机关、单位批准可申请保密专利；

(三)机密级、秘密级国家科学技术秘密申请普通专利或者由保密专利转为普通专利的，应当先行办理解密手续。"

与上述规定配套的《科学数据管理办法》中，关于安全与保密的规定有五条，围绕三个关键点进行了规定：数据共享要审查、数据周期严管理、数据安全有保障。

第二十五条："涉及国家秘密、国家安全、社会公共利益、商业秘密和个人隐私的科学数据，不得对外开放共享；确需对外开放的，要对利用目的、用户资质、保密条件等进行审查，并严格控制知悉范围。"

第二十六条："涉及国家秘密的科学数据的采集生产、加工整理、管理和使用，按照国家有关保密规定执行。主管部门和法人单位应建立健全涉及国家秘密的科学数据管理与使用制度，对制作、审核、登记、拷贝、传输、销毁等环节进行严格管理。

对外交往与合作中需要提供涉及国家秘密的科学数据的，法人单位应明确提出利用数据的类别、范围及用途，按照保密管理规定程序报主管部门批准。经主管部门批准后，法人单位按规定办理相关手续并与用户签订保密协议。"

第二十七条："主管部门和法人单位应加强科学数据全生命周期安全管理，制定科学数据安全保护措施；加强数据下载的认证、授权等防护管理，防止数据被恶意使用。

对于需对外公布的科学数据开放目录或需对外提供的科学数据，主管部门和法人单位应建立相应的安全保密审查制度。"

第二十八条："法人单位和科学数据中心应按照国家网络安全管理规定，建立网络安全保障体系，采用安全可靠的产品和服务，完善数据管控、属性管理、身份识别、行为追溯、黑名单等管理措施，健全防篡改、防泄露、防攻击、防病毒等安全防护体系。"

第二十九条："科学数据中心应建立应急管理和容灾备份机制，按照要求建立应急管理系统，对重要的科学数据进行异地备份。"

三、军工涉密业务保密规定

2019年国防科工局印发的《军工涉密业务咨询服务安全保密监督管理办法》对于涉军事保密进行了规定。重点是当军工单位委托第三方提供审计、法律、证券、评估、招投标、翻译、设计、施工、监理、评价、物流、设备设施维修（检测）、展览展示等涉密业务咨询服务时，需要委托符合条件的第三方。

关于保密的主体责任规定如下：

第三条："涉密业务咨询服务安全保密工作坚持'谁委托、谁负责，谁承接、谁负责'的原则。"

第四条："军工单位对本单位涉密业务咨询服务安全保密管理负主体责任，应当选择符合本办法规定条件的单位或者组织从事涉密业务咨询服务，并监督和指导其落实保密措施。"

第六条："从事涉密业务咨询服务的单位或者组织（以下简称咨询服务单位）对承担的涉密业务咨询服务事项安全保密管理负主体责任。

咨询服务单位发现有违反国家有关安全保密法律法规、本办法规定以及保密协议的情况，可能造成国家秘密泄露时，应当立即向军工单位报告。"

关于军工单位要履行的职责规定如下：

第七条："军工单位选择咨询服务单位，应当选择安全保密体系健全、规章制度完善、技防措施符合国家保密标准的单位。"

第八条:"军工单位委托涉密业务咨询服务时,应当与咨询服务单位签订保密协议,在保密协议中明确项目的密级、保密要求和保密责任,并对其履行保密协议及安全保密管理情况等进行监督指导。咨询服务单位应当书面承诺其安全保密管理符合国家安全保密法律法规和本办法的规定。"

第九条:"军工单位应当准确界定涉密业务咨询服务事项密级、明确密点,并严格控制国家秘密知悉范围,不得提供委托涉密业务咨询服务事项以外的涉密信息。"

第十二条:"军工单位应当对咨询服务单位执行保密协议情况进行监督检查,并于委托项目后30个工作日内将使用的咨询机构有关情况向主管单位(部门)备案。属军工集团公司所属单位的,逐级向军工集团公司备案;属地方军工单位的,向所在地的省级国防科技工业管理部门备案。"

关于咨询服务单位要履行的职责规定如下:

第十条:"咨询服务单位应当具备国家安全保密法律法规规定的从事涉密业务的条件,按照规定成立保密组织和工作机构、制定完善的安全保密制度,并在涉密人员、涉密场所、涉密载体、涉密项目、协作配套、涉密会议、宣传报道、计算机信息系统和办公自动化设备管理等方面符合国家安全保密规定和标准。涉及国家安全的,按有关规定从严把握。"

第十一条:"咨询服务单位应当严格落实国家有关安全保密法律法规的规定,禁止以下行为:

(一)非法获取、持有、买卖、转送或者私自销毁国家秘密载体,通过普通邮政、快递等无保密措施的渠道传递国家秘密载体,非法复制、记录、存储国家秘密信息;

(二)使用非涉密计算机、非涉密存储介质存储、处理和传输涉密信息;

(三)将涉密计算机、涉密存储介质、涉密办公自动化设备接入互联网及其他公共信息网络;

(四)涉密计算机和涉密信息系统未按国家保密标准采取防止非法外联措施;

(五)涉密计算机和涉密信息系统内使用的移动存储介质,未按国家保密标准采取技术控制措施;

(六)在涉密计算机和非涉密计算机之间交叉使用存储介质;

(七)未按国家保密标准进行安全技术处理,将退出使用的涉密计算机和涉密存储介质赠送、出售、丢弃或者改作其他用途;

(八)未采取国家许可的技术措施的情况下,使用具有无线互联或者无线通信功能的设备处理涉密信息;

(九)其他有关安全保密法律法规明确禁止实施的行为。"

四、测绘领域保密法律法规

《中华人民共和国测绘法》中涉及保密的条款如下:

第十四条:"卫星导航定位基准站的建设和运行维护应当符合国家标准和要求,不得危害国家安全。

卫星导航定位基准站的建设和运行维护单位应当建立数据安全保障制度,并遵守保密法律、行政法规的规定。

县级以上人民政府测绘地理信息主管部门应当会同本级人民政府其他有关部门,加强对卫星导航定位基准站建设和运行维护的规范和指导。"

第三十四条:"县级以上人民政府测绘地理信息主管部门应当积极推进公众版测绘成果的加工和编制工作,通过提供公众版测绘成果、保密技术处理等方式,促进测绘成果的社会化应用。

测绘成果保管单位应当采取措施保障测绘成果的完整和安全,并按照国家有关规定向社会公开和提供利用。

测绘成果属于国家秘密的,适用保密法律、行政法规的规定;需要对外提供的,按照国务院和中央军事委员会规定的审批程序执行。

测绘成果的秘密范围和秘密等级,应当依照保密法律、行政法规的规定,按照保障国家秘密安全、促进地理信息共享和应用的原则确定并及时调整、公布。"

第四十七条:"地理信息生产、保管、利用单位应当对属于国家秘密的地理信息的获取、持有、提供、利用情况进行登记并长期保存,实行可追溯管理。

从事测绘活动涉及获取、持有、提供、利用属于国家秘密的地理信息,应当遵守保密法律、行政法规和国家有关规定。

地理信息生产、利用单位和互联网地图服务提供者收集、使用用户个人信息的,应当遵守法律、行政法规关于个人信息保护的规定。"

第六十一条:"违反本法规定,擅自发布中华人民共和国领域和中华人民共和国管辖的其他海域的重要地理信息数据的,给予警告,责令改正,可以并处五十万元以下的罚款;对直接负责的主管人员和其他直接责任人员,依法给予处分;构成犯罪的,依法追究刑事责任。"

第六十五条:"违反本法规定,地理信息生产、保管、利用单位未对属于国家秘密的地理信息的获取、持有、提供、利用情况进行登记、长期保存的,给予警告,责令改正,可以并处二十万元以下的罚款;泄露国家秘密的,责令停业整顿,并处降低测绘资质等级或者吊销测绘资质证书;构成犯罪的,依法追究刑事责任。

违反本法规定,获取、持有、提供、利用属于国家秘密的地理信息的,给予警告,责令停止违法行为,没收违法所得,可以并处违法所得二倍以下的罚款;对直接负责的主管人员和其他直接责任人员,依法给予处分;造成损失的,依法承担赔偿责任;构成犯罪的,依法追究刑事责任。"

对于测绘地理信息管理工作所涉及的国家秘密,《测绘地理信息管理工作国家秘密范围的规定》给予了明确,包括:绝密级事项、机密级事项、秘密级事项,具体事项可参考此规定的附件《测绘管理工作国家秘密目录》。测绘地理信息管理工作中涉及其他部门或者行业的国家秘密,应当按照相关国家秘密范围的规定定密。

测绘地理信息中有一部分是非涉密信息,国家鼓励社会使用这些非密成果。国家测绘地理信息局2017年印发了《国家测绘地理信息局非涉密测绘地理信息成果提供使用管理办法》,以提供使用指导。

五、国家统一考试保密管理

《中共中央保密委员会办公室、国家保密局关于进一步加强国家统一考试保密管理工作的通知》主要规定如下:

(一)属于国家秘密的考试

"由国家主管部门组织的国家教育、执(职)业资格、国家公务员录用和专业技术人员资格等国家统一考试的试题、答案和评分标准,在启用前均属于国家秘密。"

(二)具体内容

"一、国家统一考试的保密管理工作,按照"谁主管谁负责"的原则,由组织考试的主管部门负责。组织考试的国家主管部门,应建立由一名主管领导任组长的考试保密工作领导小组,负责考试试卷的命题、印制、运送、保管等环节的保密管理工作。

受委托组织考试的省、自治区、直辖市主管部门,应建立有同级保密工作部门参加的保密工作领导小组,具体负责考试试卷的印制、运送、保管等环节的保密管理工作。(考试保密工作原则)

二、国家统一考试启用前的试题(包括副题、备份题)、答案和评分标准,应当由组织考试的国家主管部门分别按照有关国家秘密及其密级具体范围的规定确定密级和知悉范围。(定密与范围)

三、组织考试的主管部门应对命题人员和内部工作人员进行审查,加强保密教育,对命题工作的各个环节实行严格的保密管理。(审查与教育)

四、命题工作原则上应采取入闱的工作形式,组织考试的主管部门应与命题人员签定保密责任书,对命题人员应当履行的保密义务作出明确规定。参加命题的工作人员在考试前不得参与或授意他人进行与本专业考试命题有关的培训工作,未经考试主管部门准许不得参与编写、出版相关辅导用书和资料。

命题工作结束后,考试原始试题载体的保管应选择具备安全防盗设施的场所,存放在保险柜中,并由双人专门保管。(命题工作原则)

五、国家统一考试试卷应当在国家统一考试试卷定点印制单位印制。

国家统一考试试卷定点印制单位,由国家保密局及省、自治区、直辖市保密局在具备考试试卷印制保密条件的国家秘密载体定点复制单位中审定,并在《国家秘密载体复制许可证》许可范围一栏加注"考试试卷类印制"字样;对经审查符合考试试卷印制保密条件的监狱印刷厂,可发给其限定许可范围的(国家秘密载体复制许可证),许可范围一栏应注明"仅限考试试卷类印制"字样。

省、自治区、直辖市保密局审定的考试试卷定点印制单位须报国家保密局备案。国家保密局向国家统一考试的主管部门公布考试试卷定点印制单位的名单,供考试主管部门选定。

有关保密工作部门应定期对考试试卷定点印制单位进行保密监督检查,对违反有关保密规定的应取消其考试试卷定点印制单位的资格。(试卷的印制)

六、考试试卷运送的保密管理应严格按有关规定执行,通过机要渠道或使用可靠的交通工具,由双人以上专门押送,做到人不离卷,卷不离人。考试试卷的交接应当建

立严格的查验手续,保密工作部门对考试试卷的交接过程应在现场进行监督检查。(试卷的运送)

七、考试试卷封存保管期间,对保管场所应当采取必要的保密防范措施,安装防盗装置和24小时双人守卫等,有关保密工作部门应会同考试主管部门依据有关保密要求进行检查,并将检查结果记录在案。(试卷的保管)

八、以电子信息形式为载体进行的考试,应按照国家有关保密规定,在涉密载体及计算机信息系统、计算机设备的安全防护和使用、管理等方面,采取严格的保密防范措施;承担考试软件开发、制作的单位,应承担保密义务,有关考试主管部门应与其签订保密协议。保密工作部门应对有关工作进行指导和监督。(机考的规定)

九、考试工作中发生泄密事件,有关考试主管部门应立即向所在地的保密工作部门报告,同时报上级考试主管部门。有关保密工作部门应会同考试主管部门立即组织查处,并将有关情况逐级上报国家保密局。对发生泄密事件隐匿不报或拖延报告的,应追究有关责任人和主管领导人的责任。(泄密的查处)

十、对在考试保密管理工作中取得突出成绩的单位和个人,考试主管部门应当给予表扬和奖励;对考试保密管理工作不力或失职,导致泄露国家秘密的,应依法依纪追究有关责任人和主管领导人的责任。(奖惩的规定)

十一、组织国家统一考试的主管部门每年年初应将全年的考试计划报国家保密局备案;各省、自治区、直辖市考试主管部门应将本地区国家统一考试计划报同级地方保密局备案。(备案的规定)

十二、国家保密局会同国家统一考试的主管部门对考试保密管理工作情况进行指导、监督和检查;各省、自治区、直辖市保密局负责本地区国家统一考试保密管理工作监督和检查的组织实施。

国家统一考试的有关主管部门应当按照本通知的要求,结合各自的实际对全国统一考试保密管理工作作出具体安排(本通知可转发至省、自治区、直辖市负责考试工作的有关部门)。(监督与检查)"

此外,在《中共中央保密委员会办公室、国家保密局关于进一步加强国家统一考试保密管理工作的通知》的框架指导下,司法部于2008年拟定发布了《国家司法考试保密工作规定》,原农业部于2017年印发了《执业兽医资格考试保密管理规定》,对各自行业内的考试保密工作作出了具体规定。

六、邮政物流保密法律法规

关于邮政物流保密的法律法规包括《中华人民共和国邮政法》的若干条款以及《快递暂行条例》相关的条款。

《中华人民共和国邮政法》相关条款如下：

第二十六条："邮政企业发现邮件内夹带禁止寄递或者限制寄递的物品的，应当按照国家有关规定处理。

进出境邮件中夹带国家禁止进出境或者限制进出境的物品的，由海关依法处理。"

第三十六条："因国家安全或者追查刑事犯罪的需要，公安机关、国家安全机关或者检察机关可以依法检查、扣留有关邮件，并可以要求邮政企业提供相关用户使用邮政服务的信息。邮政企业和有关单位应当配合，并对有关情况予以保密。"

第三十七条："任何单位和个人不得利用邮件寄递含有下列内容的物品：

（一）煽动颠覆国家政权、推翻社会主义制度或者分裂国家、破坏国家统一，危害国家安全的；

（二）泄露国家秘密的；

（三）散布谣言扰乱社会秩序，破坏社会稳定的；

（四）煽动民族仇恨、民族歧视，破坏民族团结的；

（五）宣扬邪教或者迷信的；

（六）散布淫秽、赌博、恐怖信息或者教唆犯罪的；

（七）法律、行政法规禁止的其他内容。"

第五十五条："快递企业不得经营由邮政企业专营的信件寄递业务，不得寄递国家机关公文。"

《快递暂行条例》相关规定如下：

第四条："任何单位或者个人不得利用信件、包裹、印刷品以及其他寄递物品（以下统称快件）从事危害国家安全、社会公共利益或者他人合法权益的活动。

除有关部门依照法律对快件进行检查外，任何单位或者个人不得非法检查他人快件。任何单位或者个人不得私自开拆、隐匿、毁弃、倒卖他人快件。"

第四节　泄密的法律责任

一、《泄密案件查处办法》

第四条："本办法所称'泄露国家秘密'是指违反保密法律、法规和规章的下列行为之一：

（一）使国家秘密被不应知悉者知悉的；

（二）使国家秘密超出了限定的接触范围，而不能证明未被不应知悉者知悉的。"

第五条："存在下列情形之一的，按泄露国家秘密处理：

（一）属于国家秘密的文件资料或者其他物品下落不明的，自发现之日起，绝密级10日内，机密级、秘密级60日内查无下落的；

（二）未采取符合国家保密规定或者标准的保密措施，在互联网及其他公共信息网络、有线和无线通信中传递国家秘密的；

（三）使用连接互联网或者其他公共信息网络的计算机、移动存储介质等信息设备存储、处理国家秘密，且该信息设备被远程控制的。"

第六条："泄密案件查处工作主要包括：

（一）查明所泄露的国家秘密事项的内容与密级；

（二）查明案件事实、主要情节和有关责任人员；

（三）要求有关机关、单位采取必要的补救措施；

（四）根据有关法律、法规和规章等对责任人员提出处理建议，并督促机关、单位做出处理；

（五）针对案件暴露出的问题，督促机关、单位加强和改进保密工作。"

第五十九条："在泄密案件查处工作中，有关机关、单位及其工作人员拒不配合，弄虚作假，隐匿、销毁证据，以其他方式逃避、妨碍案件查处的，对直接负责的主管人员和其他直接责任人员依法给予处分。

企事业单位及其工作人员协助机关、单位逃避、妨碍案件查处的，由有关主管部门依法予以处罚。"

二、《刑法》关于泄密的法律责任的规定

《刑法》里面明确规定了十条关于泄密应该承担的法律责任,具体如下:

第一百零九条:"【叛逃罪】国家机关工作人员在履行公务期间,擅离岗位,叛逃境外或者在境外叛逃的,处五年以下有期徒刑、拘役、管制或者剥夺政治权利;情节严重的,处五年以上十年以下有期徒刑。

掌握国家秘密的国家工作人员叛逃境外或者在境外叛逃的,依照前款的规定从重处罚。"

第一百一十一条:"【为境外窃取、刺探、收买、非法提供国家秘密、情报罪】为境外的机构、组织、人员窃取、刺探、收买、非法提供国家秘密或者情报的,处五年以上十年以下有期徒刑;情节特别严重的,处十年以上有期徒刑或者无期徒刑;情节较轻的,处五年以下有期徒刑、拘役、管制或者剥夺政治权利。"

第一百一十三条:"【危害国家安全罪适用死刑、没收财产的规定】本章上述危害国家安全罪行中,除第一百零三条第二款、第一百零五条、第一百零七条、第一百零九条外,对国家和人民危害特别严重、情节特别恶劣的,可以判处死刑。

犯本章之罪的,可以并处没收财产。"

第二百八十二条:"【非法获取国家秘密罪】以窃取、刺探、收买方法,非法获取国家秘密的,处三年以下有期徒刑、拘役、管制或者剥夺政治权利;情节严重的,处三年以上七年以下有期徒刑。

【非法持有国家绝密、机密文件、资料、物品罪】非法持有属于国家绝密、机密的文件、资料或者其他物品,拒不说明来源与用途的,处三年以下有期徒刑、拘役或者管制。"

第二百八十七条:"【利用计算机实施犯罪的提示性规定】利用计算机实施金融诈骗、盗窃、贪污、挪用公款、窃取国家秘密或者其他犯罪的,依照本法有关规定定罪处罚。"

第三百九十八条:"【故意泄露国家秘密罪】【过失泄露国家秘密罪】国家机关工作人员违反保守国家秘密法的规定,故意或者过失泄露国家秘密,情节严重的,处三年以下有期徒刑或者拘役;情节特别严重的,处三年以上七年以下有期徒刑。

非国家机关工作人员犯前款罪的,依照前款的规定酌情处罚。"

第四百三十一条:"【非法获取军事秘密罪】以窃取、刺探、收买方法,非法获取军事秘密的,处五年以下有期徒刑;情节严重的,处五年以上十年以下有期徒刑;情节特别严重的,处十年以上有期徒刑。

【为境外窃取、刺探、收买、非法提供军事秘密罪】为境外的机构、组织、人员窃取、刺探、收买、非法提供军事秘密的,处五年以上十年以下有期徒刑;情节严重的,处十年以上有期徒刑、无期徒刑或者死刑。"

第四百三十二条:"【故意泄露军事秘密罪】【过失泄露军事秘密罪】违反保守国家秘密法规,故意或者过失泄露军事秘密,情节严重的,处五年以下有期徒刑或者拘役;情节特别严重的,处五年以上十年以下有期徒刑。

战时犯前款罪的,处五年以上十年以下有期徒刑;情节特别严重的,处十年以上有期徒刑或者无期徒刑。"

三、《最高人民法院关于审理为境外窃取、刺探、收买、非法提供国家秘密、情报案件具体应用法律若干问题的解释》

为依法惩治为境外的机构、组织、人员窃取、刺探、收买、非法提供国家秘密、情报犯罪活动,维护国家安全和利益,根据刑法有关规定,最高人民法院就审理这类案件具体应用法律的若干问题做出了解释,具体如下:

第二条:"为境外窃取、刺探、收买、非法提供国家秘密或者情报,具有下列情形之一的,属于'情节特别严重',处十年以上有期徒刑、无期徒刑,可以并处没收财产:

(一)为境外窃取、刺探、收买、非法提供绝密级国家秘密的;

(二)为境外窃取、刺探、收买、非法提供三项以上机密级国家秘密的;

(三)为境外窃取、刺探、收买、非法提供国家秘密或者情报,对国家安全和利益造成其他特别严重损害的。

实施前款行为,对国家和人民危害特别严重、情节特别恶劣的,可以判处死刑,并处没收财产。"

第三条:"为境外窃取、刺探、收买、非法提供国家秘密或者情报,具有下列情形之一的,处五年以上十年以下有期徒刑,可以并处没收财产:

(一)为境外窃取、刺探、收买、非法提供机密级国家秘密的;

（二）为境外窃取、刺探、收买、非法提供三项以上秘密级国家秘密的；

（三）为境外窃取、刺探、收买、非法提供国家秘密或者情报，对国家安全和利益造成其他严重损害的。"

第四条："为境外窃取、刺探、收买、非法提供秘密级国家秘密或者情报，属于'情节较轻'，处五年以下有期徒刑、拘役、管制或者剥夺政治权利，可以并处没收财产。"

第五条："行为人知道或者应当知道没有标明密级的事项关系国家安全和利益，而为境外窃取、刺探、收买、非法提供的，依照刑法第一百一十一条的规定以为境外窃取、刺探、收买、非法提供国家秘密罪定罪处罚。"

第六条："通过互联网将国家秘密或者情报非法发送给境外的机构、组织、个人的，依照刑法第一百一十一条的规定定罪处罚；将国家秘密通过互联网予以发布，情节严重的，依照刑法第三百九十八条的规定定罪处罚。"

第五节 党内保密规定

一、中国共产党的优良保密传统

从中国共产党创立到中华人民共和国成立，中国共产党领导中国人民所走过的道路极其曲折和艰难，中国共产党为赢得革命胜利和民族解放付出了巨大的代价。在革命战争年代，党的保密工作历史是用革命先烈的鲜血写成的，经过历史的凝聚和锤炼，中国共产党形成了坚定的理想信念、强烈的忧患意识、严格的纪律约束、紧紧地依靠人民、持续的技术对抗、领导的率先垂范等六个方面的保密工作光荣传统和优良作风，历久弥新，促人奋进。

(一) 坚定的理想信念

革命战争年代，无数革命先烈在极其严酷恶劣的环境下，怀着对党绝对忠诚和革命事业必胜的理想信念，宁可牺牲生命，也要保守党的秘密。这些英雄壮举体现了共产党人的高贵品德，闪耀着党的保密工作优良传统的光辉。

在新的形势下，坚定理想信念、对党忠诚仍然是我们保守党和国家秘密的根本。

(二)强烈的忧患意识

自中国共产党成立以来,苦难的民族遭遇、严酷的斗争环境,激发了共产党人强烈的忧患意识,为做好保密工作磨炼出了高度的警觉性。我们党正是依靠牢固树立忧患意识,始终把保密当作关系党生死存亡的大事,才领导人民取得了革命胜利,创造了今天的辉煌。当今世界各种利益纷争错综复杂,强烈的忧患意识和高度的警惕性,依然是我们做好保密工作的前提。

(三)严格的纪律约束

没有铁的保密纪律,就没有党的秘密安全。党的二大通过了第一个党章,规定了党的纪律,"凡党员泄露本党秘密者,该地方执行委员会必须开除之"。这一规定是党的保密纪律和制度的源头,严格执行党的保密纪律成为党的传统和一贯作风。革命战争年代,严守党的秘密就是共产党人不可逾越的一道政治红线。

习近平总书记在十八届中央纪委三次全会上指出,遵守党的纪律是无条件的,要说到做到,有纪必执,有违必查,不能把纪律作为一个软约束或是束之高阁的一纸空文。

人不以规矩则废,党不以规矩则乱,守纪律、讲规矩、严守党的秘密,是一个严肃的政治原则问题。2015年,党中央在县处级以上领导干部中开展的"三严三实"专题教育,就包括严格执行党的保密纪律的要求。各级党的组织、国家机关和涉密单位,要敢抓敢管,把严守保密纪律、保密法规和保密规矩作为领导干部和涉密人员的基本行为准则,使党的保密纪律和国家保密法规制度真正成为带电的高压线。

(四)紧紧地依靠人民

我们党来自人民、植根人民、服务人民,党的根基在人民、血脉在人民、力量在人民。失去了人民的拥护和支持,党的事业就无从谈起。土地革命战争时期,国民党军队对中央苏区实行严密封锁和一次又一次疯狂"围剿",中央红军能够取得四次反"围剿"的重大胜利,很重要的一条就是紧紧依靠苏区人民严守红军和中央机关的秘密;抗日战争时期,沦陷区人民面对日寇穷凶极恶、惨无人道的一次又一次"扫荡",主动为八路军、新四军保守秘密,使敌人成了"瞎子""聋子";解放战争期间,胡宗南大举进攻陕甘宁边区,党中央撤离延安,转战陕北,隐蔽在人民群众之中,就是依靠边区人民保守秘密,确保了安全。历史证明并且还将证明,人民群众永远是我们党的保密屏障,是我们做好保密工作的基础。

(五)持续的技术对抗

我党在大革命时期就提出了"保密技术工作"的概念。那时保密技术非常原始,主要是采用密写技术,通信联络采用代号、隐语。1928年,中央开始培养无线电和密码通信人才。1930年1月,中央在上海第一次秘密开通对香港的地下电台联络。1931年,周恩来亲自编制了第一本密码,称"豪密",党的密码通信从此诞生。在长征中,在抗日战争和解放战争时期,党中央及中央军委与各地的联系和作战指挥,主要是靠密码通信。我党我军依靠保密技术与反动势力对抗,取得了骄人战绩。

当今世界,科学技术特别是信息技术迅猛发展,国家秘密的存储、处理方式发生了根本性变化,网络进入各级党政机关和涉密单位。我们必须懂得,网络信息是跨国流动的,没有网络安全,就没有国家安全,没有信息化,就没有现代化。我们必须在享用信息化便利的同时,继承和发扬党的保密工作优良传统,切实加强保密技术研发和应用,不断提升技术抗衡能力,采用先进技术防护手段,精细地保护好党和国家秘密。

(六)领导的率先垂范

我们党的许多领导人既是党的保密工作创始人,更是执行保密规定的模范。毛泽东、朱德、周恩来、邓小平等老一辈无产阶级革命家在保密工作方面都是全党的楷模,为我们树立了永远的学习榜样。今天,保密工作形势发生了深刻变化,在实现中国梦的伟大历史进程中,保密依然是绝对重要的头等大事,各级领导的率先垂范对于做好保密工作至关重要。党政领导干部保密工作责任制对各级党政领导干部在保密工作中的责任作了明确规定,是我们继承和发扬党的保密工作优良传统的制度保障。

二、入党誓词中熔入的保密承诺

保守秘密是党的优良传统之一,中国共产党对保守党的秘密的重视充分体现在历届的党章里,并熔入了入党誓词中。

土地革命时期虽然没有统一的入党誓词,但各地党组织都规定在入党时要宣誓,使用的誓词主要有:"努力革命,阶级斗争;服从组织,牺牲个人;严守秘密,永不叛党。""我自愿加入中国共产党,服从党的纪律,为共产主义奋斗终生,严守秘密,誓不叛党。"

抗日战争时期,中组部起草发布了标准的入党誓词:"我宣誓:一、终身为共产主义事业奋斗;二、党的利益高于一切;三、遵守党的纪律;四、不怕困难,永远为党工作;五、要做群众的模范;六、保守党的秘密;七、对党有信心;八、百折不挠,永不叛党。谨誓。"

解放战争时期,各地党组织大都继续采用之前的入党誓词,也有一些根据当时的情况进行了补充,典型的有中共冀南区党委组织部印制的入党志愿书内的入党誓词为:"我自愿立誓参加共产党,永远跟着共产党毛主席走,一心一意为人民服务,个人利益服从党的利益,坚决执行党的决议,遵守党的纪律,保守党的秘密,遵守民主政府的法令、群众的决议,在任何情况下不动摇,不妥协,不怕困难与牺牲,为新民主主义和共产主义的实现而奋斗到底。"

新中国成立初期,入党仪式及誓词在党章中没有明文规定,中组部指示各级党组织应根据党章的内容在新党员入党志愿书中写出誓词,并在支部大会上声明。被广泛使用的誓词是:"我志愿加入中国共产党,拥护党纲党章,执行党的决议,遵守党的纪律,保守党的秘密,随时准备牺牲个人的一切,为全人类彻底解放奋斗终身。"

1982年9月,党的十二大通过的《中国共产党章程》,正式载入了入党誓词并沿用至今,其第一章第六条明确规定:"预备党员必须面向党旗进行入党宣誓。誓词如下:我志愿加入中国共产党,拥护党的纲领,遵守党的章程,履行党员义务,执行党的决定,严守党的纪律,保守党的秘密,对党忠诚,积极工作,为共产主义奋斗终身,随时准备为党和人民牺牲一切,永不叛党。"

三、党内对泄密行为的处罚

除了作为一个普通公民该承担泄密行为的法律责任外,作为一名党员,《中国共产党纪律处分条例》对泄密行为也做了处罚规定。

《中国共产党纪律处分条例》第一百二十八条规定:"泄露、扩散或者打探、窃取党组织关于干部选拔任用、纪律审查、巡视巡查等尚未公开事项或者其他应当保密的内容的,给予警告或者严重警告处分;情节较重的,给予撤销党内职务或者留党察看处分;情节严重的,给予开除党籍处分。

私自留存涉及党组织关于干部选拔任用、纪律审查、巡视巡查等方面资料,情节较重的,给予警告或者严重警告处分;情节严重的,给予撤销党内职务处分。"

第三章 现实违规行为警示

第一节 非法持有、泄露国家秘密

一、非法获取、持有国家秘密载体

"非法获取、持有国家秘密载体"的行为有：不属于国家秘密知悉范围内的人员，通过窃取、骗取、抢夺、购买等非正当途径和手段，获取并留存涉密载体；知悉范围内的人员，未经批准留存涉密载体，经提醒、催促拒不上交；知悉范围内的人员离岗离职后，未按有关规定及时清退涉密载体。

"非法获取、持有国家秘密载体"的行为危害严重，究其根源，是部分机关、单位涉密文件资料管理存在漏洞。其泄密渠道主要包括：在机构合并、撤销过程中，由于管理不善，出现涉密文件流失；单位违规将涉密文件资料出售给废品收购站，导致流失；人员离岗、退休时，未进行严格的文件资料清退，导致涉密文件流失。

 案例

2006年5月，某部门工作人员白某违规在非涉密办公网络上存储、处理涉密信息，该信息被临时借调人员柴某下载并转送给境外情报机构。这些信息中有绝密级文件和内部工作文件。柴某的行为构成间谍罪，被依法判处有期徒刑15年。白某受到行政记过处分。

2009年7月,有关部门在技术检查中发现,某重点军工单位一名技术专家的联网计算机遭到境外间谍情报机关的网络攻击,数十份机密级和秘密级国家秘密资料被窃取。经查,当事人原是这家重点军工单位的技术专家,2005年退休时私自存留了部分涉密技术资料。2006年,他被原单位返聘从事技术培训工作期间,又拷贝了一部分涉密技术资料。当事人将所有非法存留和拷贝的涉密技术资料保存在个人联网计算机中,最终导致泄密。

二、非法复制、记录、存储国家秘密

"非法复制、记录、存储国家秘密"的行为主要包括:未经批准,擅自复制、摘抄涉密文件资料;擅自对涉密谈话、会议和活动等内容进行文字记载或录音、录像;私自留存、存储国家秘密信息或者国家秘密载体。在工作中,确需复制、记录、存储国家秘密的,应当事先报经有关部门或者主管领导批准,并严格执行保密管理规定。

依照《保密法》的规定,在私人交往和通信中涉及国家秘密,应当依法给予处分;构成犯罪的,要依法追究刑事责任。但在具体实践中,此类情况仍时有发生,部分机关单位工作人员忽视保密法纪,在私人交往与通信中故意传递国家秘密,对国家秘密安全造成了严重危害。

案例

2003年,师某被借调到某涉密部门工作,协助起草了大量涉密文稿,2005年借调结束后,师某觉得这些文稿都是其心血结晶,便使用自己的U盘将有关涉密电子文稿违规复制带出该部门,并违规存储到连接互联网的计算机中,导致泄密。事件发生后,师某受到了党纪政纪的严肃处理。

案例

2008年3月,某地机动工作人员王某,在与他人互联网聊天时,出于对外吹嘘的目的,通过QQ向网友泄露了有关部队在该机场的集结、调动情况,被我有关部门截获。经鉴定,有关情况属于机密级国家秘密。事件发生后,王某被依法追究法律责任。

随着信息化的不断发展,光介质、电磁介质等大量新型涉密载体,数码照相机、摄像机、录音笔、扫描仪等办公自动设备在工作中的普遍使用,泄密风险激增。尤其是电磁介质,具有体积小、容量大、复制方便等特征,应当在工作中引起注意。擅自将自己知悉的国家秘密告诉他人,往往会扩大国家秘密的知悉范围,造成国家秘密失控,给国家安全和利益带来损害。

三、在私人交往和通信中涉及国家秘密

在现代社会,人与人的交往是必不可少的。但在与他人的交往中,如果不注意保密问题,不分地点、场合,随便说话或是吹嘘,擅自将自己知悉的国家秘密告诉他人,往往会扩大国家秘密的知悉范围,造成国家秘密失控,给国家安全和利益带来损害。

在私人交往、通信中涉及国家秘密,会导致国家秘密知悉范围的扩大和造成国家秘密失控,必须严格禁止。

依照《保密法》的规定,在私人交往和通信中涉及国家秘密,应当依法给予处分。构成犯罪的,要依法追究刑事责任。但在具体实践中,此类情况仍时有发生,部分机关单位工作人员忽视保密法纪,在私人交往与通信中故意传递国家秘密,给国家秘密安全造成了严重危害。

案例

2015年11月,C市某司法机关工作人员茅某到机要秘书蔚某处送还公章印模时,看到办公桌上有一份已拆封、正准备传阅的机密级文件,内容与某重点案件的处理意见有关。茅某的亲姐姐正是该案的当事人之一,为此精神极度抑郁。

茅某认为,姐姐并非无关人员,知道一些内部信息,应该不能算泄密,而且也能让她早吃上"定心丸",免得胡思乱想。于是,茅某趁蔚某不备时,私自用手机偷拍了文件的首页,通过微信发给了姐姐。姐姐看到图片后大喜,觉得是好事,便将图片发到该案当事人的微信群中,导致大范围泄密。

事件发生后,有关单位给予茅某党内警告和行政记过处分,给予其姐姐党内严重警告和行政记大过处分。本案中,涉密文件成了茅某向其姐茅某某

传递消息的"鸡毛信",抱着"受害人不是无关人员"的想法踩了红线。茅某某则认为好消息应该分享,忽略了涉密文件的核心属性。

案例

2015年12月,A市某机关工作人员王某被借调至位于B市的上级主管机关工作。由于两市相距较远,王某只能与妻子李某两地生活。借调期间,由于工作繁重,加之离家较远,王某疏于对妻子的照顾,两人矛盾不断。

12月23日,李某给王某打电话,称其特意请好假,想趁着圣诞节和元旦期间来B市与王某团聚。但王某这几天正好有重要任务,需要连续值班,没有时间陪伴妻子,就让李某不要过来。李某一听就急了,认为王某可能有了外遇,一定要去看看。

王某反复劝说无效,正好手里有一份刚收到的机密级文件,便用手机偷拍了文件全文并用微信发给李某,以证清白。李某看到照片后,认为文件内容"奇货可居",便转发给朋友张某,向其炫耀。张某又将照片上传至自己的博客,导致大范围泄密。事件发生后,有关部门给予王某党内严重警告、行政撤职处分。

第二节 擅自传输国家涉密信息

一、在未采取保密措施的通信中传递国家秘密

互联网、固定电话网、移动通信网、广播电视网等公共信息网络,以及没有保密措施的有线和无线通信,都无法确保信息传递的安全,不能用来传递国家秘密。

《保密法》第二十九条第二款规定:"禁止未按照国家保密规定和标准采取有效保密措施,在互联网及其他公共信息网络或者有线和无线通信中传递国家秘密。"另外,《计算机信息系统国际联网保密管理规定》第七条规定:"涉及国家秘密的信息,包括对外交往与合作中经审查、批准与境外特定对象合法交换的国家秘密信息,不得在国际联网的计算机信息系统中存储、处理、传递。"

案例

2013年8月,某县委政法委书记方某在未经保密审查的情况下,要求工作人员秦某将报县文明办的十五份文件资料上传到某网盘。其中一份为秘密级,设置为分享模式,供县文明办有关人员浏览,造成泄密。事后,方某受到党内警告处分。

 案例

2013年10月,某重要涉密文件在互联网上被泄露。经查,该县教育局办公室主任马某为及时组织传达某会议精神向县委某部门办公室主任周某索要市委有关部门的会议文件。周某手中的文件则来自其上级某部门办公室主任洪某。洪某在明知该材料属于国家秘密的情况下,仍要求办公室副主任王某通过QQ在线传递给周某。

周某收到文件后,在县委组织的会议上进行了发放,并于会后通过QQ邮箱传递给马某,马某又将该文件上传至QQ群共享文件夹中,供各中小学传达学习。某中学办公室主任从QQ群文件共享中下载了该文件,刊登至学校门户网站,造成泄密。事件发生后,洪某、周某受到党内严重警告处分,王某受到党内警告处分;有关部门对负有领导责任的人员进行了诫勉谈话,并责令做出书面检查。

QQ是点对点的聊天平台,而QQ群是多人聊天交流的公众平台,群主在创建群以后,可以邀请朋友或者有共同兴趣爱好的人到一个群里聊天,属开放性平台。通过QQ传递和QQ群共享国家秘密,无疑相当于将其暴露在网络空间,全无保护。本案中,洪某、周某、王某等人通过QQ聊天工具传递国家秘密,致使国家秘密处于失控状态,最终泄密,根本原因还在于缺乏保密意识和保密技能。该过程牵涉多人,只要有人稍有警觉,都有可能减轻负面影响。

 案例

2014年5月,某个人博客被发现违规刊登一份秘密级文件。经查,涉案博客使用人为某中专学校教务处主任郑某。几年前,学校调整转型期间,郑某为学习相关知识,从互联网上搜集了一批有关文化产业发展的政策信息,并于 2012 年 3 月发布到个人博客,其中包含涉案文件。由于时间久远,郑某已忘记该文件的转载来源,但可以确定转载来源未标明密级。事件发生后,有关部门给予郑某党内警告处分。

 **案例**

2013 年 11 月底,有关部门在工作中发现,多家网站刊登一份机密级国家秘密文件。经查,11 月中旬,某政府机关有关领导干部秘书牛某,在参加某涉密会议时,向文件保管人员邱某索要一份机密级会议材料。邱某明知牛某不在知悉范围内,但考虑其为领导秘书,不好得罪他,便违规将会议材料交给对方。当晚,同事赵某给牛某发微信,打听会议信息。牛某未经考虑,直接将会议材料拍照发送过去,被赵某转发微信群,造成泄密。

事件发生后,有关部门给予牛某开除党籍、开除公职处分,给予赵某开除公职、行政记大过处分。

《保密法》第二十一条规定:"国家秘密的知悉范围,应当根据工作需要限定在最小范围。国家秘密的知悉范围能够限定到具体人员的,限定到具体人员;不能限定到具体人员的,限定到机关、单位,由机关、单位限定到具体人员。国家秘密的知悉范围以外的人员,因工作需要知悉国家秘密的,应当经过机关、单位主要负责人或者其指定的人员批准。原定密机关、单位对扩大国家秘密的知悉范围有明确规定的,应当遵守其规定。"第五十七条规定:"违反本法规定,有下列情形之一,根据情节轻重,依法给予处分;有违法所得的,没收违法所得:(一)非法获取、持有国家秘密载体的;……(七)未按照国家保密规定和标准采取有效保密措施,在互联网及其他公共信息网络或者有线和无线通信中传递国家秘密的……"

二、将涉密设备接入公共信息网络

"涉密存储设备",是指用于存储涉密信息的各类介质和设备的总称,主要包括计算机硬盘、移动硬盘、光盘、U 盘、存储卡、记忆棒、录音带、录像带等存储介质,以及具有信息存储功能的打印机、传真机、扫描仪、照相机、摄像机等设备。将涉密计算机、涉密存储设备接入互联网及其他公共信息网络,将导致涉密信息处于不可控状态,直接危害国家秘密安全。

案例

2013年12月,某市经济和信息化局办公室借调人员孙某为撰写材料方便,在未经保密审查的情况下,擅自将计算机中存储的有关文件、资料上传到某网盘(其中包括六份秘密级国家秘密),被给予党内警告处分。

案例

2014年3月,某互联网网盘被发现存储一份秘密级文件。经查,2013年8月,为方便工作,某县政法委副书记方某指示刚从基层调入机关的高某,将包括一份秘密级文件在内的有关文件拍照后上传至互联网。高某将上述文件拍照后上传到个人申请的某互联网网盘并设置共享,造成泄密。事件发生后,有关部门责成该县政法委作深刻检查,并给予方某党内警告处分,对高某进行通报批评,并责令其做出深刻检查。

网盘,又称网络硬盘、网络U盘,是互联网公司推出的一种在线服务,主要用于存储、传递、分享文件、资料。近年来,一些机关、单位工作人员开始将网盘作为辅助办公的重要手段,引发了不少保密违法案件,需引起高度警惕。

就网盘保密违法案件而言,有的机关、单位工作人员知保密、懂保密,也能够预见违规使用网盘存储、传递、分享涉密文件、资料可能造成泄密,但仍缺乏应有的警惕,为了所谓的"方便工作",而未严格履行保密工作规程,犯了不该犯的错。

我们必须清醒地认识到,互联网高度的开放性,决定了网盘在安全保密方面的局限性。所有网盘服务器都是24小时连接互联网,甚至部分服务器还在境外运行,通过网络存储、传递、分享国家秘密,本质上就是使国家秘密上传至互联网,网盘服务运维人员能随时查看其中的内容,存在国家秘密接触范围失控问题,应当严令禁止。

案例

2008年7月,某机关干部孙某违规在涉密计算机和非涉密计算机之间

交叉使用移动存储介质,并将存有涉密文件、资料的移动存储介质接入连接互联网的计算机。该计算机被境外机构植入特种木马并远程控制,介质中存储的文件、资料被窃取。事件发生后,有关部门给予孙某留党察看一年、撤职降级处分。

移动存储介质在非涉密计算机上使用时,有可能被植入木马等窃密程序。当这一移动存储介质又在涉密计算机上使用时,木马窃密程序会自动复制到涉密计算机上,并将涉密计算机中的涉密信息打包存储到移动存储介质上。当移动存储介质再次接入连接互联网的计算机时,涉密信息就会被自动发往指定主机,造成泄密。

案例

2014年3月,有关部门在工作中发现,某地方民族事务委员会政策法规处主任科员韦某使用的计算机受到网络攻击,九份文件、资料被窃取(其中一份为机密级国家秘密)。经查,韦某违反有关保密规定,将存储有九份文件、资料的U盘接入连接互联网的计算机,导致文件、资料被窃取。事件发生后,有关部门给予韦某行政警告处分,对负有监管责任和领导责任的人员进行批评教育。

涉密移动存储介质,专用于存储、处理涉密信息,且应按涉密信息的最高密级进行管理。按照规定,涉密U盘只能在涉密计算机和涉密信息系统内使用,将其与互联网相连相当于将涉密信息公之于网,将导致涉密信息处于不可控状态,直接危害国家秘密安全。同时,各机关、单位也应采取相应措施,严格涉密移动存储介质管理,除应登记、编号、粘贴密级标识、统一发放、专人专用外,还应定期检查,及时查杀病毒、木马,做好数据加密和备份等。

三、涉密系统未采取防护措施与公共信息网络进行信息交换

在未采取防护措施的情况下,在涉密信息系统与互联网及其他公共信息网络之间进行信息交换,容易被植入"木马"等窃密程序,使涉密信息系统受远程控制,导致国家秘密被窃取。确需将互联网及其他公共信息网络上的数据复制到涉密计算机及网

络中时,应采取必要的防护措施,如使用一次性光盘刻录下载,设置中间机,或者使用经国家保密行政管理部门批准的信息单向导入设备等。

 案例

2005年5月,某局级领导干部马某要求打字员赵某将自己台式涉密计算机中存储的文件资料复制到新配备的笔记本电脑中。赵某将两台计算机通过互联网连接,采取网上传输方式进行复制,导致大量涉密文件资料泄露。有关部门给予马某撤销领导职务、留党察看一年处分,并在全省范围内通报批评,调离原工作岗位。

 案例

2014年5月,有关部门在检查时发现,某公司连接互联网的服务器违规存储、处理大量文件、资料,经鉴定,其中含有机密级国家秘两份,秘密级国家秘密一份。经查,该公司为方便日常查询工作,将公司成立以来收到的包括涉密文件在内的所有文件扫描成电子文档保存。2011年10月,该公司开发建设并运行了综合信息管理系统,将上述电子文档上传到管理系统服务器。事件发生后,有关部门给予直接责任人员办公室主任于某党内警告处分,对负有监管责任的党委办公室主任袁某进行诫勉谈话、通报批评,对公司总经理徐某、党委副书记王某进行诫勉谈话,责令做出书面检查并通报批评。

上述案件中,公司出于方便日常工作的考虑,将涉密文件扫描成电子文档上传到连接互联网的服务器,一方面扫描涉密文件未经审批,另一方面使用非涉密存储设备存储、处理国家秘密,相当于对涉密文件未采取任何防护措施,无疑存在严重的泄密隐患。

应当牢记,电子文档相对于纸质资料查询、使用固然便利,但切莫忽视保密要求,尤其是将电子文档上传至服务器,更要经过保密审查程序。必须严格遵守"涉密不上网、上网不涉密"的准则。此外,各单位在信息化条件下应当建立健全涉密电子文档有关管理规定,设立涉密电子文档台账,明确涉密电子文档复制、删除等管理要求。

第三节　擅自修改、处理涉密相关设备

一、使用非涉密设备存储、处理国家秘密信息

很多公务人员现在都配备有工作用计算机,但是有不少人因为不知道如何正确处理涉及国家机密的信息,结果造成信息不当泄露,给当事人及其单位相关领导都带来了严重后果。

 案例

2008年3月,某涉密单位负责人阳某违规在家中连接互联网的非涉密计算机上存储、处理涉密信息,导致国家秘密泄露。阳某因过失泄露国家秘密罪,被判处有期徒刑三年。

 案例

2008年6月,某涉密单位研究室主任冬某违规在连接互联网的非涉密计算机上存储、处理涉密信息,导致国家秘密泄露。冬某因过失泄露国家秘密罪,被判处有期徒刑一年,缓期一年执行。

我们必须吸取教训,在参与重要涉密会议、活动时,不得携带手机。此外,网络传播木马途径趋多,务必引起高度重视,尤其要注意以下几个方面:一是电子邮件附件、自动下载运行的程序慎重打开;二是自动弹窗、网页链接等不随意点击;三是及时修复系统漏洞。尤其是非涉密计算机及移动存储介质无法按照国家保密规定进行管理,缺乏安全保密防护措施,而且往往连接互联网,可能感染计算机病毒,或被植入"木马"窃密程序。

二、擅自改动涉密信息系统的安全技术程序、管理程序

"非法复制、记录、存储国家秘密"主要包括:未经批准,擅自复制、摘抄涉密文件

资料;擅自对涉密谈话、会议和活动等内容进行文字记载或录音、录像;私自留存、存储国家秘密信息或者国家秘密载体。在工作中,确需复制、记录、存储国家秘密的,应当事先报经有关部门或者主管领导批准,并严格执行保密管理规定。

 案例

某知名网络公司承揽大量我党政机关和涉密单位内网设计、建设任务,就职于该公司的工程师边某在参与建设的过程中,利用承建网络的安全漏洞,修改安全技术程序,非法侵入一些单位的涉密(或内部)网络,窃取大量国家秘密和重要情报。事件发生后,边某被依法追究刑事责任。

擅自卸载、修改涉密信息系统的安全技术程序、管理程序,将造成涉密信息系统技术防护措施部分或全部失效,导致技术防护和管控能力下降或丧失,大大增加泄密风险。

三、将未经安全技术处理的涉密设备转赠、出售等

这里所说的"安全技术处理",是指为保证涉密信息安全,对退出使用的涉密信息设备所采取的符合国家保密标准要求的技术处理措施,包括对涉密存储设备进行销毁或者信息消除,以确保涉密信息无法被恢复。

 案例

2009年,某涉密单位一台涉密复印机发生故障,该单位请制造商派人维修。在维修过程中,修理人员表示,是复印机硬盘发生了故障,必须带走维修。该单位有关人员忽视了涉密复印机硬盘存有涉密内容的情况,同意其带走。几天后,该单位发现问题后立即与维修部联系,得知该硬盘已被送往境外。事件发生后,有关责任人员受到党纪政纪的严肃处理。

 案例

20世纪90年代,某涉密单位淘汰一批涉密计算机。由于当时计算机还不普及,该单位觉得直接销毁很可惜,便将这批计算机赠送给边远地区的小

学使用。有关部门在保密检查中发现这一情况,立即组织力量将这批计算机追回,消除了泄密隐患。

机关、单位工作人员必须时刻绷紧保密弦,严守保密纪律,要认识到保密工作无小事,保密制度必须落到实处。日常工作中,必须不折不扣地执行涉密载体管理相关规定,按照保密要求处理废旧纸张,严防涉密载体和内部书刊混入普通废品中,堵塞失泄密漏洞。调岗交接时,应当及时清退个人所持有和使用的各类涉密载体和涉密信息设备,如文件资料、光盘、U 盘等,必须认真清理清点、登记造册,办理移交手续,并作为办理调岗手续的必备条件。

第四节 线下转移、传递国家秘密载体

一、买卖、转送或者私自销毁国家秘密载体

国家秘密载体属于国家所有,应当按照国家有关规定配发或装备,任何组织和个人不得私自买卖、转送。机关、单位应当按照国家有关保密规定和标准销毁国家秘密载体,任何组织和个人不得私自销毁。

 案例

2014 年 3 月,有关部门在工作中发现,B 单位一台登记在案的涉密计算机不知去向。经查,5 天前,该单位办公室主任张某认为,上述涉密计算机性能较差,便安排捐赠给对口扶贫村学校,用于学校教学。张某错误地认为,他之前已让人对计算机硬盘作了格式化处理,捐出去没有问题。经保密教育后,张某认识到了问题的严重性,立即派人前往受赠学校,更换了涉密计算机硬盘并带回。

对涉密计算机中的信息作简单删除或格式化处理,难以彻底消除信息,仍然可以使用数据恢复技术恢复信息,随意转赠极易造成泄密。只有经过专业消磁才能彻底消除涉密计算机中存储的涉密信息,使之无法通过任何技术手段还原。机关、单位工作人员应

当严格遵守涉密载体管理相关规定,对未经安全技术处理的退出使用的涉密计算机和涉密存储设备,切不可私自转送或违规捐赠,以免给国家秘密安全带来严重损害。

在实际工作中,买卖、转送或者私自销毁国家秘密载体导致泄密的常见情况有:党政机关、涉密单位将涉密载体作为废旧物品出售给废品收购站或再生资源集散市场;党政机关、涉密单位将涉密载体进行赠送,如将淘汰的涉密计算机捐赠给希望小学等;党政机关、涉密单位重使用、轻销毁,该销毁的不销毁、该集中销毁的分散销毁,甚至有的由个人私自处理,无人监督,不作登记,造成国家秘密的失控。

上述行为造成的危害主要有:一是给境内外敌对势力和境外情报机构窃密活动提供了可乘之机;二是极易造成国家秘密在较大范围内泄露;三是私自销毁达不到专业销毁标准,可能无法消除涉密载体(特别是磁介质)中存储的涉密信息,导致国家秘密泄露。

二、通过无保密措施的渠道传递国家秘密载体

普通邮政、快递、物流等不具备安全保密保障条件,通过这些方式传递涉密载体,缺乏安全管控措施,可靠性差,将造成涉密载体管理失控,极易泄密,应当严格禁止。

 案例

2006年5月,某军工单位即将退休的技术人员袁某接到朋友电话,希望他帮助提供一些军品制造标准,以便参考。热心的老袁在未履行任何手续的情况下,找同事复制三份相关资料,并通过普通邮寄方式寄出。经鉴定,该组资料为机密级国家秘密,袁某受到单位行政记过处分,取消返聘资格并罚款。

 案例

2013年1月,某涉密单位产品部员工李某擅自通过韵达快递将某密品发送到其他涉密单位。经鉴定,该密品属于秘密级国家秘密。事件发生后,有关部门给予李某行政记过处分,调离涉密岗位,扣发一年保密补贴,经济处罚2万元;给予负有领导责任的部门支部书记欧某行政警告处分,经济处罚1万元;对党委书记李某等三人进行通报批评,经济处罚5000元。

普通邮政、快递、物流等不具备安全保密保障条件,邮寄过程中极易造成涉密载体被不应知悉者接触、知悉,且一旦涉密载体丢失,递送途径各环节没有实名、严格登记,查找难度较大。《保密法》严禁通过普通邮政、快递等无保密措施的渠道传递国家秘密载体。

近年来,一些党政机关或涉密单位通过普通邮政传递国家秘密的情况时有发生,这一错误行为主要存在以下危害:

一是可靠性差。普通邮政、快递比机要途径相对缺乏安全管控措施,有可能造成国家秘密的丢失。二是有可能扩大知悉范围。使用普通邮政、快递寄送国家秘密,信件接收人员可能将国家秘密载体作为普通文件进行传递,极易扩大国家秘密知悉范围。三是可控性差。在发生国家秘密载体丢失时,机要途径各环节有明确的签收登记,能及时查找,而普通邮政或快递往往不需要登记,查找难度较大。

在工作中,各机关、单位应严格执行保密规定,在国内传递涉密载体应通过机要通信、机要交通或者指派专人传递;在市内传递机密级、秘密级涉密载体,应通过机要交换站进行。

三、邮寄、托运国家秘密载体出境

向境外传递涉密载体,应当按照国家有关规定办理。凡是外交信使能够到达的地方,必须由外交官信使携运;境外目的地不能由外交信使或外交信使难以携运,且确因工作需要自行携运出境的,应当向有批准权限的保密行政管理部门或机构申请办理批准手续。经批准携带出境的,必须采取严格保密防护措施。禁止任何组织和个人以任何方式邮寄、托运涉密载体至境外。

 案例

2007年,有关部门在寄往日本的邮政包裹中发现多份涉密文件。经查,某省出版集团下属公司员工杨某的女儿在日本留学,正在撰写涉及中日某领域的毕业论文,请其收集有关资料。杨某将有关领域的涉密文件进行复制,通过邮政包裹寄出。

邮寄、托运国家秘密载体出境,或者未经有关主管部门批准,携带、传递国家秘密载体出境,使国家秘密处于难以管控的状态,严重危害国家秘密安全。《保密法》将邮寄和非法携运国家秘密载体出境作为十二种严重违规情形之一,表明此种行为存在巨大危害。确因工作需要自行携运机密、秘密级密件出境或在对外合作中合法向外方提供国家秘密,并由外方人员携带国家秘密出境的,可经本单位主管领导批准后,向有关保密行政管理部门或保密工作机构申请办理《国家秘密载体出境许可证》,海关对《国家秘密载体出境许可证》查验后放行。

国家秘密载体出境应当通过外交信使(含临时信使)携带、传递,确因工作需要自行携运出境的,应当向有批准权限的保密行政管理部门或机构申请办理批准手续。中央国家机关、中央管理企业携带、传递国家秘密载体出境,由本机关、本单位审查批准。

地方各级机关、单位携带、传递国家秘密载体出境,由所在地省(自治区、直辖市)有关业务主管部门审查批准。业务主管部门不明确的,由所在地省(自治区、直辖市)保密行政管理部门审查批准。经批准携带出境的,必须采取严格保密防护措施。

四、敏感信息存手机,不慎丢失隐患多

手机已经成为每个人不可或缺的一部分,手机里面存储着大量的个人信息、工作数据等,所以我们一定要注意手机的安全,防止手机丢失,造成不必要的麻烦。

 案例

2013年春节前,某军分区一名职工不慎遗失了手机和钱包。军分区保卫干事陈某帮他找到失物后,在核对物品时发现,手机通讯录内不仅存有军分区主要领导和重要岗位人员的电话,而且都注明了单位和职务。该事件虽未造成实际泄密后果,但却存在严重的泄密隐患。一是有可能被不法分子利用,顺利查到其他用户号码用来行骗;二是将存有涉密信息的手机通讯录拷贝到联网电脑中备份,或利用联网电脑将手机通讯录"迁移"到新手机中,也容易造成失泄密。

《保密法》第二十九条第三款规定:"禁止在私人交往和通信中涉及国家秘密。"严格来说,一般的通讯录不能算是涉密信息,但是随着人们交际活动的增多、朋友圈的扩大,手机通讯录的内容也随之增加。一些特定的联系方式可能会被定为敏感信息或涉

密信息,如单位领导电话、单位通讯录等。而为了弄清"谁是谁,在何处,什么单位"等情况,一些人往往习惯增加备注信息,比如:张三,XX局XX处处长;李四,XX军工单位总经理等。殊不知,此做法在方便自己区分的同时,也方便了敌特分子和诈骗人员。一旦手机丢失或被植入木马,极易造成隐私和敏感信息外泄,埋下失泄密和安全隐患。

为此,在使用手机通讯录存储联系方式时切莫过于详细,重要号码或联系人最好直接记在纸质通讯录中。

五、手机违规入会场,声音当场被直播

《保密法》第三十八条规定:"举办会议或者其他活动涉及国家秘密的,主办单位应当采取保密措施,并对参加人员进行保密教育,提出具体保密要求。"《关于加强3G移动终端使用保密管理的通知》规定:禁止携带3G移动终端进入保密要害部门部位。

 案例

某部门召开重要涉密会议时,参会人员书某将手机带入会场,该手机已被境外情报组织植入木马控制,导致会场声音被悄无声息发送出去,造成泄密。书某受到严重警告处分。

本案中,书某将被境外情报组织植入木马的手机带入会场,相当于现场直播涉密会议内容,造成泄密。我们必须吸取教训,在参与重要涉密会议、活动时,不得携带手机,至少也要将手机静音或者开启飞行模式。一方面是防止手机的消息提示音、铃声等干扰会议,另一方面也可以防止被不法分子利用,泄露会议中的机密内容。

第五节　办公自动化设备泄密

一、OA系统误涉密同,违规操作受处理

当前,随着办公自动化的日益普及,各种新设备、新技术层出不穷,机关、单位工作人员在应用过程中应时刻绷紧保密弦,须臾不可放松。

比如，机关、单位越来越依赖 OA 系统，但有些人罔顾保密规定，利用连接互联网的 OA 系统传递涉密文件、资料，存在严重安全隐患。一是入侵者可能闯入网络节点窃取涉密文件、资料；二是在传输过程中，黑客可能通过高技术手段实施拦截；三是互联网终端隐患颇多，将导致涉密信息的扩散范围难以界定，更难以采取补救措施。

 案例

2010 年 11 月，某国有企业收到两份秘密级文件，纪监审计室主任纪某指示工作人员王某将文件扫描发布在单位 OA 系统上。事后，纪某发现 OA 系统上发布的文件为标密文件，便立即通知 OA 系统信息管理员蓝某删除这两份文件。蓝某在 OA 系统前台进行了删除操作，但由于其不清楚文件在前台被删除后，仍会在后台留存的道理，未能彻底删除涉密文件，2014 年 5 月，被有关部门在检查中发现。事件发生后，有关部门给予纪某撤职处分，对王某进行诫勉谈话并通报批评，对蓝某进行通报批评。

二、密电明传多风险，一旦泄密损失重

传真涉密信息，必须使用国家密码管理部门批准使用的加密传真机，且加密传真机只能传输机密级和秘密级信息，绝密级信息应送当地机要部门译发。严禁密电明传、明电密传、明电密电混用等行为。使用普通传真机传输涉密信息，就等同于通过公共信息网络传输涉密信息，可能被他人截获或窃听。

 案例

2007 年 8 月，某机关办公室接到我某驻外使馆发来的机密级外交密电，工作人员刘某草拟回函后，未经请示，擅自以明传方式将有涉密内容的回函传至我国驻外使馆，对国家秘密和密码安全构成威胁。事件发生后，有关部门给予刘某行政降级处分。

三、一体机内隐患多，稍不注意铸大错

多功能一体机集合复印、打印、传真等多项功能于一身，且共用一个数据存储器，

有的还可以通过电话线或网络自动发送数据。处理涉密信息的多功能一体机与涉密计算机相连接用于文件打印,又与普通电话线相连接用于通话和收发传真,存储器中的涉密信息就会被发送到公共网络,或者被境外机关通过网络远程控制,窃取设备内存储的信息。

案例

2009年1月,某部门工作人员李某,违规将用于处理涉密信息的多功能一体机与普通电话线路连接,由于该机用于与外单位进行传真通讯,造成机内存储的涉密信息失控。事件发生后,有关部门给予李某行政记过处分。

第六节 计算机及移动存储介质泄密

一、涉密电脑接外网,徒留隐患被处分

《保密法》第三十一条规定:"机关、单位应当加强对信息系统、信息设备的保密管理,建设保密自监管设施,及时发现并处置安全保密风险隐患。任何组织和个人不得有下列行为:(一)未按照国家保密规定和标准采取有效保密措施,将涉密信息系统、涉密信息设备接入互联网及其他公共信息网络……(四)擅自卸载、修改涉密信息系统的安全技术程序、管理程序……"第五十七条规定:"违反本法规定,有下列情形之一,根据情节轻重,依法给予处分;有违法所得的,没收违法所得;……(八)未按照国家保密规定和标准采取有效保密措施,将涉密信息系统、涉密信息设备接入互联网及其他公共信息网络的……(十一)擅自卸载、修改涉密信息系统的安全技术程序、管理程序的……"此外,《计算机信息系统国际联网保密管理规定》第六条规定:"涉及国家秘密的计算机信息系统,不得直接或间接地与国际互联网或其它公共信息网络相联接,必须实行物理隔离。"

案例

2014年12月,有关部门在工作中发现,某设计院一台涉密计算机违规

连接互联网。经查,2014年10月,该院工程师魏某擅自把一台涉密计算机从单位带回家并连接互联网,被机内安装的技术防护系统阻断。随后,魏某将计算机硬盘作格式化处理,重新安装操作系统,造成专用防护措施失效,并再次连接互联网。事件发生后,有关部门给予魏某党内严重警告、行政记过处分。

魏某作为工程师,理应清楚将涉密计算机连接互联网的危害,这种行为无异于将涉密信息公之于网,且易被境外情报机关植入特种木马,实施网络攻击窃密。此外,魏某擅自对计算机硬盘作格式化处理,造成专用防护措施失效,致使涉密计算机彻底失去安全保密保障,存在严重泄密隐患。魏某本应有能力预见自身行为可能引发的泄密后果,却严重违规,理应受到严惩。

因此,机关、单位工作人员一定要认真学习计算机安全保密常识,严格遵守涉密信息系统相关规定,严防涉密计算机连接互联网引发失泄密问题,要确保涉密信息始终处于可控状态,维护国家秘密安全。

二、电脑遗忘出租车,虽被追回亦受处

《中华人民共和国保守国家秘密法实施条例》第二十一条规定:"国家秘密载体管理应当遵守下列规定:……(七)携带国家秘密载体外出,应当符合国家保密规定,并采取可靠的保密措施;携带国家秘密载体出境的,应当按照国家保密规定办理批准和携带手续。"《关于国家秘密载体保密管理的规定》第二十五条规定:"因工作确需携带秘密载体外出,应当符合下列要求:(一)采取保护措施,使秘密载体始终处于携带人的有效控制之下……"

此外,《关于加强党政机关计算机信息系统安全和保密管理的若干规定》第七条规定:"计算机的使用管理应当符合下列要求:……(七)严禁将涉密计算机带到与工作无关的场所。"第二十条规定:"计算机信息系统使用管理人员违反本规定,情节较轻的,由本单位予以批评教育;情节严重,造成安全和泄密隐患的,按有关规定处理。"

案例

2013年12月,某单位总工程师助理周某、副总工程师杨某乘坐出租车前往某单位汇报工作,将涉密笔记本电脑遗忘在出租车上,后被有关部门追

回。经鉴定,涉案笔记本电脑内存有机密级国家秘密一份、秘密级国家秘密七份。事件发生后,单位给予直接责任人周某行政警告处分,并 2 万元经济罚款;对杨某进行通报批评,并 1 万元经济罚款。

按照相关规定,因工作需要确需携带涉密笔记本电脑外出,要严格履行审批手续,并采取严格的保密措施,使涉密笔记本电脑始终处于携带人的有效控制之下。本案中,周某、杨某携带涉密笔记本电脑乘坐出租车前往其他单位汇报工作,却因疏忽大意将笔记本电脑遗忘在出租车上,造成严重泄密隐患。究其根本,还是相关涉密人员保密意识缺失,对保密纪律的严肃性认识不足。因此,乘坐公共交通工具时一定要小心,保护好个人物品,特别是包含机密数据的设备,防止遗忘、丢失物品。机密一旦泄露,将造成不可挽回的损失。

三、个人 U 盘乱拷贝,传网泄密悔莫及

《保密法》第三十一条规定:"机关、单位应当加强对信息系统、信息设备的保密管理,建设保密自监管设施,及时发现并处置安全保密风险隐患。任何组织和个人不得有下列行为:……(二)未按照国家保密规定和标准采取有效保密措施,在涉密信息系统、涉密信息设备与互联网及其他公共信息网络之间进行信息交换……"第五十七条规定:"违反本法规定,有下列情形之一,根据情节轻重,依法给予处分;有违法所得的,没收违法所得:……(九)未按照国家保密规定和标准采取有效保密措施,在涉密信息系统、涉密信息设备与互联网及其他公共信息网络之间进行信息交换的……"

 案例

2015 年 5 月,隶属于某县政府办公室的县信息管理中心信息管理员黄某,用个人 U 盘从县政府办综合科文印室刘某使用的、未设置密码口令的涉密计算机拷贝一份秘密级文件,并在未履行信息公开保密审查程序的情况下,擅自将该文件上传至县政府门户网站,造成泄密。事件发生后,有关部门给予黄某警告处分,对刘某进行通报批评,对负有领导责任的县信息管理中心副主任潘某进行通报批评。

本案存在以下几个泄密因素:

一是涉密计算机没有设置口令。口令是计算机及其信息系统的第一道安全防线，涉密计算机信息系统通过口令验证用户身份，区分和控制访问。口令设置如果不符合保密规定，很容易被破解，破解者可以冒充合法用户进入涉密计算机窃取信息。根据有关保密要求，涉密计算机口令设置要根据其所处理的涉密信息的密级决定，采用口令或生理特征鉴别方式。设置口令时，要采用多种字符和数字混合编制。

二是使用个人U盘从涉密计算机拷贝文件。在涉密计算机与非涉密计算机之间进行信息交换，必须采取保密防护措施。个人持有的移动存储介质无法按照保密要求进行管理，且往往连接过互联网，存在很大的安全风险。

三是信息公开未经过保密审查。黄某个人擅自决定将信息上传至县政府门户网站，可见单位保密审查机制不健全。

我们必须从中吸取教训，对于涉密计算机，严格按照规定设置口令，并定期更换；私人移动存储介质不能用于存储、处理涉密信息；信息公开需要履行保密审查程序。

第七节　涉密文件、资料泄密

一、出境考察携密件，海关被查受处分

《保密法》第二十八条规定："机关、单位应当加强对国家秘密载体的管理，任何组织和个人不得有下列行为：……（五）未经有关主管部门批准，携带、传递国家秘密载体出境。"第五十七条规定："违反本法规定，有下列情形之一，根据情节轻重，依法给予处分；有违法所得的，没收违法所得：……（四）寄递、托运国家秘密载体出境，或者未经有关主管部门批准，携带、传递国家秘密载体出境的……"《中华人民共和国保守国家秘密法实施条例》第二十一条规定："国家秘密载体管理应当遵守下列规定：……（七）携带国家秘密载体外出，应当符合国家保密规定，并采取可靠的保密措施；携带国家秘密载体出境的，应当按照国家保密规定办理批准和携带手续。"《国家秘密载体出境保密管理规定》第十八条规定："未经审查批准，携带、传递国家秘密载体出境的，由有关机关、单位对直接负责的主管人员和其他直接责任人员依纪依法给予处分；构成犯罪的，依法追究刑事责任。"

 **案例**

2005年10月,某海关在出入境检查时发现某涉密单位高某携带秘密级文件出境。经查,高某系该单位委派担任境外援助项目考察工作人员,因工作需要携带该文件出境,但没有按照国家有关规定办理相关手续。事件发生后,有关部门给予高某行政记过处分,并进行了严肃的批评教育。

本案中,高某作为涉密单位委派境外援助项目考察人员,携带涉密文件出境却未经办理相关手续,违背了国家秘密载体出境相关规定。国家秘密载体出境应当通过外交信使(含临时信使)携带、传递,确因工作需要自行携运出境的,应当向有批准权限的保密行政管理部门或机构申请办理批准手续。中央国家机关、中央管理企业携带、传递国家秘密载体出境,由本机关、本单位审查批准。地方各级机关、单位携带、传递国家秘密载体出境,由所在地省(自治区、直辖市)有关业务主管部门审查批准。业务主管部门不明确的,由所在地省(自治区、直辖市)保密行政管理部门审查批准。经批准携带出境的,必须采取严格保密防护措施。

二、调岗未交涉密书,误当废品被警告

《保密法》第四十六条规定:"涉密人员离岗离职应当遵守国家保密规定。机关、单位应当开展保密教育提醒,清退国家秘密载体,实行脱密期管理。涉密人员在脱密期内,不得违反规定就业和出境,不得以任何方式泄露国家秘密……"第五十七条规定:"违反本法规定,有下列情形之一,根据情节轻重,依法给予处分;有违法所得的,没收违法所得:……(二)买卖、转送或者私自销毁国家秘密载体的……"《关于国家秘密载体保密管理的规定》第三十条规定:"涉密人员、秘密载体管理人员离岗、离职前,应当将所保管的秘密载体全部清退,并办理移交手续。"第三十五条规定:"禁止将秘密载体作为废品出售。"

 **案例**

2015年1月,某银行分行办公室主任唐某领取一本秘密级书籍,存放在办公室,7月至10月间,唐某因岗位调整,要去新部门上任,但他忘记办公室

中还有上述涉密书籍,未做交接,致使该书被当作旧图书卖给废品收购人,后被发布在淘宝网上销售。事件发生后,有关部门给予唐某党内严重警告处分,对其他人员做出相应处理。

近些年,境外间谍情报机关盗取情报的方式日益复杂,有些间谍专门到保密重点区域周边的回收站活动,以收购废品为名搜集我国家秘密。本案中,唐某粗心大意,记不清手中持有涉密载体,以致涉密书籍未被交接,反而被当作旧书卖给废品收购人,甚至被放在公开网络出售,造成严重泄密隐患。机关、单位工作人员必须时刻绷紧保密弦,严守保密纪律,要认识到保密工作无小事,保密制度必须落到实处。日常工作中,必须不折不扣地执行涉密载体管理相关规定,按照保密要求处理废旧纸张,严防涉密载体和内部书刊混入普通废品中,填补失泄密漏洞。调岗交接时,应当及时清退个人所持有和使用的各类涉密载体和涉密信息设备,如文件资料、光盘、U 盘等,必须认真清理清点、登记造册,办理移交手续,并作为办理调岗手续的必备条件。

三、阅处文件未严管,随手放置遭免职

《中华人民共和国保守国家秘密法实施条例》第二十一条规定:"国家秘密载体管理应当遵守下列规定:……(五)保存国家秘密载体的场所、设施、设备,应当符合国家保密要求……"《关于国家秘密载体保密管理的规定》第十九条第一款规定:"阅读和使用秘密载体应当在符合保密要求的办公场所进行;确需在办公场所以外阅读和使用秘密载体的,应当遵守有关保密规定。"第二十条规定:"阅读和使用秘密载体,应当办理登记、签收手续,管理人员要随时掌握秘密载体的去向。"

 案例

2016 年 1 月某日 10 时左右,某中央企业某部门秘书钱某将文件传阅盒送至该部门副总经理刘某某的办公室。11 时左右,刘某某开始阅读盒内文件,看完后将该文件传阅盒放在办公桌上。随后,刘某某多次离开办公室,其间门未锁。16 时左右,刘某某发现放在桌上的文件传阅盒丢失。经核实,丢失文件传阅盒中有文件属于国家秘密。事件发生后,该企业给予刘某某党内

警告处分,免去其部门副总职务。

刘某某在阅读完成后,未及时将涉密文件退回或放置在安全保密的场所,反而多次离开办公室且未锁门,涉密文件处于无人看管状态以致丢失。发生此类事件,一是刘某某思想上未足够重视,对国家秘密泄露的危害认识不够深刻、警惕性不足;二是行动上未严格执行各项保密要求,心存侥幸,有令不行。机关、单位工作人员一定要熟悉、掌握传阅涉密文件、资料的相关保密规定,传阅完成后及时退还,尤其是在离开办公场所时,应当及时将涉密文件、资料存放在保密设备内。保密无小事,事事需谨慎,一定要克服"身在密中不知密"的麻痹心理,增强责任意识和风险意识,切不可让制度规定流于形式。同时,本案也提醒我们,涉密人员警惕性不高是其疏忽大意导致涉密文件丢失的重要原因。防止涉密文件丢失,除了配备基础防护措施外,更为重要的是加强良好工作习惯的养成、保持保密警觉性,二者有机结合才能真正发挥应有的保障作用。

第八节　因个人私利故意窃密泄密

一、好奇主动通间谍,聪明反被聪明误

《中华人民共和国反间谍法》第十条规定:"境外机构、组织、个人实施或者指使、资助他人实施,或者境内机构、组织、个人与境外机构、组织、个人相勾结实施的危害中华人民共和国国家安全的间谍行为,都必须受到法律追究。"《保密法》第二十九条第二款规定:"禁止未按照国家保密规定和标准采取有效保密措施,在互联网及其他公共信息网络或者有线和无线通信中传递国家秘密。"

 案例

杨某是南方某省高校学生,平时喜欢登录一些军事网站,浏览军事信息,并不时发表观点,可谓十足的军事迷。一天,在一个军事聊天室,他偶然结识了境外情报人员赵某,两人相谈甚欢。后来,出于对金钱的追求以及对间谍

的好奇心理,他主动找到赵某,谎称其父亲是某军区高级干部,家中存有大量高度机密的军事情报。赵某对此表现出极大的兴趣,当即表示:只要能拿到,报酬从优。

杨某回家后翻箱倒柜,找到父亲书房中的一份中央文件(不涉密),将其改头换面,并标上"绝密"字样,然后用相机拍摄通过电子邮件发给赵某。杨某很快就收到了一笔汇款,并为此得意不已。但没过多久,他就被有关部门查获。

杨某出于对间谍的好奇,主动勾连境外情报人员,自认为可以发一些伪造的无关紧要的文件、资料,通过网络空间骗取对方钱财。但网络世界并非无人监管的"自由王国",他的这种行径早已被有关部门掌握,最终受到了应有的惩罚。此案提醒机关、单位工作人员:不要为了满足自己的好奇心追逐所谓的刺激,不要以为自己在网上的行为无人知晓就为所欲为,正所谓天网恢恢,疏而不漏,只要做了有损国家安全和利益的事,迟早会被发现,并受到法律的严惩。

二、心怀不满当间谍,出售机密害全家

《刑法》第一百一十三条第一款规定:"本章上述危害国家安全罪行中……对国家和人民危害特别严重、情节特别恶劣的,可以判处死刑。"《中华人民共和国反间谍法》第十条规定:"境外机构、组织、个人实施或者指使、资助他人实施,或者境内机构、组织、个人与境外机构、组织、个人相勾结实施的危害中华人民共和国国家安全的间谍行为,都必须受到法律追究。"

案例

某涉密单位工作人员黄某,因工作态度不端正、能力平平、业绩落后而被解职。为此他心怀不满,以手中私自留存的涉密资料为筹码,主动在互联网上与某境外间谍情报机关勾连。2002年,黄某首次在网上与境外间谍机关联系,将手中私自留存的三份有关军用保密机的电子文档拷贝给对方,收取1万美元酬金。

在金钱的诱惑下,黄某沦为一名为境外势力效力的间谍。此后,黄某又通过策反前同事,窃取妻子唐某、姐夫谭某和其他同事计算机中存有的涉密文件、资料等手段,在十年间先后向境外提供 15 万余份资料,获取 70 多万美元间谍经费,资料中包括绝密级国家秘密 90 项、机密级国家秘密 292 项、秘密级国家秘密 1674 项,涉及我国密码领域大量机密情报,对我党政军等核心要害部门安全构成了重大威胁。

最终,黄某因间谍罪被依法判处死刑,剥夺政治权利终身。唐某、谭某因犯过失泄露国家秘密罪,被分别判处五年、三年有期徒刑,有关单位 29 名责任人受到不同程度的处分。

三、同学面前无原则,隔墙有耳把密泄

《刑法》第三百九十八条规定:"国家机关工作人员违反保守国家秘密法的规定,故意或者过失泄露国家秘密,情节严重的,处三年以下有期徒刑或者拘役;情节特别严重的,处三年以上七年以下有期徒刑。非国家机关工作人员犯前款罪的,依照前款的规定酌情处罚。"

 案例

张某是某重要涉密单位保卫人员。2014 年年初一天 9 时左右,担任某重要保障任务的张某看到近两天频繁进出单位的汽车格外多,猜想是系统内又有什么重要的事。为探明情况,他拨通了同学李某的手机,他知道李某是重要人员,肯定知道些什么。但李某恰好在出差途中就挂断了电话。

第二天下午,张某又连续两次拨通李某的手机。在他的一再追问下,李某遂将即将进行的试验进展情况及个人判断分析告诉了张某。当天晚上,张某在看望一位退休在家休养的老领导时,把李某告知的涉密信息和盘托出。哪知隔墙有耳,正在隔壁看报纸的老领导之子周某听到了他们的谈话,并在互联网上发表帖文:"某单位将有大动作,某项工程进入试验阶段……"就这样,一项关系国家安全和利益的重大涉密信息,由涉密人员泄露给同学,又由同学泄露给老领导,最后被老领导的家属发布到网上,导致泄密。事发后,李

某和张某因严重违反保密规定造成泄密,被移送司法机关惩处。

李某作为涉密人员,本应带头遵守保密纪律,严守国家秘密,但其保密意识淡薄,当同学打探涉密信息时,将重要涉密信息和盘托出,于一转念间造成终身遗憾。

这是复合式行为导致泄密的典型案例,多人的共同行为引发了最后的泄密。须知,朋友交往、聚会的时候偶尔说漏嘴,或者经不住别人的打听而泄露国家秘密,都可能再经由人传播,引发不良后果。

本案警示机关、单位工作人员要严格遵守保密规定,不在私人交往和通信中提及国家秘密或内部敏感信息。此外,广大领导干部和涉密人员也应言传身教,加强对家属子女和身边工作人员的教育,提醒他们自觉保守国家秘密。

四、学生上网求资助,被诱卖密悔已迟

《刑法》第四百三十一条规定:"以窃取、刺探、收买方法,非法获取军事秘密的,处五年以下有期徒刑;情节严重的,处五年以上十年以下有期徒刑;情节特别严重的,处十年以上有期徒刑。为境外的机构、组织、人员窃取、刺探、收买、非法提供军事秘密的,处五年以上十年以下有期徒刑;情节严重的,处十年以上有期徒刑、无期徒刑或者死刑。"

案例

2012年4月,某航海学校学生徐某考入某重点大学,但囿于家庭条件困难便想到在网上发帖寻求学费资助。不久,自称境外投资咨询公司研究员的"Miss Q"回帖,询问其就读院校、专业等信息,并表示愿意提供帮助。很快,徐某就收到2000元汇款,但"Miss Q"随即提出希望徐某帮忙搜集部队装备采购方面的期刊资料,作为资助学费的回报。徐某爽快答应,但未能在航海学校图书馆找到相关资料便作罢。

5月,徐某又主动联系"Miss Q",对方向他提供一份"田野调研员"的兼职,月薪2000元,主要负责到附近的军港码头和造船厂拍摄军事设施和军舰,同时记录在修船舰的情况,并提供标有船舰方位标识的电子地图文档。

案发后,徐某承认自己做"调研员"不久就意识到对方是搜集我军事情

报的境外间谍,但利诱当前,难以拒绝。2013 年 5 月,徐某被国家安全机关依法审查。

近年来,境外间谍情报机关开始针对学生群体实施大规模网络策反活动,学生涉世未深,防范心理不强,加之经常活跃在网络和社交平台,很容易成为境外势力锁定的目标。

境外间谍情报机关惯以金钱诱使学生参与情报搜集、分析和传递。多数学生在网上求职或网聊过程中被境外间谍盯上,最初提供信息时可能并不知情,但部分人在觉察对方身份的情况下仍因贪利而持续配合,直至被国家安全机关依法处理。

此案警示机关、单位工作人员,刺探、窃密、间谍等活动无时无刻不在我们身边发生。只有树立国家安全观念,增强防间谍保密意识,不为金钱所诱惑,不被贪欲所控制,坚守底线,才能远离境外间谍情报机关布下的陷阱。

第四章　安全保密意识

第一节　网络信息化下的安全保密观念

在信息化时代，各种信息传播工具发达，很多不知不觉的行为中就存在着泄密的隐患。

 案例

  特朗普在担任美国总统时，一直声称美国与墨西哥达成了一项有关移民的秘密协议。不过白宫方面拒绝透露任何细节，墨西哥也对此予以否认。外界由此怀疑这份"秘密协议"是否真实存在。为了回应外界质疑，特朗普在白宫回答提问时特意从胸前口袋里掏出一张折叠的纸以证实这份秘密协议真的存在。特朗普掏出纸后，还挥舞了几下，可就在挥舞瞬间，《华盛顿邮报》摄影师抓拍下了一张照片，进而曝光了文件的部分内容。秘密协议竟然就这样被泄露了……

间谍的目标是获取有价值的情报，或者制造有价值的事件。哪里有情报，哪里有价值，哪里就可能出现间谍。信息化时代，网络空间、高校也是反间谍的重要战场，窃密与保密斗争非常激烈。

有些不法分子故意扮成军迷，在论坛上问一些很基础的问题，甚至故意把数据、参数弄错，引诱真正掌握国家军事机密的人员去"纠正"、解答，实际上，在这个过程中，国家机密就在无形中被泄露了。

有些不法分子假扮成学术期刊记者、咨询公司员工,在高校高薪招聘大学生兼职。最初,他们给的任务很简单,就是收集校内的学术期刊,越到后来就提出越高的要求,比如要求提供导师正在做的项目的资料、实验数据等学术机密。因此,每个人都应牢固树立安全保密意识,切实增强法治观念,防止成为不法分子的猎物。

如果有人无意中泄露了国家机密,会有什么后果?虽然是无意间的,但涉案人员已经触犯了《国家安全法》,如果不是与境外势力勾结蓄意,只是无意而为的话,有关部门一般采取训诫的方式。但如果其涉密级别较高,造成严重后果的,将会被追究刑事责任。

第二节 工作中的安全保密观念

一、涉密人员的安全保密观念

涉密人员是指在涉密岗位工作的人员。作为国家秘密的直接管理者和使用者,作为保密管理的基本对象,涉密人员的确定和管理的重要性人所共知。涉密人员的分类依照"以岗定人"的原则确定。《保密法》第四十三条规定,按涉密程度,涉密人员分为核心涉密人员、重要涉密人员和一般涉密人员,实行分类管理。涉密人员应当具有良好的政治素养和品行,具有胜任涉密岗位所需要的工作能力。

具体来说,涉密人员应当符合以下基本条件:①具有中华人民共和国国籍;②热爱祖国,拥护中华人民共和国宪法;③诚实可靠,品行端正;④具有涉密岗位要求的业务素质和能力。

对涉密人员应坚持"先培训后上岗"的原则。通过培训,加强涉密人员的保密意识和业务能力。主要培训内容有:①保密形势和敌情教育;②保密工作方针、政策和法律法规教育;③保密知识技能教育;④岗位职责教育;⑤保密权利和义务等教育。

《保密法》第四条规定:"保密工作坚持总体国家安全观,遵循党管保密、依法管理、积极防范、突出重点、技管并重、创新发展的原则,既确保国家秘密安全,又便利信息资源合理利用。法律、行政法规规定公开的事项,应当依法公开。"第六十一条规定:"保密行政管理部门的工作人员在履行保密管理职责中滥用职权、玩忽职守、徇私舞弊的,依法给予处分。"第六十二条规定:"违反本法规定,构成犯罪的,依法追究刑事责任。"

《国家安全法》第十三条规定:"国家机关工作人员在国家安全工作和涉及国家安全活动中,滥用职权、玩忽职守、徇私舞弊的,依法追究法律责任。任何个人和组织违反本法和有关法律,不履行维护国家安全义务或者从事危害国家安全活动的,依法追究法律责任。"

二、行政工作中的安全保密观念

随着信息技术的不断发展,办公自动化越来越普及,各机关、单位在行政工作中越来越依赖信息技术。信息技术在行政工作中的广泛运用,方便了工作,但也使泄密风险激增,大大增加了保密管理的难度,加上一些机关、单位存在保密管理不重视、保密制度不落实、保密措施不到位等问题,致使泄密事件时有发生,危害程度十分严重。

《保密法》第四条规定:"保密工作坚持总体国家安全观,遵循党管保密、依法管理,积极防范、突出重点,技管并重、创新发展的原则,既确保国家秘密安全,又便利信息资源合理利用。法律、行政法规规定公开的事项,应当依法公开。"第八条规定:"机关、单位应当实行保密工作责任制,依法设置保密工作机构或者指定专人负责保密工作,健全保密管理制度,完善保密防护措施,开展保密宣传教育,加强保密监督检查。"

 案例

2020年6月,杭州市某局办公室一级调研员李某某违规将一份秘密级文件交给借调人员朱某某,用以文稿起草参考。朱某某违规用手机拍摄其中两页,并存储在手机中。同年年底,朱某某将文件图片发至单位微信工作群,供其他同事参阅,造成泄密。案件发生后,朱某某受到党内警告处分,李某某受到通报批评并取消当年评优资格处理。

《保密法》第二十六条规定:"国家秘密载体的制作、收发、传递、使用、复制、保存、维修和销毁,应当符合国家保密规定。绝密级国家秘密载体应当在符合国家保密标准的设施、设备中保存,并指定专人管理;未经原定密机关、单位或者其上级机关批准,不

得复制和摘抄；收发、传递和外出携带，应当指定人员负责，并采取必要的安全措施。"

 案例

某市属单位干部许某前往有关单位领取了涉密文件，随后准备驾车离开。刚走到车旁，手机响了，许某随即将涉密文件放在车辆后备厢上，接听电话。接完电话后，许某直接驾车离开停车场回家，忘了涉密文件还在后备厢上。次日傍晚，许某才想起此事，赶紧寻找，但未能找到。第三日中午，许某向单位报告。公安机关组成专案组开展查找、调查工作，始终未能找到。事件发生后，有关部门给予许某行政记过处分。

三、对外交往中的安全保密观念

涉外活动中的安全保密原则有六条，分别是预先防范原则、内紧外松原则、内外有别原则、适用国际惯例原则、有利于对外交往原则和国家利益至上原则。

《保密法》第十三条规定："下列涉及国家安全和利益的事项，泄露后可能损害国家在政治、经济、国防、外交等领域的安全和利益的，应当确定为国家秘密……"第三十七条规定："机关、单位向境外或者向境外在中国境内设立的组织、机构提供国家秘密，任用、聘用的境外人员因工作需要知悉国家秘密的，按照国家有关规定办理。"

涉外活动的主要泄密渠道包括：①涉密单位未经同意接待境外人员参观访问；②同境外人员交往时，介绍未公开的秘密事项；③未经批准向境外人员提供涉密资料；④见利忘义，出卖党和国家秘密。

 案例

某"爱国"华侨两次参观中国景泰蓝工厂，厂方代表毫无戒备，慷慨地允许其拍下全部工艺流程，热情"传经送宝"。这名华侨实际上是某国间谍，窃取了景泰蓝生产工艺的全部秘密，并用于自己生产，给我国传统出口创汇产品带来了严重冲击。

第三节　日常生活中的安全保密观念

一、手机使用的安全保密观念

科技进步给我们的生活带来了极大的便利,同时也带来了风险。智能手机有操作系统,兼具计算机、摄像机、照相机、录音机、大容量数据存储和处理等诸多功能,容易感染病毒或被植入"木马"远程控制,从而导致信息被窃取或成为远程窃听、窃照、窃视的装置;有的手机在出厂时设有"后门"程序,可自动向境外服务器发送用户通讯录、短信息、电子邮件等信息,安全保密风险极大。

手机、平板电脑等智能移动终端具备卫星定位或位置服务功能,可以在没有任何提示的情况下,自动向境外服务器发送用户位置信息和基站编号信息,其生产商或境外情报机构可通过获取的位置信息分析、监控用户行踪,严重威胁重要保卫对象和重点目标设施安全。

个别手机制造商在服务条款中直接或间接地声明:在当局法律部门要求强制执行的情况下,手机制造商有权访问、使用、保护或公开相关内容。这意味着用户数据可以被后台监控获取,导致我们的个人信息泄露。由于这些手机制造商掌握着云端服务数据的加解密技术,境外有关情报机构可随时获取数据中心的用户数据。

部分商用智能移动终端具备信息加密传输功能,宣称可以保护个人隐私。但实现这些加密功能的密码算法和密钥,有的受控于生产厂商或有关国家,有的未经严格检测,自身存在安全漏洞,很容易被破解。对于手机存在的这些安全保密隐患,我们必须引起高度的重视,才能防患于未然。

 案例

2016年7月,有关部门在保密检查中发现,某市区民政局分管信访工作的副局长通过手机在工作微信群里发布有涉密内容的专项检查通知,泄露了国家秘密。案件发生后,区保密局在上级保密行政管理部门的指导下,与有关部门密切配合,及时采取措施,防止事态升级,并督促该局查明案件真相,

落实各项整改措施。有关部门根据党纪政纪的相关规定,给予这位副局长党内警告和行政记大过处分。

二、互联网的安全保密观念

从信息安全保密的角度,互联网可分为涉密网和非涉密网。涉密网的泄露隐患包括:①涉密网与非涉密网边界不确定;②移动存储介质、笔记本电脑违规交叉使用;③违反涉密网分级保护制度和管理要求,未经审批带病运行。非涉密网的泄露隐患包括:①违规存储处理涉密信息;②交叉使用移动存储介质。

案例

有关部门在工作中发现,某单位网站登载一份秘密级文件。经查,该单位办公室主任方某在信息公开过程中,误将上述涉密文件作为非涉密文件交给负责网站维护的部门刊登在网站上,造成泄密。事件发生后,有关部门责令方某作出深刻检查,并对其当年考核予以降级,次年工资不予调升。

通过该案例可见,该单位未建立严格的信息公开保密审查制度,信息公开保密审查工作无领导分管、无部门负责、无专人实施,导致了信息公开保密审查审批手续不完备、信息发布登记记录不完整情况下的泄密。

三、个人信息的安全保密观念

《中华人民共和国个人信息保护法》共八章七十四条,于 2021 年 8 月 20 日第十三届全国人民代表大会常务委员会第三十次会议通过。第二条规定:"自然人的个人信息受法律保护,任何组织、个人不得侵害自然人的个人信息权益。"第十条规定:"任何组织、个人不得非法收集、使用、加工、传输他人个人信息,不得非法买卖、提供或者公开他人个人信息;不得从事危害国家安全、公共利益的个人信息处理活动。"

案例

2018 年 4 月,湖北荆州中级人民法院对一起涉及公民信息泄漏案件进行了终审判决，该案以顺丰员工为信息泄露主体，形成了快递代理商、文化公司、无业游民、诈骗犯罪分子等多方参与的黑产链条。此案查获涉嫌被泄漏的公民个人信息千万余条，涉及交易金额200余万元，同时查获涉及全国20多个省市的非法买卖公民个人信息网络群。

如何保护个人信息呢？第一，提高警惕，谨慎处理自己的信息，不随意填写调查问卷、快递单据消除个人信息后再丢弃、不在公共场所随意连接未知 Wi-Fi、不贪小便宜、不在朋友圈公开重要的个人信息、谨慎上传身份证件照片等。第二，发现违法犯罪行为及时向有关部门举报。第三，学习相关法律知识，当自身信息被泄露或违法使用后，寻求司法救助，用法律武器保护自身合法权益。

PART 02

窃密篇

第五章 窃密与反窃密技术的发展

第一节 不断发展的窃密技术

随着物联网、移动互联网等信息技术以及半导体技术等基础性技术的深化发展,以设备实体安全为核心的传统意义上的物理空间安全的外延得以扩展,逐步延伸到以涉密信息的安全保密为核心,对重要信息流转到网络以外与现实空间交互过程的安全。换句话说,现在大家对信息安全的关注点,已经从"看住一个包不丢"到了如何保障"包里的文件"安全使用。

种种资料表明,西方国家形成了声、光、电、磁等物理空间综合窃密攻击能力,并结合网络技术,构建了跨物理隔离网络攻击体系。通过各类技术的相互配合、协同工作,以涉密网络中某一终端或网络设备作为攻击目标,一旦从一点形成,将破坏整个物理隔离网络的安全,对建立在物理隔离基础上的涉密信息统构成极大威胁。

这个与网络信息安全技术不断融合衍生出的、针对物理隔离网络的窃密技术体系具有以下特点:

一、攻击手段多元化

物理空间信息获取技术已不再局限于传统的窃听、窃照,逐步呈现出涵盖电、磁、声、光、热等多种物理信号,并结合网络及通信技术的多元化特点。由于涉密网络物理隔离的特性,传统的网络攻击手段如病毒、特种木马等存在植入及信息传输困难的问题,而声、光、电、磁等物理媒介打破了物理隔离的障碍,成为获取涉密网信息的新途径,其多元化的特点也大大提升了检测防护难度。

二、攻击目标精准化

由于网络和信息系统的规模不断扩大,被动式的信息获取会得到大量冗余数据,增加后端处理难度。新型的物理空间信息获取技术将击发起点由原来的中间点延伸到终端点,通过向攻击目标植入恶意软硬件,使得所获取的信息更加精准,提高了攻击效率。

三、攻击行为隐蔽化

物理空间窃密攻击技术具有较高的隐蔽性。一是攻击目标隐蔽。针对信息设备的硬件或固件植入一般在设备出厂或运输途中进行,在设备正式投入使用前就已完成,这些恶意硬件一般不影响设备的正常功能,很难通过常规方法检测发现。二是攻击时间隐蔽。由于结合了新型的网络及通信技术,攻击者可远程控制攻击发起时间,攻击发起前,被攻击目标通常处于静默状态,传统的单次突发式检测不再有效。三是攻击过程隐蔽。为逃避无线信号检测,大部分信息传输过程采用隐蔽传输技术,如利用公众通信网、采用低截获概率通信方式或采用声光隐蔽传输技术等,现有的场所无线信号检测设备尚不具备对这些新型通信技术的检测能力。

四、攻击技术体系化

在物理空间信息安全技术研究基础之上,美国研制了多种用于实战的跨网络攻击产品,并结合先进的网络技术,将这些攻击技术、攻击产品进行整合,形成了完整的攻击体系。该体系包含两个过程:一是恶意软硬件植入过程;二是隐蔽信息传输通道建立过程。其中,恶意软硬件植入过程贯穿于信息设备生产、运输、安装、使用、维修、销毁的全生命周期。隐蔽信息传输通道则是借助声、光、电、磁等物理媒介,建立物理隔离网与互联网之间的信息传输桥梁,最终实现跨越物理隔离网和互联网间的鸿沟。

第二节　反窃密技术的意义与种类

长期以来,各国之间政治、经济、科技、军事等方面的窃密与反窃密斗争从未停止过,心思缜密的有针对性的情报搜集工作更是令人叹为观止。特别是当今处于数字化信息时代,大数据分析、数据挖掘已深入社会生活的方方面面,失泄密渠道逐渐增多,窃密手段更加隐蔽,保密工作难度增大。看似与工作无关的碎片信息很可能就会泄露整个秘密,因此在日常工作中我们应慎之又慎,强化保密意识,筑牢保密防线。

一、对抗推动窃密与保密技术的发展

目前,各国为了在新的国际竞争中取得有利地位,普遍调整、发展和强化情报侦察工作,以信息争夺和对抗为基本内容的情报战的范围迅速扩展,从传统的军事领域扩展到政治、经济、科技、外交等各个领域以及人类生活和生产的各个方面。

面对不断变化的国际形势,决定一个国家、民族或集团竞争地位的因素并不仅仅局限于军事领域,还体现在政治、经济、科技、军事、外交等方面的信息综合实力较量中。

当前,几乎每个国家都建有自己的情报机构,所有的情报机构都笼罩着一层神秘色彩。各国情报机构互探互测,情报斗争错综复杂,主要体现为军事情报战愈演愈烈、经济情报战方兴未艾、科技情报战举足轻重、外交情报战明目张胆、政治情报战惊心动魄。在步入信息社会的当今世界,信息的占有直接反映了一个国家的综合国力。面对不断变化的国际形势,只有及时获取有关情报,才能确保国家战略和政策制定的针对性和正确性。

美国中央情报局、俄罗斯联邦安全局、英国秘密情报局、以色列情报机构摩萨德、法国对外安全总局、德国联邦宪法保卫局被并称为当今世界著名的六大情报机构。

二、不断发展的安全保密技术

关于信息安全的实践在世界各国早已出现,但一直到20世纪40年代,通信保密

才进入学术界的视野。20世纪50年代,科技文献中开始出现"信息安全"用词,至90年代,"信息安全"一词陆续出现在各国和地区的政策文献中,相关的学术研究文献也逐步增加。以物联网、5G网络、信息物理系统(CPS)等为代表的下一代网络正处于逐步部署和实现的过程中,网络形态逐步呈现出层次化、虚拟化、服务化的特点。

物理安全是信息安全的重要组成部分,当前物理空间已成为窃密与反窃密的重要战场,在物理空间信息安全技术研究基础上,美国研制了多种用于实战的跨网络攻击产品,并结合先进的网络技术,将这些攻击技术、攻击产品进行整合,形成了完整的攻击体系。

第六章 窃听技术

第一节 电话窃听

一、有线电话窃听

世界上最早的窃听器是中国在 2000 年前发明的,战国时代的《墨子》一书就记载了一种"听瓮"。这种"听瓮"是用陶制成的,大肚小口,把它埋在地下,并在瓮口蒙上一层薄薄的皮革,人伏在上面就可以听到城外的动静。到了唐代,又出现了一种"地听器"。它是用精瓷烧制而成的,形状犹如一个空心的葫芦枕头,人睡卧休息时,侧耳枕在上面,就能清晰地听到远处的马蹄声。现代窃听技术的内涵非常广泛,特别是精密的窃听设备或窃听系统,通常涉及信号的隐蔽、加密、遥控、调制、解调技术以及网络技术、信号处理、自动控制、语音识别、微电子、光电子等现代科学技术的很多领域。

现代窃听器出现的历史并不算长。1876 年,贝尔发明了第一台可用电话,经过一百多年的发展,电话已成为最普遍的通信方式。电信网被称为现代社会的神经系统,各种政治、军事、科技、文化方面的秘密情报和信息,都可能通过电话传递。因此,各国间谍情报机构都把电话窃听作为窃取情报的重要手段。

20 世纪三四十年代,初级窃听装置开始出现;50 年代中期,窃听器作为间谍情报领域的常备工具开始被使用;80 年代,窃听技术取得了惊人的发展,有线、无线窃听技术被广泛使用。进入 21 世纪,除有线、无线窃听技术外,一些最新技术如微波、红外、激光、网络等也都在窃听领域得到了广泛的应用。

根据通信方式不同,电话窃听又分为有线电话窃听和手机窃听。

在标准电话线内部,有红色、绿色两根导线,绿色导线连接正极,红色导线连接负极,同时又连接着电话的扬声器和麦克风。通话时,声音会产生气压波动,话筒麦克风会将声压转变为变化的电流。为方便长距离快速有效地传送,电流会被转换为数字信息。电话公司将不断变化的电流通过导线传到另一端电话中的接收器,并带动该电话的扬声器振动膜来回振动,再现另一端的声音。从以上原理可以看出,电话窃听非常简单,只需将通话电路中的电流波动取出即可。电话窃听装置就是一种能够将这些波形解析为声音的装置。

有线电话窃听的实现方式主要有三种:

第一种是通过串联和并联发射器来实现。有线电话窃听用得比较多的是落入式电话窃听器,这种窃听器可以被当作标准送话器使用,用户察觉不出任何异常。它的电源取自电话线,并以电话线作天线,当用户拿起话机通话时,它就将通话内容通过无线电波传输给附近的接收机。此款电话窃听器安装也极其方便,从取下正常的送话器到换上窃听器,只需几十秒。

第二种是通过磁感应窃听器来实现。窃听专家发明了一种简便高效的电话窃听器,利用两根1米左右平行的线路进行窃听。把这个串音窃听器装在其中一根线路上,就可以听到与这个线路并不相连的另一条线路中的电话。这种窃听器是通过电磁感应,依据电话线周围的磁场变化来提取话音的,由于这种窃听方式不与电话线物理接触,所以很难被检测到。对于这种窃听方式,可以采用屏蔽通信线或光纤通信线,这样音频信号就不会泄漏出来,使窃听器失效。

第三种是通过无限远谐波窃听器来实现。这种窃听器可以被安装在电话设备或房间电话线上,可以被某一频率的音频信号激活。使用时窃听者向装有该窃听器的目标电话拨号,在最后一个号码拨出前,向电话线路上发送一个专门的调谐音,然后拨电话号码的最后一个数字,抢在交换机振铃信号发出之前激活窃听器,将线路接通并应答交换机,交换机的振铃信号就不再发出,此时该线路被接通而不振铃,窃听者通过窃听器可听到房间内的谈话。针对此类窃听器,必须采用具备扫描检测音频的专用设备,使窃听器失效。

二、手机窃听

对于手机用户而言,2G、3G、4G 网络最大的区别在于数据传输速度不同。4G 网络具备非常流畅的速度,可观看高清电影,大数据传输速度也非常快,使人类进入了移动互联网的时代。已经到来的 5G 时代不仅是更高速率、更大带宽、更强能力的技术,更是面向业务应用和用户体验的多业务多技术融合的智能网络,打造以用户为中心,万物互联的信息生态系统。

由于无线通信是个开放系统,所以电磁波发送、传递、接收的每个环节都能成为窃听接口,只要有相应的接收设备,就能截获任何通信。除此之外,还有专业手机窃听器,即军用及间谍使用器材,对通信信号的拦截时间只需要几十秒,拦截距离可达上万公里,已经不是在手机与基站间进行拦截。它的有效监听距离,与地球同步通信卫星信号覆盖范围几乎相等。

模块改装型手机窃听器是利用手机模块改装的窃听器,可以被看成一个没有按键和屏幕的手机,体积小巧,内置一个超小型 GSM 模块内置专用芯片,插入手机卡,设置好呼叫号码,充满电后放到需要监听的地方,例如家里或者车上,需要监听的时候,用主人号码拨打卡号就会自动接通,其他号码不会接通。

芯片植入型手机窃听器外形与常用手机无异,不同之处是在手机里置入一个监听芯片,需要监听的时候,拨一下被监听手机号码,加入预留的密码,对方的手机将在不响铃的情况下自动接通,处于接听状态,而对方却毫无知觉,而其周围的一切声响却尽收监听者的耳中。

软件型手机窃听是通过植入恶意程序,备份手机所有的通话记录、内容、短信等数据,并通过手机的移动网络或者 Wi-Fi 来上传到一个固定的位置,从而窃听到别人的内容。以其中典型的 SonicSpy 软件为例,它可以远程执行 73 种命令,悄无声息地记录下用户的通话和音频,调用相机拍照、私自拨打电话和发信息等。

恶意程序开发的初衷虽然不是为了恶意窃听,但它们对个人信息的过度收集和滥用安装权限对个人隐私构成了潜在威胁。开发者通过搜索引擎、浏览器、聊天工具、支付工具等各类手机应用软件获取用户定位、直接向通讯录上的联系人发送短信、监听和挂断电话等多种权限,使手机变成在个人身边的"间谍"。

第二节　网络窃听

一、狭义的网络窃听

20世纪60年代末计算机网络技术开始兴起,今天,计算机网络、移动互联网、物联网极大地方便了人们的生活,改变了人们的生活方式。网络已经与我们的生活息息相关,现实中的个体通过智能终端也已化身为网络的一部分。出于经济或政治利益的动机,网络窃听成为一部分人实施网络攻击的重要步骤和手段。

网络监听的基本原理是利用一个装有麦克风(无论是内置的还是外置的)的多媒体电脑,在其连接到内部局域网、广域网或互联网时,利用处于同一网段上的监听电脑系统,通过一定的技术远程启动目标电脑上的麦克风,实时拾取目标电脑周围的环境声音并进行处理,然后在条件合适时通过网络将监听到的声音文件传递到监听电脑系统,从而实现窃听活动。

实现狭义的网络窃听必须具备以下几个条件:一是被窃听电脑必须是多媒体电脑,而且电脑的声卡上要有拾音麦克风,这是实现网络窃听的必要条件;二是要有传递出被窃听信号的环境条件;三是目标电脑所处的环境有他人感兴趣的内容;四是目标电脑存在可窃取话音的漏洞。

二、广义的网络窃听

广义的网络窃听是目前对计算机网络攻击的主要方法之一,是通过观察、监听、分析数据流和数据流模式,窃取敏感信息的一种手段,主要有搭线监听和无线截获两种。

搭线监听是将导线搭到无人值守的传输线上进行监听,只要所搭载的监听设备不影响网络负载平衡,就难以被发现。通过解调和正确的协议分析,就可以完全掌握通信的全部内容。

无线截获是通过高灵敏接收装置接收网络站点或网络链接设备辐射的电磁波,通过对电磁波信号的分析,恢复原数据信号,从而获得网络信息。尽管有时数据不能全部恢复,但有可能从中得到极有价值的情报。

通常情况下,网络传输采用标准协议,在通信过程中传输路径也相对固定,攻击者很容易截获数据分组并重组和恢复数据分组的内容,达到窃取隐私数据或篡改数据分组以便构造中间人攻击、拒绝服务等其他攻击的目的。

三、常见的网络窃密技术

木马是一种非常常见的网络窃密技术,它能够伪装成合法程序或者隐藏在合法程序中,这些代码能够执行恶意行为,如非法收集系统信息,也能够为非法访问系统特权功能提供后门。因此,木马具有窃取数据、远程控制、远程文件管理及打开未授权的服务等功能,并在攻击过程中具有隐蔽性、自启动性、自动恢复性和易植入性等特性。

随着 Web 技术的发展,网站挂马也成为一个重要的网络窃密手段。另外,木马的攻击已经出现向某些载体发展的趋势,如针对 PDF、Flash 文档、PSD 模版等文件。比如,摆渡木马是一种新型木马,除具有传统木马的相应特征外,还具备对互联网物理隔离的内部网络文件资料进行窃取的功能。除木马外,后门、蠕虫、病毒、僵尸网络等也成为网络窃密的重要手段。

计算机漏洞是指应用软件或操作系统软件在逻辑设计上的缺陷或在编写时产生的错误,这个缺陷或错误可以被不法者或者电脑黑客利用,进入涉密系统窃密。

某些功能强大的数据恢复软件可以恢复未做消磁处理的软盘数据、未用专门软件进行数据清除的硬盘数据。通过木马方式将嗅探器安装到目标计算机上,隐蔽探测、记录网络内部结构、键盘操作、口令密码等信息。

第三节 无线窃听

一、无线窃听概述

1895 年 5 月 7 日,俄国物理学家波波夫发明了无线电通信技术。1896 年 3 月 24 日,波波夫将无线电通信的通信距离延长到 250 米,做了用无线电传送莫尔斯电码的展示，为无线电通信技术拉开了新的序幕。

1898年，意大利青年马可尼利用游艇证明了他的无线电电报能够在32千米的海面上畅通无阻地通信，第一次实际性地使用无线电通信技术。1901年，他在相隔2700千米的英国和纽芬兰岛之间成功地进行了跨越大西洋的远距离无线电通信，从此人类进入了无线电通信的新时代。

由于不受时空限制、具备高度的机动性及可用性和可靠性等特点，无线电通信迅速在军事、气象、生活、生产等各个领域发展普及。

二、二战与冷战时期的无线窃听器

无线窃听器一般由发射器和接收机两部分组成，使用时将发射器安装在窃听环境中，将声音信号转化为电磁信号，通过无线电波传输到附近的窃听接收机，接收机经过检波、滤波、放大，即可把窃听到的信号还原出来，或用录音机记录下来。

二战与冷战时期的第一种窃听器——虫戚，是苏联克格勃在20世纪50年代中期研制成功并广泛应用的一种微型无线电窃听器。它只有火柴盒大小，可以用气枪弹射到窃听物上，并且像自然界的"虫戚"一样粘贴在目标物上。这种窃听器能够清晰地窃听到室内的每一种细微声响，并将这些声音转换成电波，经过放大电路，再用超短波发射出去，而在8公里直径范围内的超短波接收机就可以把这些电波记录下来，并用解码打字机把窃听到的内容打印出来，形成文件。

第二种窃听器——苍蝇窃听器，是20世纪60年代美国研制，由针尖大小微型集成电路做成的窃听器，能把20米内的对话传到16公里外的接收站。在苍蝇出发之前，要让它先吸一口神经毒气，这种毒气在预定的时间内发挥效力，苍蝇到达目的地后，很快就会毒发身亡，跌落在墙角或桌旁等不被人注意的地方，这样就可以使它身上的窃听器不至于受到苍蝇发出的嗡嗡声的干扰而正常运转，把房间里所有的声音点滴不漏地窃听下来。

在美国中央情报局妙用苍蝇的启发下，西方一些国家开始研制一种"超级间谍苍蝇"，他们利用苍蝇对人体的气味有趋向性这一生物本能，制造出一种人造苍蝇。它除了具备一套完整的窃听收发设备外，还可以像真苍蝇那样以人的气味为目标，落在不被人发现的地方进行窃听，完成任务后再飞回基地，当然，这些都是通过遥控来实现的。

经过多年研发,鸟类和昆虫间谍技术逐步成熟,它们能携带摄像机和录音装置,潜入侦察区域录下视频或音频。这些与蝴蝶、蜻蜓、蟑螂、蝗虫等一模一样的窃听器,将深入人造卫星和大型侦察机无法侦察的"敌方"司令部、秘密基地、兵工厂的内部展开窃听活动。

第三种窃听器——独角仙窃听器,是美国中央情报局研制的另一种小巧设备。从前的窃听器,都是不加辨别地把所有声音录下来,如果把房间里的收音机放大音量,在一片噪声中进行谈话,就可以防止窃听。独角仙窃听器摒弃了它同类中的不足,具有辨别声音的优良性能,能在一片混杂的音响中排除各种杂音,只把需要的声音录下来,这样一来,发出杂声以防窃听的方法就不那么灵验了。独角仙在五花八门的窃听器中,因具有这样的选择功能而独占鳌头。

第四种窃听器——红外窃听器,是一种将发射频率提高到红外区域的无线窃听器。它是一种利用光学原理进行窃听的装置,由微型红外听筒发射机、红外光学接收机、瞄准望远镜和运算放大器组成。红外听筒发射机带有红外传感器,可以拾取周围 30 米以内的声音,并把话音传送到几百米甚至上千米远。使用时将红外听筒发射机隐蔽放置在目标场所,如公园里,汽车上,建筑物的墙壁上、窗框上、阳台上等地方,窃听者用带有 50 毫米透镜的精密红外光学接收系统,确定发射机的方向并且接收,即可窃听到目标处的谈话。

红外窃听器的特点不仅在于可以透过混凝土和关闭的门窗拾取室内的话音,而且被测目标的方位角对于接收系统并不重要,可以从斜对面或者对面,从上往下或者从下往上监听目标场所。

红外窃听器其实是一种红外线通信,利用红外线来传输信号的通信方式,可传输语言、文字、数据、图像等信息。它具有两个最突出的优点:一是不易被人发现和截获,保密性强;二是几乎不会受到电气、天气、人为干扰,抗干扰性强。此外,红外线通信机体积小、重量轻、结构简单、价格低廉,缺点是它必须在视线距离内通信,且易受天气的影响。

三、无线窃听器的发展及趋势

20 世纪 70 年代以后,随着大规模集成电路和微电子技术的迅速发展,无线电窃听技术水平也得到了空前提高。美国中央情报局发明了先进的"地面传感窃听器"。它一般是由探测器、信号处理电路、发射机和电源四部分组成，可以探测到声响、振动、磁性、气味、干湿度等信息，用发射机把这些信息发射到远处去。

20 世纪 80 年代初，"子弹窃听器"问世了。它的外形与普通子弹没什么两样，但是它的弹壳内却装有一个超微型的超高频收发射器。用微声冲锋枪把它发射出去，然后带上超高频电子接收耳机，就可以听到远处敌人的对话。为了更远距离和更大容量地进行窃听，可以把它改装成"炮弹窃听器"，用炮发射到敌方的纵深地。

半导体技术、芯片技术的发展，使无线窃听器更加微型化与智能化。利用无线窃听器体积小、重量轻、性能高、电源使用时间长等特点，间谍技术部门把它们隐藏到各种日用物品之中，然后把它们撒到各地去。

有一种"钢笔窃听器"设计得颇为巧妙，摘下笔帽套在钢笔的尾部，笔内的接收器、扩音器和发射装置就开始工作了，一拔下笔套便又停止了。有时一些食品中也藏有窃听器，像橄榄、巧克力、水果糖等都是窃听间谍感兴趣的物件。美国联邦调查局有一种新式的"背心窃听器"，谍报人员常常穿着它执行任务。还有一些"人体器官窃听器"，如假眼、假发、假牙等。

冷战时期，苏、美两国特别致力于一种"无线电假牙窃听器兼发报机"的研制，这种假牙里装有高灵敏窃听器和能测量咀嚼时牙齿所受压力大小的传感器。有了这种牙齿，只要叩叩牙齿就能发出窃听密码电波，再也用不着脑记笔录了。

无线窃听器当下主要的发展趋势如下：

第一，体积微型化。目前，无线电窃听器的体积越来越小，重量越来越轻，性能也越来越好。如美国 CCS 公司的 STG4003 微型无线窃听器，体积仅有 10 毫米×10 毫米×4 毫米，重量也仅有 3 克，使用一节 1.5 伏的纽扣式电池供电，发射距离达 200 米，可连续工作 48 小时，窃听器话筒拾音范围为 20 米。这种超微型窃听器很容易隐藏在台灯、烟灰缸、钢笔、手表、打火机里。德国人甚至还研制出一种可安放在酒杯里的超微型窃听器，专门用来窃听人们在餐桌上、酒吧里的谈话。喝酒的人用肉眼根本无法发觉，他们之间的哪怕是低声的交谈，也可被清晰地传递到百米之外的窃听点。

第二，供电自动化。无线电窃听器一般靠电池供电，使用寿命取决于它的电池能用多长时间，因而使用时限受限。为避免经常更换电池造成的不便，装在室内的无线电窃听器使用交流电，靠电源线、电话线供电，如装在台灯插座内、电话机内等位置。

这种无线窃听器不受电池使用寿命的限制，可以长期使用。此外，还有一种利用高谐共振技术的窃听器，本身不用电源，只是个振荡器。室内的谈话声使振荡器先共振，窃听者只要向室内发射高功率微波，用以测出其振动情况，即可还原出声音。

第三，传输智能化。目前，最先进的无线窃听器大多具有遥控功能，当室内无谈话声音时，窃听器便自动停止工作。发现或预感到对方有检查窃听的行动时，遥控窃听器便停止工作，使电波搜索设备探测不到窃听器及其隐藏的具体位置。

第四，传输加密化。为提高窃听器的防检测性能，无线电窃听器发射的电波要经过加密处理，这样，即使用无线电检测机来检测，听到的也只是一片噪声或杂乱无章的干扰声，解调不出任何信息。无线窃听器加密的方法有多种，最常见的是使用跳频技术。跳频技术是信息传输过程中促使空间信道不断跳变的一种信息技术。就其实质而言，跳频技术既是窃听者的一道密钥，又是防止窃听的一种手段。

第四节　其他窃听手段

一、激光窃听

激光窃听器一般由激光发射器与激光接收器两部分组成，使用时由激光发射器产生一束极细的红外激光，射到被窃听房间的玻璃上，当房间里有人谈话的时候，玻璃因受室内声音变化的影响而发生轻微的振动，从玻璃上反射回来的激光包含了室内声波的振动信息。人们在室外一定的位置上，用专门的接收器接收，就能解调出声音信号，用耳机监听室内谈话。由于激光本质上是一种频率极纯、极高的电磁波，加上其方向性好，照射和反射的能量集中，所以解调并不困难。

激光窃听的最大优点是无须到窃听现场安装窃听器，这是与红外窃听器的最大不同。红外窃听器需要在窃听环境中安装红外发射器，将声波通过红外激光调制发射出来。激光窃听器由于对激光发射、反射和接收的位置要求很严格，且光束易受到外界环境的干扰，影响激光窃听的效果。

激光窃听器出于使用时的隐蔽目的，所用激光为人眼不能感知的红外光。随着可见光通信与智能LED灯的发展，可见光窃听器也逐渐出现。

可见光窃听器就是利用可见光通信技术将拾音器内置于室内的 LED 灯中,将捕获的语音信息进行一定编码和调制后,通过 LED 灯以可见光形式广播,室内或室外接收装置在一定距离外接收可见光信号并解码,还原出语音信息。利用这种技术实现的窃听系统只要能看到房间内的灯光,就能听到被监听人员的声音。这种监听装置目前还无法被探测和防护,隐蔽性较强,能够在几百米外作业,语音还原质量较好。

二、光纤窃听

光纤由纤芯、包层和涂层组成,内芯一般为几十微米或几微米,中间层被称为包层。由于纤芯和包层的折射率不同,光信号在纤芯内通过全反射进行传输,涂层的作用就是增加光纤的韧性以保护光纤。纤芯和包层是两层折射率不同的玻璃,纤芯折射率大于包层折射率。按照几何光学全反射原理,光线在纤芯和包层的交界面会产生全反射,把光线封闭在纤芯内向前传播,即使经过弯曲的路由,光线也不会射出光纤之外。

由于光纤通信中光信号频带宽,易于数字信号传输,且不像电磁信号那样容易产生辐射泄漏,人们曾普遍认为光纤通信可以很好地防止黑客通过窃听手段截获网络数据。但近年来,光纤窃听技术不断发展成熟,这使得光纤通信的安全性大打折扣,光纤网络可以被轻易地窃听,并没有绝对的数据安全性。

光纤窃听的第一步是先将需要窃听的光纤放入一个设备中适当弯曲;第二步是从光纤中折射出来的光线被设备中的光学检测设备拾取;第三步是发送给光电转换设备,光电转换装置将光信号转换为电信号;最后一步是通过以太网线将数据传送到电脑上。

1989 年初,美国国家安全局开始进行窃听海底光缆的技术研究。90 年代中期,美国国家安全局进行了海底光缆的首次窃听实验。在这次实验中,美国特工人员乘一艘特制的间谍潜艇潜入洋底,通过特殊手段将一段海底光缆扯进间谍潜艇的特制工作舱内,成功地切开了一条海底光缆。此次实验未被光缆运营商发现,这标志着美国已经从技术上实现了对海底光缆的窃听。

1998 年,美国国家安全局计划在通用电器电子造船厂内,将海狼级攻击核潜艇"吉米·卡特"号改装,使之成为一艘海底通信光缆的窃听母艇。改装后的"吉米·卡特"号潜艇将变成一个"子母潜艇",它有一个小的潜水舱,潜水舱在窃听地点与母艇分开,潜水员挖出海底光缆,将其拉进潜水舱内,使其保持干燥,然后把光缆切开开始窃听,并将所窃听到的光学信号传给计算机处理。这项改装费用当时预计花费10亿美元巨资,在5年内完成,于2004年投入使用,成为美国最主要的间谍潜艇,它最引人注目的性能就是具备了能进行海底光缆窃听的最新技术以及装有进行海底窃听的特殊挂舱。

三、微波窃听

微波是指频率为300MHz～300GHz的电磁波,是无线电波中一个有限频带的简称,即波长为1毫米～1米的电磁波,是分米波、厘米波、毫米波的统称。微波频率比一般的无线电波频率高,通常也被称为"超高频电磁波"。

微波的基本性质通常呈现为穿透、反射、吸收三个特性。对于玻璃、塑料和瓷器,微波几乎能做到穿越而不被吸收,而水和食物等就会吸收微波而使自身发热,金属类东西则会反射微波。微波作为传输介质用于通信具有可用频带宽、通信容量大、传输损伤小、抗干扰能力强等特点,不需要固体介质,当两点间直线距离内无障碍时就可以使用微波传送。

微波窃听实质上也是一种无线窃听。当人们说话时,发出的声音会引起周围物体的振动。如果通过微波照射窃听物体,物体反射回波的强弱会随声音的变化而变化,用灵敏度很高的接收机接收反射回来的微波,就可以从这些微波中分离出它携带回来的声波,并通过调制复原成声音,这种方法就是微波窃听。

微波窃听系统由微波收发器和微型共振器两部分组成,微波收发器同时具有发射和接收信号的功能,共振器是将声音引起的振动对照射到其上面的微波调制后,反射回收发器。使用时先将微型共振器安放到监听环境中不易被人发现的角落,这些共振器对所有振动都非常灵敏,当室内有人说话时,这些共振器就产生相应的振动,对照射到上面的微波进行调制,调制后的微波经房屋窗户上的玻璃再反射回去,反射回来的调幅波由天线接收并通过环形器传到晶体检波器,解调后即得到电流形式的音频调幅信号;经过电脑系统的录制、翻译和分析,就会像唱片重新播音一样再现室内的讲话。

历史上,美国与苏联这两个超级大国之间发生过无数次间谍事件,但最令后人回味的是 1945 年到 1952 年间克格勃使用一种名为"金唇"的窃听器对美国驻苏大使馆进行的代号为"自白"的间谍行动。这一窃听行动既是苏联克格勃引以为荣的惊世之举,也是世界间谍史上屈指可数的经典之作。

金唇行动指苏联针对美国驻苏使馆进行的窃听行动。1943 年,苏联领袖斯大林责令内务部领导人贝利亚不惜一切代价对美国大使阿维拉·卡里曼的办公室进行窃听。这年 12 月,专门设计的窃听器通过了美国使馆的检验。此窃听器被命名为"金唇",而安放行动则被称为"金唇行动"。

窃听器被藏在一枚巨大的精制美国国徽里,1945 年 2 月,作为礼物该国徽开始悬挂在卡里曼办公室,苏联的窃听行动由此展开,持续了 8 年,历经 4 位美国大使。直到 1960 年 5 月这一秘密才被公之于众。

"金唇"窃听器是苏联科学家雷奥·特雷门(Leon Theremin)设计的,由一个微小的电容膜连接到一个四分之一波长的天线,它没有电源或有源电子元件,上面的电容膜就是麦克风。该设备是无源腔谐振器,只有当正确频率的无线电信号从外部发射机发送到设备时才会被激活。声音穿过薄薄的木箱,引起薄膜振动,薄膜的位移改变麦克风空腔的电容。下面的天线和电容腔相连,电容的大小决定天线的共振频率。振荡源发射的微波打在天线上之后,天线反射的波形的振幅和频率都会由于共振频率的变化而改变。接收机解调信号,拿起话筒就可以听到声音。

特雷门的设计很难被反监听设备检测到,因为它很小,没有电源或有源电子元件,设备整体简单,非常可靠,这给了它潜在的无限的使用寿命。

四、辐射窃听

电磁泄漏是指电子设备的杂散(寄生)电磁能量通过导线或空间向外扩散。任何处于工作状态的电磁信息设备,如计算机、打印机、传真机、电话机等,都存在不同程度的电磁泄漏,这是无法避免的电磁学现象。在满足一定条件的前提下,运用特定的仪器均可以接收并还原这些信息,因此这些泄漏就构成了信息安全的隐患。

1985 年,荷兰学者第一次向全世界演示了用一台改装的电视接收机截获并还原了计算机视频图像信息的信息技术。对电磁泄漏信号中所携带的敏感信息进行分析、测试、接收、还原以及防护的一系列技术构成了信息安全保密的一个专门研究领域,这种技术在国外被称为 TEMPEST 技术。

　　SOFT-TEMPEST 技术是由英国剑桥大学两位学者于 1997 年发明并推广应用的一项防信息泄漏新技术,其基本原理是通过给视频字符添加高频"噪声"并伴随发射伪字符,使敌方无法正确还原真实信息,而我方可正常显示,质量无变化。它替代了过去由硬件完成的抑制干扰功能,成本较低。

　　1998 年,英国科学家提出了显示器电磁木马的概念,即通过"特洛伊木马"程序主动控制计算机的电磁信息辐射。显示器电磁木马的出现标志着 TEMPEST 从被动防守到主动攻击的转变,电磁主动攻击技术也得到快速发展。当前主动攻击是指攻击者通过网络将虚假信息、垃圾数据和计算化病毒等置入系统内部,破坏信息的真实性和完整性。例如使用共振频率的无线电电波对键盘的电缆进行照射,这时因非线性节点效应键盘上所按下的按键编码被调制到返回信号中,然后电缆将这些信号再次发射出来,这时可在距离目标 50~100 码的范围内收集到这些信号,从而将信息截获。

第七章 窃照窥视

第一节 窃照窥视技术概述

一、窃照窥视定义

窃照和窥视是指秘密拍摄或窥探具有情报价值的文字、图表材料、实物、地形地貌、现场活动、人物形象等的情报技术手段,是现代间谍窃密的又一重要技术手段。随着数码摄影技术与计算机图像处理技术的发展,窃照和窥视技术更是取得了突破性进展,高清微型的先进窃照与窥视器材不断涌现,在军事侦察、公安取证、商业谈判等领域得到了广泛应用。同时,由于利益驱动,一些窃照与窥视设备流入社会,对人们的生活隐私造成了严重威胁。

二、窃照窥视常见技术

间谍相机是窃照窥视一个常见的技术。它是照相机技术发展中的一个重要分支,是一种具有特殊用途的相机。为完成复杂的拍摄任务,此类相机除了拥有不可思议的微型尺寸外,还有精妙的伪装能力,以及出色的光学与机械性能,是技术性非常强的专业相机。

针孔摄像设备因其体积小巧、便于伪装隐藏而闻名,新闻记者的暗访调查、公安部门的暗访取证等都有它的应用。

网络摄像机是一种远程监控工具，不需要电脑连接，直接使用 Wi-Fi 联网，配有移动应用，通过移动终端可以远程随时随地查看被监控区域的场景，还具有视频分享、远程操作监控视角、报警等功能。

光纤窥视镜（Opti-ward）是美国 SWAT 特种部队的一种装备，用于侦测人眼视线范围以外的地方，具有探头直径小、探头硬管长度短、弯曲半径小、成像效果清晰、光学放大等特点。

反猫眼也叫反猫眼观察镜/猫眼反窥镜/反猫眼监视器等，是一种专门针对"猫眼"设计的窥视工具，可以通过"猫眼"从门外窥视室内情况。在自然光下，借助反猫眼，室内一切都能用肉眼看到。反猫眼重量十分轻，镜筒小巧，完全可以被掌心覆盖，放在腰带、口袋或背心上都行，也可以扣在钥匙链上。

三、窃照窥视技术的应用

随着数码摄影技术与计算机图像处理技术的发展，窃照和窥视技术更是取得了突破性进展，高清微型的先进窃照与窥视器材不断涌现，在军事侦察、公安取证、商业谈判等领域得到了广泛应用。

目前，智能摄像头已走进寻常百姓家，尤其是对有小孩、老人需要照料的家庭来说，购买安装智能摄像头几乎成了刚需。安装摄像头后，使用者可以随时用手机查看家里的情况，身处外地的子女如果想了解老人在家中的情况，也可以通过手机看到老人在家活动的实时画面，还可以与他们进行视频通话，就像一直陪在身边，能带来一种"陪伴感"。

四、窃照窥视技术存在安全隐患

针孔摄像设备因其体积小巧、便于伪装隐藏而闻名，本可以被应用在保护人们的生命、财产和隐私上，例如新闻记者的暗访调查、公安部门的暗访取证等。但由于其技术门槛与生产成本都较低，当前许多针孔摄像头都是小企业生产的三无产品，对国家安全保密和公民个人隐私造成了一定损害与威胁。特别是无线高清、夜视广角、手机遥控、移动侦测等技术的出现,让针孔摄像头变得更加危险,令人防不胜防。

目前市面上非法售卖针孔摄像头的渠道越来越多,款式丰富,功能隐蔽,着实让人惊叹。外观看似普普通通的生活中的小物件,比如纽扣、衣钩、眼镜、钢笔、插座、插排、烟雾报警器甚至洗发水瓶,都有可能被设计成针孔摄像头。

 案例

2018年5月至2019年9月,犯罪嫌疑人刘某某先后到福州等地的二十余家酒店、宾馆入住,目的竟是为了偷窥!该男子将窃听、窃照设备暗中安装在酒店、宾馆房间,远程偷窥、摄录住客的隐私。

据晋安区检察院相关人士介绍,犯罪嫌疑人刘某某为满足自己的偷窥欲望,从某网站购买了五十余套窃听、窃照设备及若干配件。刘某某将设备组装完成后,于2018年5月至2019年9月,先后以入住的名义到福州市市区及周边县市等累计二十余家酒店、宾馆,将窃听、窃照设备暗中安装在酒店、宾馆房间的电视机、空调插座及机顶盒内,并通过网络远程偷窥、摄录住客的生活隐私,最后将录像截取并下载至手机、电脑硬盘和网络存储硬盘内用于自己观看。

公安机关通过网络监查发现,有人通过某网站购买了大量窃听、窃照及若干配件,2019年9月29日,公安机关锁定犯罪嫌疑人刘某某,在其住处将其抓获。经查,刘某某共存储录像片段1700余段,存储录像量约180G,涉及人员达1500余人。

第二节 间谍相机的发展

一、什么是间谍相机

间谍相机是一种具有特殊用途的相机,除了拥有不可思议的微型尺寸外,还有精妙的伪装能力,以及出色的光学与机械性能,是技术性非常强的专业相机。

间谍相机基本可以分为两类:

第一类是为满足特工或其他专业侦察任务的需要而专门设计和制作的专业间谍相机。这类相机的特点是：根据特殊需要专门设计并秘密制造，目的明确；技术先进，制造不惜工本，其相关技术指标和数据都是高度机密。这类相机被称之为真正意义上的间谍相机。

第二类是间谍使用或者经过改造的普通相机，这类相机在开始设计和生产时并不是为间谍任务而专门设计的，很多是民用产品，但是它们的很多特性被特工们所看重，并利用其来完成窃照任务。由于间谍相机一直是各国研发并严格保密的对象，通常这类相机只有编号并无名称，也根本不对外出售，所以不会成为大众熟知的摄影工具，因此充满了神秘感。

20世纪由于东西方阵营的对立，美国和苏联两国争霸以及随后爆发的冷战，窃密与反窃密斗争达到了白热化的程度，窃照与窥视技术也得到了前所未有的发展。1984年苏联就曾开设克格勃博物馆，展示了几十年中缴获的各种间谍工具和用品，其中一类重要的用品就是间谍照相机。

二、改装型间谍相机

改装型间谍相机一般出现于照相机技术发展初期。为掩护拍摄行为不被发现，或是基于特殊环境需求，相机通常会被伪装成各式各样的物品，从金戒指到香烟盒、雨伞、纽扣、衣服、杂物盒、手杖、工具包、字典等，无奇不有。

一种被伪装成普通相机的苏联间谍相机，其镜头正对着伪装相机外壳上的皮带扣，拍摄十分隐秘，一般人不仔细看根本察觉不到。当摄影师把这款相机背在肩膀上的时候，相机侧边的人或物面对的正是间谍相机真正的镜头。相机底部有一个小的快门按键，按下的同时会自动弹出一个机械装置打开机身侧边的开口，镜头就会显露出来，拍摄完毕之后这个开口会自动关闭。这样一来，摄影师看似没有拍照的动作，其实已经完成了自己的工作，而旁边的人只会以为相机一直挂在摄影师肩膀上。

另一种公文包红外相机的最大特色是"红外镜头"，这种红外镜头既没有反光和闪光，又能在黑暗中清楚地拍摄一切，在20世纪80年代的"间谍世界"风靡一时。使用此装备最频繁的是商业间谍，但其他行业的间谍也时常用此装备刺探需要的情报。

三、微型间谍相机

最经典的两款怀表相机是 EXPO 和 TICKA。EXPO 怀表相机发明于 1905 年的美国纽约，使用特殊的小型胶卷，简单的快门只有一个速度，镜头隐藏在表把上。TICKA 怀表相机则生产于 1906 年的英国，与 EXPO 不仅外观相像，功能也基本相当。这两款怀表相机是真正的间谍装备，第一次能做到"拍摄照片却不被人发现"。

怀表相机在当时虽然先进，但手表相机就更进一步了。手表相机是二战后期德国间谍使用的工具，可以在假装看表的时候拍摄照片，虽然其拍摄效果由于没有取景器并不理想，但它的出现顺应了时代：人们对怀表的使用越来越少，而手表开始成为社会人士的主要用品。不过虽然手表相机隐蔽度非常高，但想要一点儿也不引人怀疑，使用者必须穿上长袖衣物才行。无论如何，手表相机始终是间谍拍照设备的一次飞跃。

手表相机的隐藏效果虽然好，但是操作起来仍然需要两只手配合才行。于是 1951 年又出现了 Echo 8 打火机相机。相比于怀表和手表相机只是做成怀表和手表的样子，并没有真正的计时功能，Echo 8 打火机相机却可以真的发出火焰。

钢笔相机是美国中央情报局于 20 世纪 70 年代使用的，能够隐藏"特罗佩尔镜头"。

钥匙链相机同样是属于 20 世纪 70 年代的装备，由于其方便小巧，一段时间里几乎成了美国联邦调查局探员的标配装备。

兹沃克口红照相机是克格勃在 1970 年专门为女间谍制作的，能够使用特制的 6mm 胶片暗盒拍摄 30 张照片。为便于伪装，克格勃还专门给使用这种相机的女间谍配发了与该相机外形一样的真口红以供日常使用。

20 世纪 70 年代中期，全世界的机械技术都在快速发展，无论美国、苏联还是欧洲，都出现了大同小异的纽扣相机，把扣子变成镜头，快门则藏在衣兜里。这种相机无疑是最具隐蔽性的间谍装备，根据国际间谍博物馆的说法，这种相机在拍摄过程中几乎完美无瑕，唯一需要使用者担心的就是安检这一关口。

戒指相机的质量只有 44 克，配以 14K 纯金装饰的外表，包括一个可变的光圈镜头，快门在皇冠形状的边框后面，使用 8mm 胶片拍摄照片。

四、特殊功能的间谍相机

在间谍活动中,翻拍文件是一项重要任务。翻拍文件要求的分辨率和精度都很高,为间谍设计生产专业的文件翻拍相机是必不可少的。这些翻拍相机或者小巧,以方便间谍携带外出拍摄;或者专业,以方便间谍在寓所进行高质量的拍摄。

如果说上面的种种相机,普通人或者专业一些的侦探还有机会使用,那么微点相机基本上就只是军方间谍的专属产品了。它可以拍摄文件照片,并通过化学反应将文字缩小,最终海量的文字会被凝缩到不到一个句号的大小,只能通过显微镜才能阅读里面的信息。通过这种方法,间谍们可以明目张胆地传递信息,除非事先走漏消息,否则几乎无法被检测到。

关于微点照相机有不少奇闻,比如二战期间,双重间谍达斯科·波波夫曾将微点相机拍到的情报交给美国联邦调查局,情报中提到了德国对珍珠港感兴趣,然而时任联邦调查局局长的胡佛并不信任该间谍,并未将这份情报交给罗斯福总统。微点相机被广泛应用在二战、越战和冷战期间,如同烟盒相机和打火机相机是绝配一样,微点相机得到的消息有时会被放在信鸽上进行传递。

如今早已有了卫星拍照和飞机航拍,无人机技术也可以民用,但在20世纪四五十年代,这些东西都是间谍们无法想象的。为了得到更好的图像,他们因地制宜地发明了鸽子摄像机,把摄像机和计时器固定于鸽子上,然后把鸽子放飞到战场上,拍摄敌方阵地的各种图片,获取重要情报。待鸽子返回后,再对影像进行处理。在两次世界大战中,鸽子相机的应用超乎想象,有95%的飞行拍摄任务是由鸽子完成的。

第三节　发展中的窃照与窥视技术

一、反射泄密

2002年,剑桥大学计算机实验室发表论文《CRT显示器的光时域窃听风险》,阐述了通过对快速光电传感器接收到的信号进行分解,可以在反射的光中保留足够的高频内容,即使在墙上的漫反射,也可以重建可读文本。提醒在具有高机密性要求的应用中,应考虑反射光泄密的安全风险。

2006年4月,美国德雷塞尔大学和哥伦比亚大学的两位研究人员从眼角膜的反射图像中获得了所处环境的广角视图。受从用户眼睛的反射图像中获取屏幕显示内容的启发,2008年5月,德国萨尔大学的研究人员在会议上演示了另外一种侧信道攻击技术:泄密反射。他们利用位于计算机屏幕附近的日常用品,如茶壶、眼镜、塑料瓶、勺子,甚至计算机用户的眼睛形成的反射图像获取屏幕显示内容。由于这些物体都具有弯曲的反射表面,可以覆盖非常大的环境区域,增加了获取屏幕内容的反射的可能性,研究人员利用它们的反射图像成功实现了屏幕显示内容的重建。

上述泄密反射虽然可以被用于重建计算机液晶屏幕上显示的文字,但需要昂贵的高分辨率的望远镜头,并且屏幕文字是静态的。2013年,美国北卡罗来纳大学的一个研究团队将上述泄密反射攻击又深入了一步,突破了以上限制。他们利用光学反射攻击移动通信设备,重建了智能手机虚拟键盘的输入文本。

该团队通过泄密反射,例如用户太阳镜中反射的手机屏幕,可以自动重建在移动设备的虚拟键盘上键入的文本。他们使用普通相机甚至是智能手机中的相机,录制反射图像的视频,虽然这些相机的低分辨率使得视觉分析变得困难,严重限制了直接识别屏幕上文本的可能性,使屏幕上的文本基本上不可读,但现代智能手机的触摸屏都使用虚拟键盘,用户可以在屏幕上点按键,在没有触觉反馈的情况下,通常先通过按键弹出预览效果给用户进行确认,这为光学反射攻击提供了一个强大的视觉提示,可以帮助识别被窃听的文字。他们的攻击就利用了此效果来恢复用户键入的文本,攻击过程应用了先进的计算机视觉和机器学习技术来弥补摄像机的随意性以及设备的位置变化。

随着研究的深入,该研究团队实现了通过跟踪用户手指在虚拟键盘上移动时的位置,成功地重建输入文本。特别要注明的是,跟踪手指比屏幕图像识别更进一步,可以实现没有任何弹出效果的电子设备屏幕的内容重建,扩大了易受攻击的设备类别。

二、非距离成像

反射泄密攻击虽然可以使窃密者在某些极限情况下重建电子设备屏幕显示的文本

内容,但具体实施时附近必须存在反射物体。如何延展人类眼睛的功能,使其能够透过遮挡物感知其后面隐藏的人或物体,实现隔墙观物、影中窥人,是当前发展的另一项技术,被称为非视距成像。目前非视距成像研究分为被动成像和主动成像两个方向。

2012年,麻省理工学院计算机视觉专家安东尼奥·托拉尔巴在西班牙海岸度假时,发现所住酒店房间墙壁上的杂散阴影似乎不是由遮挡物投射出来的。托拉尔巴意识到,墙壁上的变色斑块根本不是阴影,而是窗外庭院的一个微弱的倒立成像,由此得出结论:世界上充斥着大量人眼看不到的视觉信息,这些图像虽然对人们来说是看不见的,但它们一直都存在于我们的周围。托拉尔巴与其同事弗里曼将此现象称之为"意外相机"。两人找到了提取这些图像并使其变得可见的方法。在二人合作的第一篇论文中,他们用iPhone拍下房间墙壁上的光影变化,再进行图像处理,就可以显示出窗外的场景。

托拉尔巴和弗里曼关于"意外相机"的论文引发了其他研究人员对非视距成像的兴趣,近年来,如何推断障碍物后面不直接可见的视觉信息的研究发展迅速,强大的算法使得处理结果越来越清晰。

非视距成像技术的应用前景十分广阔。除了军事和间谍方面的应用外,该技术在汽车自动驾驶、机器人视觉、医学成像、天文学、太空探索以及搜索救援任务上都显示出了诱人的应用前景。

第四节 数码时代的窃照与窥视技术

一、针孔摄像设备

针孔摄像机又称超微型摄像机,它的拍摄孔径只有针孔一般大小,而摄像头也只有一粒纽扣大小。针孔摄像机外形有多种,原理都类似,主要由镜头和感光元件构成。

针孔摄像机有多种,按用途不同可以分为两类:拍摄型针孔摄像机和直录型针孔摄像机。拍摄型针孔摄像机全套设备就只有一件器具,摄像机自带存储模块,录完直接保存,然后连接电脑才能观看视频。这类针孔摄像机的优点是体积小,携带方便,缺点是不能一边录一边看。

直录型针孔摄像机有无线和有线两种,其中以无线的居多,全套设备一般包含针孔摄像头、信号接收器、摄像头电源、接收器电源和连接线,该类摄像机的优点是可以边看边录。

按信号的传输方式不同,针孔摄像机可以分为无线和有线两类:有线型针孔摄像机是用线将电源、镜头、存储三部分连接起来。这种设备可以直接接入电源,所以可以24小时连续工作,缺点是设备用线路连接比较烦琐,不利于隐蔽。

无线型针孔摄像机除了摄像头、电源和存储三部分外,还有无线信号发射器和接收器。存储和接收器在一起,摄像头和发射器在一起,所以相对有线设备更复杂一些。还有的无线型针孔摄像机自带 Wi-Fi 热点功能。由于无线摄像头的发射器和接收器间采用无线传输,所以便于各种伪装。

由于针孔摄像设备的技术门槛与生产成本都较低,且应用范围越来越广,对国家安全保密和公民个人隐私造成了一定损害与严重威胁。如何防止此类事情发生在自己身上呢?首先,对各类用品进行简单排查,观察闹钟、插座、装饰品、衣挂等物体上是否有异常的开孔或指示灯,对可疑的地方可用辅助光源照射观察是否有镜头反光。其次,对电源周边或电器进行检查,因为针孔摄像设备都需要长期工作,一般由电源供电,需要在隐蔽的地方拉一根电源线过去,或者直接安装在电器里面。最后,利用手机进行红外光源检查,部分具备夜视功能的针孔摄像头在夜间会采用红外光源照明,因此可以关闭房间所有的灯,让房间处在黑暗的状态下,打开手机拍照功能,对各个位置进行拍摄,如果屏幕上出现红点就说明安装了摄像头。

二、网络摄像机

网络摄像机是一种远程监控工具,直接使用 Wi-Fi 联网,配有移动应用,通过移动终端可以远程随时随地查看被监控区域的场景,还具有视频分享、远程操作监控视角、报警等功能,是传统摄像机与网络视频技术相结合的产物。

智能摄像头的远程监控优势虽然明显,但也给不法分子窃取他人秘密提供了渠道。当前关于网络摄像机泄露个人信息、室内场景画面等现象层出不穷,泄密渠道主要与摄像头及其附属软件有关,主要存在以下几种隐私泄露隐患:一是自身系统漏洞;二是电源待机假象;三是播放软件泄密。

三、夜视摄像设备

世界上的一切物体每时每刻都在向外发射红外线,所以无论白天黑夜,空间中都充满了红外线,但人们看不到。夜视技术就是在夜间低照度条件下,应用光电探测与成像器材,将人眼不可视景物转化成可视影像,从而扩展人眼在夜间或低照度下的视力观察范围,实现夜间低照度下隐蔽信息的采集、处理和显示技术,在军事、刑侦、安防等方面有广泛应用。

目前夜视技术包括微光夜视和红外夜视两种。微光夜视技术又称像增强技术,是通过像增强管的光增强作用,对夜光照亮的微弱目标像进行增强,变成人眼可感知的可见光图像,从而增强人眼在低照度条件下的视觉能力和空间识别能力。红外夜视技术又分为主动红外夜视技术和被动红外夜视技术,主动红外夜视技术是通过红外光源主动照射并利用目标反射的红外光来实施观察,对应的装备是主动红外夜视仪。被动红外夜视技术是借助于目标自身发射的红外辐射来实现观察的红外技术,对应装备是热成像仪。

四、窥视技术

窥视技术是间谍窃密活动中经常使用的一种有效手段,早在20世纪80年代,前民主德国国家安全部为了在宾馆中进行秘密拍摄,就研制出了穿墙照相机。偷拍者在被选定拍摄的房间墙壁上钻出一个洞来放置相机,方向正对房间内的床或座位,需要进行拍照时将相机的镜头管伸进洞里即可。近年来,世界范围内的窥视技术依托各种新技术的出现不断更新和发展,窥视工具也在不断微型化。

光纤技术与数码技术的发展为窥视和窃照技术开辟了广阔的前景,只要用一束细软的光纤作导线,沿着墙角铺设到要窥视的房间,就能在适当远的地方看到房间里的情景。多年前美国COS通信控制公司就研制出了一种微型针状灯,专门用来窥视别人的信件。如果把这种针状灯插进信封里,有经验的专家很快就能拍摄出信封里信纸上的内容;如果将其插进秘密文件袋里,则能"读出"文件的内容,甚至能探测出文件改动的情况。

第八章　综合电子监听

第一节　陆海空立体监听体系

一、陆地：基地监听与使领馆监听

目前，以美国为首的西方国家已建立起包括基地窃听与使领馆窃听的陆地监听体系。基地窃听是指以美国为首的"梯队"组织利用在全球的监听基地对世界各国进行监听，"梯队"是美国与英国、加拿大、澳大利亚和新西兰五国在冷战期间针对苏联和华约组建的著名监听系统。

"梯队"根据各国的地理位置以及监听能力，划分了各国的监听范围。由美国提供监听设备和建设资金，澳大利亚负责中国南部和印度地区，新西兰负责西太平洋，加拿大负责俄罗斯位于北极的区域，英国则主要负责俄罗斯的乌拉尔山以西地区、非洲和欧洲，而美国负责中国北部、亚洲、俄罗斯亚洲部分和拉美。

在美国的海外监听站中，最著名的当属建立在英国国土上，但却由 NSA 控制的曼威斯山监听站。该监听站占地 560 英亩，拥有令人叹为观止的众多天线和卫星接收器，它们都被包覆在巨大的球形天线罩内，监听范围从商业活动到国家领导人的通信，几乎无所不含。

为了达到理想的窃听效果，"梯队"窃听网的相关监听基地和监听站进行了秘密部署。监听站的电脑不仅存放有上级机构选定的关键词，也采纳其他监听站编制的关键词表,在新西兰的怀霍帕卫星监控站就存放有五个国家的关键词表,窃听网的电脑一旦捕捉到关键词就会自动截取电子邮件或者录下通话。

除"梯队"系统的地面监听站外,美国驻各国使领馆也是强力情报吸尘器。利用大使馆从事监听活动,几乎在每个国家都是违法行为。但有一支情报小分队,专爱"刀尖上行走"。这个小分队是美国特殊情报搜集部(SCS),由美国国家安全局和中央情报局共同指挥,堪称"精英部门"。SCS 的成员以"便衣"的形式,在美国驻外使领馆的掩护下工作。外交官的身份使得他们可以享有外交特权,就算监听,也很难被抓到。泄露出来的文件显示,SCS 拥有自己单独的复杂监听装置,几乎可以监听当前所有常用通信工具。

二、天空:间谍卫星与侦察飞机

间谍卫星利用卫星的光、电遥感器或无线电接收机等侦察设备,从轨道上搜集地面、海洋和空中目标的有关信息,对目标实施侦察、监视和跟踪,获取所需情报。根据执行的任务和侦察设备不同,间谍卫星一般分为照相侦察卫星、电子侦察卫星、海洋监控卫星和导弹预警卫星等。

卫星的运动速度快,每秒 7000 多米,1.5 小时可绕地球一圈。卫星在太空运动不受国界和地理条件限制,可长期或连续监视;侦察监视范围广,可俯视地球面积 42%,拍一张照片可覆盖三四万平方千米。

许多国家都拥有自己的间谍卫星系统,美国的间谍卫星最为精密和数量众多,其总量大概超过 50 颗。美国《洛杉矶时报》在 2005 年 3 月 18 日曾透露,当时美国计划花费 250 亿美元,在未来 20 年里打造有史以来规模最大的、名为"未来图像基建"的间谍卫星网,利用其性能强大的雷达和望远镜系统,可以在任何气候条件下,拍摄到世界上任何地区军事设施的高清晰度照片。目前,美国的间谍卫星已经发展到第六代,正在使用的是大椭圆轨道型和新型极度轨道型,这些精密的仪器夜以继日地在世界各国上空划过,为美国情报机构搜集最新的信息。

作为间谍卫星的补充,侦察飞机是专门用于从空中获取情报的军用飞机,是现代战争中的主要侦察工具之一。侦察机一般不携带武器,主要依靠高速性能和加装电子对抗装备来提高自身的生存能力。侦察机上通常装有航空照相机、前视或侧视雷达和电视、红外线侦察设备,有的还装有实时情报处理设备和传递装置以及目前最先进的合成孔径雷达。

侦察机可进行目视侦察、成像侦察和电子侦察。成像侦察是侦察机实施侦察的重要方法，包括可见光照相、红外照相与成像、雷达成像、微波成像、电视成像等。

三、海洋：间谍舰艇穿梭游弋

美国不仅在上空密布卫星网，在地面建立"梯队"监听网络，还在海面上派出间谍船搜集情报。广阔无垠的海洋，既是美国全力争夺的战略空间，也是其进行多类军事侦察的重要场所。

侦察船上一般都载有高精密的设备，如电信接收机、传感器、超远距离照相机以及密码破译机等，可对海岸附近的军事基地进行监视，搜集军事情报。除利用侦察船对别国进行间谍活动外，美国还利用安装在许多国家海底电缆上的窃听装置进行水下监听。

1979年深冬的某一天，北冰洋厚厚的冰层下，美国海军攻击型核潜艇"帕切"号悄悄驶入巴伦支海。艇上的鱼雷舱内，一组通信专家如同海底幽灵，首先利用一部远距离摄像机，找到了一条连接苏联北方舰队司令部到某主要基地的军事通信电缆，然后将潜艇悄悄地停靠在附近。几名潜水员和专家钻出潜艇，将一种特殊设计的窃听录音装置接在电缆上。

通过"帕切"号潜艇所安装的装置，美国得到了大量的苏联军事情报，美国人得意地将这些情报称为"皇冠上的宝石"，近两年后，对手才破获了这一窃听装置，而在冷战结束之前，美国情报局一直在利用巴伦支海的海底电缆窃听军事情报。

尽管这种监听手段比起卫星联网似乎要落后许多，但调查监视专家指出，美国目前仍保留一艘从事这种监听任务的潜水艇，对中东、地中海、东亚和南美等地区进行水下监听。

第二节　网络空间的深度监听

一、沸沸扬扬的"棱镜门"事件

2013年6月，中央情报局前职员爱德华·斯诺登通过英国《卫报》曝光：美国国家安全局有一项代号为"棱镜"(PRISM)的秘密项目,要求电信巨头威瑞森公司必须每天上交数百万用户的通话记录。

"棱镜"是一项由美国国家安全局自2007年起开始实施的绝密电子监听计划。该计划的正式名号为"US-984XN",能够对即时通信和既存资料进行深度监听。许可的监听对象包括任何在美国以外地区使用参与计划公司服务的客户,或是任何与国外人士通信的美国公民。

参议员范士丹证实,国家安全局的电话记录数据库至少已有7年,项目年度成本2000万美元,自奥巴马上任后日益受重视。2012年,作为总统每日简报的一部分,项目数据被引用1477次,国家安全局至少有七分之一的报告使用项目数据。"棱镜"监控的信息主要有十类:电邮、即时消息、视频、照片、存储数据、语音聊天、文件传输、视频会议、登录时间和社交网络资料等。通过"棱镜"项目,国家安全局甚至可以实时监控一个人正在进行的网络搜索内容。

"棱镜"等项目的披露,凸显了美国在互联网时代监听项目多、投入大、范围广、时间长,情报机构、政府和私营企业在监控上"无缝合作",其大数据处理能力使得网络监听的广度和深度得到极大拓展。

"棱镜"事件反映出美国以国家安全局为主的情报机构实施互联网信息监控和信息获取的主要手段和方法有三种:

第一,从光缆获取世界范围内的数据。全球的通信流量大部分经过美国,目标数据流可以很容易流入或流经美国。美国国家安全局与国防部等机构在2003年与美国环球电讯公司签署《网络安全协议》,此后的10年间,又与更多的电讯公司签署了类似协议。这些协议规定,电讯企业要在美国本土建立"网络运行中心",美国政府官员可以在发出警告半小时内进入查访。与此同时,英国、加拿大等也为其提供光缆监听情报。

第二,直接进入互联网公司的服务器和数据库获取数据。"棱镜"项目相继与微软、雅虎、谷歌、Facebook等9家互联网公司合作,大多数情况下,数据会通过这些公司的服务器以电子形式传输给政府,有时一些公司的服务器还会建立独立安全入口,以便于政府调取信息。情报人员可以直接进入上述公司的服务器和数据库获取数据,内容包括电子邮件、即时消息、视频、照片、存储数据、语音聊天、文件传输、视频会议、登录时间和社交网络资料等,甚至可以直接监控用户的网络搜索内容。

第三，美国等国的国家安全局的特别机构主动、秘密、远程入侵获取数据。如美国国家安全局早在1997年就成立的获取特定情报行动办公室，其主要任务就是通过秘密入侵目标计算机和电信系统、破译密码、攻破受保护目标计算机的安全系统等，窃取存储在目标计算机中的数据，复制目标邮件系统中的所有信息和通过的数据流量，以获取境外目标的情报。美国国家安全局描述这一系列行动的技术术语是"计算机网络漏洞利用侦察"，其实质就是网络攻击窃密。

二、硬件木马技术

为及时方便获取情报，情报部门还常利用网络设备在生产、运输、存储等供应链环节的安全漏洞，在其中植入恶意软硬件，在需要时将其激活窃取情报或对系统发起攻击。按照植入方式可分为硬件植入攻击、固件植入攻击、芯片植入攻击等，这几类攻击方式在实际应用时还可组合使用。

硬件木马是芯片在设计制造的过程中，人为植入的带有特定恶意目的的硬件电路。攻击者通过择机激发植入的木马电路，改变系统性能，从而达到窃取信息、篡改数据和拒绝服务等目的，对国家、机构甚至个人都构成了严重威胁。

通常硬件木马攻击具有以下特点：

第一，大部分攻击可以直接在物理层进行，这和常见的软件安全问题完全不同，它不是一段程序，因此杀毒软件对它无效，既不能通过软件检测，也不能被清除。所以已有的软件木马防御方法就不能奏效，而其危害却十分巨大。

第二，木马电路面积占整个芯片面积的比例很小，且其部件可以分散在整个芯片内，所以在物理结构上它的隐蔽性很强，难以检测。

第三，木马电路行为也很隐蔽，大部分时间可能不会被激活，有些木马可以通过计时器在芯片工作一定时间之后才起作用，有些芯片甚至在使用过程中仍处于潜伏状态，难以被察觉，只有在一定条件下或一定时刻才发挥作用。

第四，硬件木马破坏性大，且攻击对象广泛。芯片在物理层上提供了植入木马的可能性，一旦攻击者获得了植入木马的机会，窃取机密、破坏芯片功能等可能性都可以变成现实。

第五，潜在危害大，有些时候木马的行为是能够观测到的，比如破坏芯片功能，可能会导致系统死机,如战时造成武器失灵、飞机停飞等;有些则是隐藏的,像一颗隐形炸弹一样,使系统在某些条件下或某个时刻失效,或者潜伏下来伺机窃取信息,如间谍木马只在特定时期向外发送涉密数据和信息,不易被芯片的使用者察觉。

恶意芯片植入技术依托于芯片设计与制造工艺的发展,低功耗、高集成度是当前芯片设计的主流方向。恶意芯片植入技术对网络的攻击主要是针对计算机、交换机等网络设备已有的数据传输接口,如以太网接口、USB 接口等,设计专门的数据采集传输芯片,在设备生产过程中就植入其关键功能模块中,从而实现信息的获取。

恶意芯片植入具备三个特点:一是隐蔽性强,植入芯片的逻辑部件较小,且在未激活时不影响系统功能,不易被检测;二是功能强大,可实现逻辑破坏、信息收集、通话和视频监听控制、记录设备操作等不同功能;三是防护检测难度大,芯片在进行恶意攻击时不会创建任何文件,所以防毒软件也检测不到,而且随着半导体工艺的进步,信息化设备集成度的提高,恶意芯片检测的难度和要求越来越高。

在现实生活中,手机被植入恶意芯片的事并非危言耸听,在许多安全检测中已发现各种功能的恶意芯片,有的具有操作记录功能,有的具有监听和定位功能。

三、固件后门技术

固件是承担着一件数码产品最基础、最底层工作的软件,对于独立可操作的电子产品而言,固件一般指它的操作系统,比如游戏机、手机、硬盘、鼠标、BIOS、光驱、U 盘等设备,固件就是指其最底层的、让设备得以运行的程序代码。

当前的固件升级主要体现在修正漏洞错误、增强软硬件兼容性、增加产品功能、优化提升固件性能等方面。

后门程序一般是指那些绕过安全性控制而获取对程序或系统访问权的程序代码。在软件的开发阶段,程序员常常会在软件内创建后门程序以便可以修改程序设计中的缺陷。

固件后门就是电子产品基础程序的安全漏洞,一旦为攻击者所掌握,就极有可能利用固件升级功能将电子产品变身为间谍设备。掌握核心技术的攻击者更能随心所欲,对感兴趣的目标利用固件升级改变电子产品性能,为其攻击服务。

固件后门技术对网络的攻击主要针对路由器、交换机等具备嵌入式操作系统的网络设备，通过挖掘这类嵌入式操作系统的后门漏洞，并利用其硬件电路上预留的调试接口，在设备出厂或运输途中将固件木马病毒植入。

四、信息隐蔽传输技术

目标信息设备被恶意硬件植入后，植入的恶意硬件需要接收攻击者命令或向攻击者传输敏感数据，为逃避安全检测，其一般采用隐蔽通信的方式进行信息传输，通信通常采用两种形式：一是借助现有的公众通信网络，如移动通信网、无线局域网等，将传输模块伪装成合法的通信终端；二是采用低截获率的无线通信方式，在空中接口躲避无线信号检查系统的检测。

移动互联网的快速发展，使移动通信信号覆盖范围不断扩大，即使在封闭的涉密环境内同样存在移动通信网络信号。因此，采用公众通信网络作为连接物理隔离网络与互联网的桥梁，具有较强的隐蔽性。此外，为逃避无线信号的检测，从涉密网内窃取信息的装置发射信号通常较弱，接收距离有限，利用公众通信网络作为信息传输中转方式能够有效地扩大攻击范围。

采用低截获率的通信方式可从空中接口上逃避无线信号检查装置的检测，目前，已成熟应用的低截获率无线通信系统包括差分跳频短波通信、超宽带通信和卫星重叠通信等。差分跳频通信具有单跳通信距离远、设备体积小、架设简单、组网容易、抗毁能力强、容易隐蔽及便于改变工作频率以躲避敌人干扰和窃听等特点。超宽带通信具有对信道衰落不敏感、发射信号功率谱密度低、截获能力低、系统复杂度低等优点。卫星重叠通信能在未经允许的情况下借用可视空域内任一卫星转发器进行隐蔽通信，具有隐蔽性高、功耗低、抗干扰能力强等特点。

第三节 突破物理隔离系统主动攻击技术

一、突破物理隔离系统主动攻击技术的发展

最早的 USB 设备攻击是 USB 存储设备摆渡攻击，其中 USB 设备作为攻击载体，

唱主角的还是病毒、木马之类的软件。真正让 USB 设备成为主角的是 HID(Human Interface Device)攻击技术的出现。

USB HID 设备是 USB 众多设备种类中的一种,也是最常用的一种,被广泛用于人机交互和少量实时数据传输中,包括键盘、鼠标等设备。HID 攻击利用 USB 接口伪造用户击键行为,向被攻击主机发送伪造的按键命令,篡改系统设置、运行恶意功能,目标电脑就如同被幽灵控制了一样,会自动输入内容,以管理员的名义控制电脑。

HID 攻击有如下优势:第一,隐蔽性强。杀毒软件和入侵检测系统都无法察觉这种攻击,更重要的是恶意代码被隐藏在芯片的固件中,被攻击后无法取证、检测。第二,攻击范围广。只要主机设备支持 USB 协议就可能被攻击,具有跨平台的攻击能力。第三,权限高。这类攻击由于采用模拟用户操作的攻击方式,能够轻易获得管理员权限。

USB 的攻击载荷种类丰富,截至目前常见的通用载荷达 50 多种,这个数量还在不断增加。载荷种类涵盖了信息收集、后门利用、执行程序、删除文件、远程控制等方式,甚至可以利用一些系统高危漏洞,如微软 Office 的漏洞 CVE^-2015-0097 MS 15-022,利用这个漏洞可以在登录的 Windows 用户的上下文中运行任意代码。

来自以色列本·古里安大学的研究人员将当前 USB 攻击方式分为四类:一是通过重新编程 USB 设备内部的微控制器。该设备看起来像一个特定的 USB 设备(例如充电器),但执行另一个设备(例如键盘)的操作(注入击键内容)。二是通过重新编程 USB 设备的固件来执行恶意操作(例如恶意软件下载、数据泄露等)。三是不重新编程 USB 设备固件,但利用操作系统通常与 USB 协议/标准交互的缺陷。四是基于 USB 的电气攻击,外观类似 U 盘,但瞬间能产生高达 300V 电压将电脑主板烧毁。

二、"震网"病毒事件

2010 年 6 月,白俄罗斯的一家微型安全公司在为伊朗客户检查系统时,发现了一种新型蠕虫病毒。这种病毒除了会导致客户的电脑不断死机重启外,好像没什么特别的危害。根据病毒代码中出现的特征字,新病毒被命名为"震网"。全球最大的信息安全公司赛门铁克的应急团队开始着手研究"震网",虽然已经知道如何杀死病毒,但他们却迷惑于病毒的意图,因为此病毒文件特殊,行为古怪。

首先,"震网"文件非常大。"震网"的主文件高达 500k 字节,而常见的恶意代码文件大小仅在 10k 到 15k 之间。一般体量大的病毒都会包含一块非代码区域，多是用图片文件来填充，但"震网"中并没有图片文件，也没有无关填充物，全是精巧的代码，一般黑客是无法实现的，这说明"震网"背后一定有一个非常庞大而专业的团队。

其次，传播不依赖互联网。普通病毒为了窃取信用卡和银行账号信息，会尽可能广泛地传播。传播得越广，感染的电脑越多，赚得越多。然而"震网"只通过用户 U 盘从一台计算机传播到另一台计算机，或者通过局域网传播，因此可以判断攻击者确信他们的目标系统不在互联网上。

再次，"震网"有截止日期。"震网"给自己的行动设定了终止日期：2012 年 6 月 24 日。每当"震网"病毒进入一台新的计算机，都会检查计算机上的日期，如果晚于这个日期，病毒就会停下来，放弃感染。已经被感染机器上的恶意程序载荷仍然会继续运作，但"震网"将不再感染新的计算机。

最后，"震网"共利用了微软操作系统的 5 个漏洞，其中竟有 4 个零日漏洞。一个顶级的零日漏洞连同相应的漏洞利用程序，可以在黑市上卖到 5 万美元以上，在以政府的网络部队和间谍机构为卖家的内部灰色市场上甚至能卖到 10 万美元，设计"震网"的黑客绝不是出于经济目的。

其实，"震网"属于美国军方制定的奥林匹克计划，感染的重灾区集中在伊朗境内。维基解密于 2017 年 6 月 22 日披露的 CIA 网络武器"野蛮袋鼠"和"激情猿项目"，其攻击封闭网络的方式和前两代"震网"的攻击方式相似，并使用了新的未知攻击技术，被定义为"震网三代"，主要针对微软 Windows 操作系统进行攻击，通过 USB 存储介质对安全隔离网络进行渗透攻击和窃取数据。

首先，它会攻击与目标相关联的可以连接互联网的计算机，在计算机中植入恶意感染程序。凡是接入被感染计算机的 USB 存储设备（如 U 盘），都会被再次植入恶意程序，整个 U 盘将会变成一个数据中转站，同时也是一个新的感染源。

其次，如果这个被感染的 U 盘在封闭网络中被用于拷贝数据的话，U 盘就会感染封闭网络中的计算机，同时偷窃计算机中的数据并秘密保存在 U 盘中。

最后，被感染的 U 盘一旦被带出隔离网络，接到可以联网的计算机时，窃取的数据就会被传送回 CIA。更可怕的是，多台封闭网络中被感染的计算机彼此间会形成一个隐蔽的网络，用于数据交换和任务协作，并在封闭网络中持续潜伏攻击。

"震网"病毒事件虽已过去多年，但留给世人两个警示：

警示一：和精确制造导弹相比，网络武器打击更精准，危害只大不小。病毒有能力攻击的可编程逻辑控制器被用于各种各样的自动控制系统，大到发电厂、水库、天然气管道，小到红绿灯的亮灭、监狱牢房的开关都可能成为网络武器攻击的对象。

警示二：信息系统未连接互联网也并非绝对安全。除"震网"之外，还可能存在其他我们未知的方式突破物理隔离系统进行攻击。在窃密与反窃密这条隐蔽战线上，最先进的实战攻击技术是永远不会被公开的。

第四节 基于隐蔽信道的数据渗透技术

一、电磁波隐蔽信道

在过去的 20 年中，各种研究探索了使用电磁辐射进行隐蔽通信。AirHopper 是一种特殊类型的键盘记录器，使用 FM 频率电磁波传输计算机数据，将计算机显示器线缆作为发射源，带有 FM 收音机功能的手机作为电磁波接收器，解码并还原受恶意程序感染的目标计算机的键盘录入内容。

AirHopper 的攻击模式如下：首先，通过可移动介质或通过外包软件或硬件组件，感染目标计算机，一旦恶意代码在目标网络的一个节点上运行，它就会进一步传播并感染其他节点。然后攻击者试图找到并感染目标组织中那些最有可能在目标计算机附近工作的员工的手机。与高级持续威胁的早期阶段类似，此步骤可能利用数据挖掘、社交网络、网络钓鱼和类似的社会工程方法。

由于手机通过蜂窝网络、蓝牙、Wi-Fi 以及与其他设备的物理连接等主机接口连接到外部世界，所以攻击手机比攻击目标计算机要容易得多。可以通过互联网访问受污染的网站受到感染，通过带有恶意附件的电子邮件或安装恶意应用程序，也可以通过其他方法如感染路由包括物理访问和干扰信令接口。

感染手机后，攻击者就会建立命令和控制通道。这可以通过互联网或通过短信完成，其中可以发送和接收消息而不用提醒用户。如果与攻击者的适当连接有限或不连续，则在移动电话上运行的恶意程序可能会存储累积的信息，并在需要的连接可用时将其发送回攻击者。

命令和控制通道建立以后,被感染手机就进入无线电监测状态,检测周围的电磁波信息,当检测到相应的调频广播频率时,手机将对其进行解码。尽管 AirHopper 攻击的有效距离只有 7 米左右,传输速率也只有 104~490bit/s,但也足以让攻击者几分钟内窃取到密钥。

二、磁场隐蔽信道

2018 年,科学家研发了 ODINI,这种恶意软件可以通过计算机 CPU 内核产生的低频磁信号从不联网的电脑中提取数据,这种低频磁场可以绕过法拉第笼和金属屏蔽,它的发射器是攻击者目标电脑的 CPU 内核,接收器为磁场传感器。

基于磁场隐蔽信道的数据渗透技术攻击模型包括三个步骤:感染空隙网络、感染智能手机和数据泄漏。第一步,隔离网络中的一个节点受到污染,可能通过可移动媒体、外包软件或硬件组件。第二步,找到目标员工的智能手机,并将接收器应用程序安装在智能手机上,该设备可能通过电子邮件附件、受感染的网站或恶意应用程序下载进行感染。

前两个步骤完成后,攻击进入数据渗滤阶段。虽然员工被假定在工作场所附近携带手机,但这些设备通常被放在用户计算机附近的桌子上。目标计算机内的恶意程序收集敏感数据,如键盘记录数据、加密密钥、凭证令牌或密码,然后通过 CPU 产生的低频磁信号泄漏数据,同时手机上的恶意应用程序会扫描磁场以查找表示传入数据传输的信号。当信号被接收和解码后,数据可以再由智能手机加密,然后通过 Wi-Fi 传送到攻击者的计算机。

磁场隐蔽信道虽然在距离和速度方面有限,但在计算机和智能手机中执行的恶意代码不需要特殊权限,例如 root 或 admin,并且可以在独立的虚拟机内成功运行。它具有的独特性甚至可以在以下无线通信被阻止的受限环境中起作用:第一,法拉第笼屏蔽环境。为防止任何类型的无线通信,安全区域中的计算机和智能手机可能会采取法拉第笼进行屏蔽,但磁场隐蔽通道中使用的低频磁场可以绕过法拉第屏蔽笼。第二,飞行模式环境。在某些安全区域,智能手机可能会被设置为飞行模式。在这种模式下,设备中的所有类型无线通信接口均被禁用,但智能手机中的磁性传感器不被视为通信接口,因此即使在飞行模式下也能保持活动状态。

三、热量隐蔽信道

2015年3月,科学家又研发了BitWhisper。这是一种热隐蔽通道,允许攻击者通过温度变化在两个相邻的隔离计算机之间建立双向通信。热量由标准计算机的CPU/GPU产生,并由集成在附近计算机主板上的温度传感器接收。

众所周知,计算机需要处理的数据量越大,设备的发热量也会随之升高。为了实时监控温度,计算机往往内置了许多热传感器,一旦发现机器变热即会触发散热风扇对系统进行散热处理,甚至在必要时关闭计算机以避免造成硬件损害。BitWhisper正是利用这些热传感器来发送指令给物理隔离的计算机或者从中获取数据。

四、声波隐蔽信道

声波不仅可以传播人类的语言,起到交流沟通的作用,还能够作为传输载体,调制数字化信息。声隐蔽通信技术指的是基于声信道的信息隐蔽传输技术,即采用声波作为载波进行数据传输,且不易被察觉的通信方式。

电磁波是横波,而声波在空气中传播时是纵波,因此声波在传输过程中呈现出与电磁波不同的传输特性。相比于电磁通信方式,声信道具备通信距离近、不受电磁环境干扰、通信设备简单等特点。当前,声波隐蔽信道主要集中在利用主机内部风扇、磁性存储硬盘产生的噪音或音箱、耳麦产生的超声波进行数据渗透。根据系统音频硬件配置情况可以分为以下三类:第一类,系统配置有麦克风和扬声器,可以利用超声波完成信号收发,实现全双工通信。第二类,系统只配置扬声器,没有麦克风,将扬声器转换为麦克风,实现半双工通信。第三类,高级别安全环境,电脑无扬声器和麦克风配置,利用噪声建立隐蔽信道,实现单工通信。

五、光波隐蔽信道

2017年,以色列研究人员研发了LED-it-GO,一种使用硬盘LED指示灯的隐蔽通道,用于从隔离计算机中提取数据。他们还介绍了一种通过路由器和开关LED

从隔离网络中进行数据泄漏的方法。对于硬盘驱动器和路由器等设备，LED 指示灯频繁闪烁属正常情况，因此通过这些通道执行的传输不会引起用户的怀疑。另有研究表明，数据还可以通过快速闪烁的图像或液晶屏幕上的低对比度位图来进行光学泄漏。

2017 年，同一个团队提出了 Air-Jumper，利用安全摄像头及其红外线发光二极管与距离数百米的隔离网络进行隐蔽通信。同样，团队还提出了一种基于恶意硬件植入的方法，在存储设备上安装红外 LED 泄漏数据。总之，从已有研究分析，光波隐蔽信道涉及可见光通信、红外通信和图像隐藏等技术，可以对物理隔离系统实现数据渗入或渗出。

六、电力线隐蔽信道

电力线隐蔽信道攻击就是利用运行在标准计算机上的恶意软件在电力线上生成寄生信号，通过电力线建立隐蔽信道进行恶意攻击。

目前的电力线攻击主要有两种：

一是探测并过滤与目标电子设备相连的电网中的电信号波动，以还原目标的输入信息（如键盘输入、声音输入等）。由于输入过程产生的电信号波动较小且距离越长干扰越多，所以探测者必须距离目标足够近。

二是将带有后门的核心元器件（如芯片）预先植入电子设备，当设备运行时，植入的"间谍"会主动捕获来自电网的"指令"，并将信息以特殊的电信号回传到电网上。需要注意的是，这种方法不仅可以获取用户的输入信息，还可以获取用户存储在计算机上的其他数据。此外，由于电源信号的参数可由"间谍"控制，所以这种方式大大增加了攻击者的探测距离。

七、力学隐蔽信道

有研究表明，黑客可以通过用户输入手机密码时倾斜手机的角度猜出用户密码。这种理论上的黑客行为主要利用了智能手机的一个漏洞，即移动端浏览器应用会要求手机与其分享数据。当用户使用地理位置等敏感信息时，会弹出窗口要求用户授权，用户一旦授权，网站就可以读取用户的任何授权信息。恶意网站也可以这样做，从而在用户不知情的情况下，获取看似无害的信息，如手持装置的方向等。

目前，网站在使用地理位置信息、摄像头和麦克风等功能时，都会要求用户授权，因为这些信息被视为敏感信息，但手机倾斜角度、手机屏幕大小这种数据一般不被认为是敏感信息，所以会被分享给所有发送共享请求的网站和应用。而用户的任何一种动作，无论是点击、翻页还是长按、短按，都会造成一种独特的倾斜角度和运动轨迹，所以在一个已知的网页上，研究人员可以知道用户正在点击页面的哪一部分以及他们正在输入的内容。

不过，目前手机用户也不必太过担心黑客会用这种技术侵入其设备，因为这种攻击所使用的方法存在很大的技术屏障，足以限制其被用于日常生活。

第九章 手机、互联网及办公设备窃密

第一节 办公设备泄密隐患

一、办公设备分类

随着现代科学技术的快速发展,特别是办公自动化设备的普及应用,办公效率和办公质量显著提高,与此同时,失泄密漏洞和渠道也大大增加。要防止办公自动化设备通过技术途径泄密,必须采取相应的保密技术防范措施和物理安全保护措施。常见的办公自动化设备主要包括计算机、移动存储介质、打印机、传真机、复印机、扫描仪、碎纸机等。

按照受攻击的规模与频繁程度,办公设备分为以下三类:中心攻击目标、主要攻击目标和边缘攻击目标。其中中心攻击目标指的是计算机;主要攻击目标指打印机、复印机、传真机、移动存储设备等;边缘攻击目标指的是扫描仪、投影仪、碎纸机等设备。

办公设备处理的信息、与处理该信息相关的数据、与配置和保护办公设备相关的数据、办公设备本身的使用、与办公设备相关的物理资产等被称为办公设备资产。办公设备资产可分为三类:用户数据、安全功能数据和功能。用户数据是由用户创建的或为用户而创建的数据,它不影响办公设备安全功能的运行主要有两类:用户文档数据和用户功能数据。用户文档数据是指办公设备处理的用户文档中的所有信息,包括要扫描或者拷贝的原件、准备打印的电子文件、由扫描或传真得到的图像数据、输出的

打印文档以及在硬盘或其他存储设备中残留或存储的数据。安全功能数据是由办公设备产生的或为办公设备而产生的数据,它可影响办公设备的运行,可以分为两类:安全功能受保护数据和安全功能机密数据。功能是指办公设备对数据的处理、存储和转换,包括打印、复印、传真、扫描等。

保护办公设备的安全,就是保护这些办公设备资产的机密性、完整性和可用性,这三类性质也是信息安全的三要素。

二、意想不到的安全威胁

"物联网"安全引起了网络安全业界的高度关注,黑客通过典型的现代办公打印机和内置无线连接,利用制造商的安全设计缺陷入侵企业内部网络的案子越来越多。而由于办公设备存储模块不显著,就容易疏于管理。事实上,打印机、复印机、扫描仪等设备,其存储记忆功能相当强大,如果处理不当,就会存在很大的泄密风险。

办公设备所受到的威胁可以大致分为六种,分别是使用功能的威胁、物理资源的威胁、用户数据的威胁、安全数据的威胁、软件的威胁和环境的威胁。

其中,使用功能的威胁包括死机、没有反应、所有可利用的接口被占用、合理的任务被阻止、机械损害等;物理资源的威胁包括无意的或未被授权的使用,耗材从设备上被取出,比如打印机的硒鼓、其他办公设备的硬盘之类的;用户数据的威胁来自数据接口的被动和主动攻击、文件窃取或非法修改;而安全数据包括未被授权的访问用户或设备使用证书、设备配置、设备软件、设备安全日志等;软件的威胁指机器固件或应用软件被非法覆盖;环境的威胁指网络攻击、拒绝服务攻击等一些常见的攻击方式,这些攻击对办公设备来说同样是不可忽视的。

 案例

2015年,山东省临沂市组织党政机关、企业院校和驻军部队部分人员观看了办公设备泄密窃密技术情景演示。在演示打印机泄密时,专业人员用了不到10分钟的时间,就通过技术手段恢复了废旧硒鼓停用前相当一段时间内的打印文档,引起台下观众一片惊奇。由此可见,像打印机这样的设备中可以恢复的数据远远超乎我们的想象。

三、办公设备容易遭到窃密的原因

从系统自身特点来看,办公设备遭到窃密有以下几点原因:

第一,办公设备不仅以电子形式处理和存储用户的数据,当扫描或打印文档时,它们还以物理形式处理用户数据;

第二,附加有可拆卸、更换的物理资产,如墨粉或墨盒;

第三,在物理上比给定环境中的台式计算机或服务器更容易访问;

第四,许多办公设备被放在公共区域,可能长时间不受控制,也就是疏于管理;

第五,许多办公设备是用户使用时的临时文档处理器,即使这些文档在传输和存储中被加密,它们也不一定在扫描、打印、复制和传真期间被加密。

同时,办公设备也容易遭到外部的恶意攻击。一些涉密程度较高的办公设备容易成为被攻击的目标。在我国当前的办公环境中,一些主要的办公设备,如计算机、打印机、扫描仪、路由器和交换机等,还没有完全实现国产化。即使有了国产品牌的产品,但是其中的一些核心元器件仍然产自国外,存在生产商预先植入硬件木马和固件后门的隐患,关键时刻可能造成致命性的破坏,直接使重要办公网络瘫痪。除此之外,用户的疏忽大意、违规操作、为谋私利等行为,也会造成泄密。

第二节 手机泄密隐患

一、手机泄密的后果

随着科技发展,虽然窃密手段越来越高端,但是传统的窃密隐患依然存在。移动通信系统采用开放式的无线信道进行信号传输,窃密者利用相应的接收处理设备即可截获、还原通信内容。因此,除专用加密手机外,不管是普通的功能手机还是智能手机,只要在通话、短信等通信过程中涉及国家秘密,都有可能被窃听。

手机存在三种泄密状态:

首先是在手机通话状态下泄密。手机的通信过程就是使用手机把语言信号传输到移动通信网络中,再由移动通信网络将语言信号变成电磁频谱,通过通信卫星辐射漫游传送到受话人的通信设备,转换成语言信号接收通信网络。因此,手机通信是一个开放的电子通信系统,只要有相应的接收设备,就能够截获任何时间、任何地点、任何人的通话信息。现实中手机很容易遭受网络攻击而被远程控制,手机内存储的通讯录、短信等容易被窃取;手机甚至变成了随身携带的"窃听器""窃照器""窃视器",将手机周围的声音、图像等录制后发送给窃密者。

其次是在手机待机状态下泄密。专家指出,即使手机处于待机状态也并非绝对安全。因为在待机状态,手机也要与通信网络保持不间断的信号交换。在这些过程中产生的电磁频谱,很容易被侦察监视技术发现、识别、监视和跟踪,并且进行定位。一些手机具有隐蔽通话功能,可以在不响铃也没有任何显示的情况下由待机状态转变为通话状态,从而将周围的声音发射出去。即使使用者不使用手机,只要手机保持待机状态,有心人即可通过简单的电信暗码遥控打开手机的话筒,窃听话筒有效范围内的谈话。

最后是在手机关机状态下泄密。手机在关机状态下的泄密有两种情况:一种是使用特殊设备,可以遥控打开手机的话筒,窃听话筒有效范围内的谈话;另一种是在手机制造过程中在芯片中植入接收和发送功能装置。因此,这种手机虽未开机,但只要有电池,手机的话筒也能将其有效范围内的话音信息接收并发送出去,通过地球同步卫星或附近的中继站,将信息传递到地面处理系统。

专家指出,唯一的保密办法就是在必要时将手机的电池取出,彻底切断手机的电源,不然就将手机放在远离谈话场所的地方,避免遭到窃听。所以,一些发达国家的情报部门、军方和重要政府部门,都禁止在办公场所使用移动电话,即使是关闭的手机也不允许被带入。

二、手机泄密的主要途径

(一) 应用程序泄密

应用程序泄密主要是因为应用程序本身不够完善。由于有的应用系统是开源的,软件用户有自由使用和接触源代码的权利,可自行对软件进行修改、复制及再分发,直接进行信息交换。有些用户还会自己对系统进行破解,并获取权限。这些都是造成有些应用平台泄密的重要原因。一些山寨手机甚至还留有后门程序,固化窃听软件,并通过远程遥控使手机话筒在用户不知情的情况下开启,把手机变成窃听器,造成泄密。

(二)恶意软件泄密

手机安装某些应用软件时,常常被要求获取手机权限,如"读取你的位置信息",用户一旦点击"好",手机信息就可能被上传到云服务器,这些信息一旦泄露,不法分子就可能知道用户的即时位置、通话记录及内容、住址、网购信息等,手机安全就得不到保证。

(三)废旧手机泄密

不妥当处置手机极易导致泄密。在处置不用的旧手机时,很多用户没有彻底删除相关信息,或者只是采取了简单的删除、格式化等方式。无论这些旧手机被转送给亲朋好友,还是转卖到二手市场,被删除的信息都完全可以通过数据恢复工具被还原,使旧手机上的个人信息存在泄露的隐患。目前,不法分子和敌对情报机构已经把触角伸向二手手机交易市场,利用数据恢复技术收集整理情报信息已经成为不法分子非法获取信息的新方式。此外,如果手机意外丢失或被盗,其存储的敏感信息更易泄露。

(四)免费 Wi-Fi 泄密

移动互联网时代,随时随地上网已经成为手机用户的"刚需",免费 Wi-Fi 无处不在,给用户带来了无限的诱惑。目前,我国部分公共场所存在的一些免费 Wi-Fi 实为钓鱼陷阱,登录网银等,用户的账号和密码将有可能被盗。很多商场、餐厅和酒店等公共场所会安装免费公共 Wi-Fi,消费者使用的同时也会有一些应用程序自动安装到手机中。这类免费 Wi-Fi 的应用程序会在后台大量收集用户信息,即使用户从后台关掉应用程序,其也可以通过自启动功能在后台运行,甚至可能进入网银等涉密系统中,造成网银、支付宝被盗刷,产生资金损失。

 案例

2022 年央视"3·15"晚会第四个节目曝光了"免费 Wi-Fi"暗藏陷阱:不仅根本连不上还致隐私大曝光,点名"Wi-Fi 破解精灵""雷达 Wi-Fi""越豹 Wi-Fi 助手"三款 App。这类免费 Wi-Fi 的应用程序还在后台大量收集用户信息。"雷达 Wi-Fi"一天之内收集测试手机的位置信息高达 67,899 次。这意味着什么？就是用户从早到晚，包括睡觉，这些应用程序都在对其不停地定位，用户的生活轨迹、行踪，甚至是职业、喜好都会被曝光。更可怕的是，多了这些应用程序后，手机间歇性抽风，各种广告自动弹出，不看够 5 秒还关不上，用户躲也躲不掉。

 案例

2019 年，李某与杨某在某市通过操作仪器收集他人的手机号码，二人被抓获后，侦查机关发现，作案仪器与配套的 App 联合使用，仪器连接手机 Wi-Fi 热点后可以获取周围的手机号码，并能将他人的号码存到自己的手机通讯录中，同时还可以通过 App 向对应手机发送短信或霸屏短信功能，二人非法获取他人手机号码共 5 万余个。

(五) 黑客入侵泄密

黑客们编制的病毒、恶意软件、流氓软件等可对手机进行非法启动、私自联网、私自发短信、恶意扣费等操作，能够窥视和窃取短信、通讯录、个人邮箱，以及手机中的照片、私密文件、账户账号、密码信息等，还能够监听通话内容。

黑客的间谍软件主要通过三种方式植入被窃听人的手机中：

一是将木马端生成短信或彩信，并以诱人的标题骗取用户点击或运行；或将恶意代码隐藏在"空白短信"中，一旦用户打开短信，手机系统后台就会自动下载恶意软件，并借此将窃密软件植入手机中。

二是伪装成手机常用的应用软件，如游戏、安全补丁、免费资料以及电子书等，上传到部分缺乏安全验证的中小手机软件论坛中骗取用户下载安装，或以蓝牙、红外等方式传给被窃听人，诱骗对方进行安装。

三是借用手机装入恶意软件，或将窃听软件植入新手机中，以礼品形式赠送给被窃听人。

第三节 互联网泄密隐患

一、互联网泄密渠道

以网络是否存储处理国家秘密信息为依据,从信息安全保密的角度将网络划分为涉密网与非涉密网。按照国家信息安全等级保护制度的要求,要对这两类网络实行分类管理,而不同类型的网络,其泄密隐患的表现形式也不同。

涉密网的泄密隐患主要表现在:一是涉密网与非涉密网、互联网的边界不确定,没有进行物理隔离,或者存在违规连接问题;二是移动存储介质、笔记本电脑违规交叉使用;三是违反涉密网分级保护制度和管理要求,未经审批带病运行。非涉密网的泄密隐患主要表现在:一是违规存储处理涉密信息;二是交叉使用移动存储介质。

随着电子政务的不断推进,各级机关、单位也拥有了自己的网站,其泄密隐患主要表现在以下方面:

一是网络定位不准确。目前大多数机关、单位办公计算机都与国际互联网连接,其中部分计算机还处理、存储大量敏感信息和涉密信息,一旦电子政务系统被非法侵入和破坏,极有可能造成敏感信息及涉密信息的暴露或丢失,给国家带来巨大损失,造成的后果不堪设想。

因此,针对数据重要性的特点,以及涉密域信息系统的密级情况,应建立一套自主可控的数据安全保护灾备平台,并对涉密域信息系统进行高效备份保护。针对内网域信息系统的共性特点,应该建立一套符合内网域信息系统数据集中备份恢复管理的系统,确保本地数据中心发生灾难性毁灭后,能够从异地灾备中心进行数据的快速恢复与业务重建。

二是防护措施不得力。在电子政务的保密监管工作中,除少数计算机采用了物理隔离外,大多数采取的是防火墙、数据备份、防病毒软件等一般性安全保密措施。有的甚至没有采取任何安全保密措施,在上网的过程中极易感染木马病毒,存在严重的失泄密隐患。

日常办公中,为应对网络泄密风险,我们须严格按照涉密信息系统防护标准,为涉密计算机及移动存储介质配备管理系统、杀毒软件等；并通过技术手段，消除计算机违规外联、移动存储介质交叉使用、非授权登录、木马病毒和恶意代码等漏洞及隐患。同时也可以通过配置视频干扰器、建设电磁屏蔽室等方式，防止因计算机、服务器、打印机、复印机等设备电磁泄漏造成泄密隐患；通过在保密会议室等场所配置声掩蔽装置和玻璃声音干扰系统，防止涉及国家秘密的声音被窃密者接收；以安装窗帘或在玻璃上粘贴不透明覆膜的方式，防止不法分子通过远距离拍照、录像的方式窃密。

三是设备使用不规范。移动设备并不仅仅指手机等设备，还包含光盘（具有刻录功能）、U盘、SIM卡，用于记录、存储、拷贝国家秘密信息的笔记本电脑、电子记事本、移动硬盘、软盘、磁盘、存储卡等磁、光及半导体便携式介质载体。机关文件、资料的数字化，必然催生数字化存储介质的迅速普及和不断更新，也加速了数字化存储介质在涉密领域的应用。移动存储介质由于其小巧便携、使用方便，在机关、单位工作中得到了广泛使用，但也加大了使用和管理不当所带来的泄密风险。移动载体能够进行数据的存储，在交叉使用时若被不法分子利用，极易造成信息的泄露。且这类型泄露通常以复制手段为主，不易被察觉。对涉密移动载体实行统一管理、专项控制，是降低和消除泄密风险的有效途径。

四是人员认识不到位。目前，有部分机关、单位领导及工作人员对信息技术、网络技术和计算机技术接触不多，对高新信息技术条件下的保密形势认识较欠缺，没有从思想上形成主动防御的意识，且防范能力与网络安全保密要求也有很大的距离。

俗话说："保密责任重于泰山。"因此，在思想观念上，必须牢固树立符合时代要求的保密工作新观念，加强忠诚教育、理想信念教育，要有"警钟长鸣"的忧患意识，要有"人人保密、时时保密、处处保密"的安全意识，筑牢安全保密思想防线；在本职工作上，必须全面熟悉与本职工作密切相关的业务工作，如必须熟知确定国家秘密及其密级和保密期限、变更密级和解密的法律规定和基本法定程序，真正把属于国家秘密和工作秘密的事项从各种业务工作中分离出来，并依法做出标识，以便加以保护。

模范遵守保密法规制度和依法进行保密法制宣传是涉密人员的政治素质和职业道德要求，也是涉密人员必须履行的义务和应尽的责任。只要全体涉密人员都能切实履行自己的保密职责，那么，保国家安全、保家庭幸福和保个人前途就有了最坚实的基础和最牢固的屏障。

二、OA 泄密渠道

OA 系统的全称为 Office Automation,即办公自动化系统,是一种应用于办公领域的新型无纸化办公系统。它利用计算机、通信等现代化技术来数字化地创建、收集、存储、处理办公任务所需的各种信息,代替办公人员传统的部分手动或重复性业务活动,最大限度地提高工作效率和质量,改善工作环境。当前,机关、单位越来越依赖 OA 系统,但有些罔顾保密规定,利用连接互联网的 OA 系统传递涉密文件、资料,存在严重的安全隐患。

《保密法》第三十一条规定:"机关、单位应当加强对信息系统、信息设备的保密管理,建设保密自监管设施,及时发现并处置安全保密风险隐患。任何组织和个人不得有下列行为:……(三)使用非涉密信息系统、非涉密信息设备存储或者处理国家秘密……"

对于 OA 系统,机关、单位工作人员应当引起足够重视,特别是随着办公自动化的日益普及,各种新设备新技术层出不穷,在应用过程中更应时刻绷紧保密弦,须臾不可放松。做好 OA 系统的风险防范,首先要提高系统规范使用的思想意识与技术,使自己在应用 OA 办公软件时能够明确掌握各个操作环节需要注意什么,不会因为人为因素影响系统的正常运行,严格按照系统的操作流程进行,才能达到规范操作、安全使用系统的目的。

做好 OA 系统的风险防范,也要采取技术措施进行防控。这里主要介绍三种防控措施。

入网访问控制:通常分为用户名以及用户口令的辨别与验证、用户账号的缺省限制核查三个程序内容,其中任何一个环节发生差错,用户都无法进入网络。

入侵检测:从网络系统中的关键点采集信息并加以分析,检查网络中违反安全策略行为或迹象分析监测用户及系统活动,查找非法及合法用户的越权操作,评估系统数据信息完整性等等。

加强数据恢复功能:数据备份可以遵从系统安全的实际需要来进行,如大容量的数据存储备份和恢复、场点外数据储存备份和恢复等。它们都具备较好的保护作用,另外在一定程度上还可以有效防御未经授权访问网络的攻击。

第四节　打印机泄密隐患

一、传统打印机

激光打印机是传统打印机中最常见的一类打印机,我们可以把硒鼓称为打印机的心脏。

硒鼓又叫作感光鼓,就是在以金属铝为材料的长筒上涂上感光材料,是一种光电转换器件。它的特点是在黑暗处是绝缘体,能维持一定的静电荷,而被光照射后,就会变成导体,通过铝释放电荷,形成静电潜像。当文字或图像的激光信息一行行照射在感光鼓上时,就会在感光鼓的表面形成静电潜像;经过显影墨粉吸附在感光鼓的表面,形成和文字或图像对应的墨粉图像;随后转印到纸上,经过定影后就完成了一次打印。

打印机的工作大致上可以分为五个步骤:

第一步是将需要打印的文档转化成打印机能看懂、能使用的数据,这中间需要打印语言作为"翻译"。

在完成第一步之后,打印机要想打印一页文档,首先要做的事情是给激光打印机的硒鼓充电。现在比较常见的是用充电辊和硒鼓接触并在一起转动的方式给硒鼓表面充电,让硒鼓表面充满静电荷。但是在充满电的状态下,就和电脑黑屏一样,显然是无法打印出图案的。

第三步,打印机会在充满了电荷的硒鼓表面,通过激光照射或是 LED 照射的方式,去掉不需要的电荷,只保留需要的电荷,这就在硒鼓表面形成了一个带电的潜影。这时候,硒鼓再与墨粉仓接触,有静电的部分就会吸附上墨粉,被放电的部分则是空白的,不会吸附墨粉,在硒鼓表面就形成了要打印的图像。

第四步是转印。转印是指打印机纸盒的胶轮粘上来一张纸,这张纸与硒鼓相接,通过曝光和显影步骤,硒鼓表面就形成了以正电荷表示的与打印图像完全相同的图像信息,然后吸附碳粉盒中的碳粉,这时硒鼓表面又充满了负电荷,当打印纸走过感光鼓时,由于正负电荷相互吸引,感光鼓的碳粉图像就转印到了打印纸上。

第五步是定影。墨粉被吸附到纸张上之后,剩下的事情就简单多了,一方面会给硒鼓消电，清洁硒鼓表面，另一方面，带着吸附墨粉的纸张会被打印机的传动机构输送到纸张出口附近的定影单元，定影单元的作用就是把纸张加热到一定的温度，这时候墨粉成分当中的蜡就会升华，带着颜料一起沁入纸张纤维，形成牢固的图案。所以这就是为什么我们平常使用打印机刚打印出来的文档是热的。

打印机的电路系统包括电源电路系统、控制电路系统和驱动电路系统。控制电路系统上有只读存储器芯片和同步动态存储器芯片。

近年来，随着半导体技术、人工智能、物联网技术的发展，对打印机的攻击越加复杂多变，防不胜防。

对打印机的攻击方式可以分为三种：芯片泄密、硬盘泄密和硒鼓泄密。这里的芯片指的就是控制电路上的存储芯片，攻击者可以通过读取芯片存储区域字节信息还原之前传送的资料；硬盘指的是存储硬盘，一般在大型涉密部门中的高端打印机中使用，可用于存储或临时存储用户数据，跟电脑硬盘一样，这些硬盘存储的数据即使被删除也能恢复。

而攻击者通过硒鼓窃密的主要方式又有三种：

一是通过硒鼓的余存电荷，每打印完一份文件，硒鼓内会存在一部分剩余的电荷，窃密者可以利用声波感应装置，通过余存电荷窃取打印信息。

二是在硒鼓内植入微型芯片电路板，该芯片可以存储硒鼓每次工作时的激光扫描信息，窃密者极有可能在芯片上加上无线发射模块电路，设计成一种无线数据传输系统，将打印信息传输出去。

三是在硒鼓上添加光电扫描器，可以把扫描棒装在硒鼓的某个部位，如安装在硒鼓的废粉仓内，或者是有机光导鼓的鼓仓上。当硒鼓上打印文稿的墨粉图像经过扫描棒时，文稿内容就会全部被扫描并存储在窃密装置的存储器内。

这种光电扫描装置还可以被安装在打印机的出纸口隐蔽区域窃取文件信息，文件经过扫描之后，又可能会利用本地大容量存储介质被存储下来，外部维修维护人员在现场工作时趁人不备带走或拷贝；或者是利用无线发射装置直接发射出去。

对打印机的攻击也被应用到了战争中。在第一次海湾战争期间，伊拉克采购的打印机被美国植入了后门芯片。开战前，美军利用无人机遥控激活了打印机中的芯片，这些芯片中隐藏的病毒便传到了与之连接的电脑上，然后迅速传播到与之联网的其他电脑，短时间内整个伊拉克防空体系的电脑设备均停止运行，使伊拉克的防空体系全部瘫痪。

二、网络打印机

网络打印机是近几年来比较火的一种设备,指的是将打印机作为独立的设备接入局域网或者 Internet,从而使打印机摆脱电脑,成为网络中的独立成员。这时的打印机就和电脑一样,在网络中拥有自己的 IP 地址,也具有在网络中传送数据的功能。因此,网络打印机摆脱了传统打印机定点打印的局限,实现了分布式远程打印的功能,提升了打印效率。

然而,网络打印机处于网络中的关键节点位置,用户通过网络传输打印作业并配置管理打印机,这使得黑客可以利用设备或者协议漏洞对打印机进行攻击,造成打印机停止工作甚至泄露敏感信息。

网络打印机有以下几种攻击方式:

第一,本地攻击。攻击者能够物理访问打印机,包括通过 USB 口连接、接入外置存储设备、接触控制面板等,可以直接进行攻击或窃取信息。

第二,网络攻击。攻击者可以通过 TCP/IP 网络连接打印机,连接成功后访问打印机的各种网络服务,发送恶意文档进行攻击。Web 攻击是一种跨站打印攻击技术,当用户访问攻击者精心构造的恶意网站时,攻击者便会向用户浏览器发送 Java Script 代码,并利用一个隐藏的 iframe 向用户内网打印机发送 HTTP POST 请求,其 POST 数据可包含任意打印任务。

第三,拒绝服务攻击。DOS 攻击向打印机发送恶意指令或注入恶意代码使被攻击的设备一直处于忙碌状态,没办法正常打印。一般的 DOS 攻击通过重启设备即可恢复,对普通用户影响不大;但如果对印刷厂进行 DOS 攻击,就有可能带来很大的经济损失。DOS 攻击的方法有很多,如通过打印文档向打印机传送恶意打印机作业语言或 PostScript 命令,使打印机光栅图像处理器处于忙碌状态,消耗打印机 CPU 资源;或者向打印机发送恶意的更改设置命令,破坏打印机的非易失性随机访问存储器,从而使打印机的某些设置失效;还可以向打印机发送特殊指令使其掉线;等等。

第四,保护绕过。攻击者绕过打印机的安全访问策略,通过网络向打印机发送特殊命令来恢复出厂设置。

第五,代码注入攻击。通过向打印机注入恶意代码并触发其执行从而实现控制打印机、窃取信息等目的。攻击成功的条件是在攻击目标中寻找可写位置，将恶意代码植入。由于打印机没有像计算机一样的保护机制，因此恶意代码一旦执行就获得了最高权限，危害很大。

第五节　移动存储设备泄密隐患

一、生活中的移动存储设备

移动存储设备可以分为三类：磁存储介质、半导体存储介质和光存储介质。其中，磁存储介质包括软盘、移动硬盘，半导体存储介质包括U盘、固态硬盘、SD/TF等各种存储卡，光存储介质指的是刻录光盘。

二、移动存储设备安全隐患

移动存储介质由于其容量大、使用方便、便于携带等优点受到用户的欢迎。移动介质自身存在缺少身份认证、缺少接入控制手段、安全防护能力较弱等安全风险，因此存储在移动存储介质中的信息经常处于失控状态。

黑客首先攻击该涉密人员连接互联网的私人计算机，在该计算机中植入木马。当涉密人员在私人计算机上使用U盘拷贝资料时，木马会将自身打包存储到U盘内。该涉密人员将U盘插入内网计算机，木马会将自身拷贝到内网计算机，并窃取内网计算机中的文件、资料并存储到U盘中。这里的内网计算机也可以指涉密计算机。

当涉密人员再次将U盘插入私人计算机时，木马会将从内网中窃取的文件、资料拷贝到私人计算机中。最后，涉密人员使用私人计算机上网时，涉密文件、资料会被发送到互联网上。

在这个过程中，U盘就是渡船，携带着木马在私人计算机与内网计算机间摆渡。近年来U盘造成的安全事件也屡见不鲜。

 案例

英国《星期日镜报》2017年10月28日报道：伦敦希思罗机场大量安保信息遭泄露。泄露信息包括英国女王及各国政要进出希思罗机场的路径、安保措施等机密信息。报道称，一位伦敦市民在路上捡到一个U盘，U盘内存有英国女王和政要在机场乘飞机时所采用的路线、用来保护其安全的安保措施、进入限制区域所需要的身份证明、防止恐怖袭击的机场保安巡逻时间表、监控摄像头所在位置等，所有内容均未加密。

捡到U盘的居民将其交给《星期日镜报》，该报则将相关信息通知机场并上报给英国安保部门。希思罗机场表示正在对事件展开彻查，英国安全部门人士认为，这次事件表明，该机场的安全存在很大的漏洞。英国警方担心，这些信息可能已经被一些人复制，并在"暗网"上出售。如果这些信息落入恐怖分子之手，那对于希思罗机场乃至英国政要的安全，就是致命性的打击。

 案例

2020年，全球知名硬盘厂商西部数据遭黑客入侵，大量My Book移动硬盘用户数据被远程清空。入侵者利用两个漏洞，在没有用户交互的前提下获得root远程命令执行的权限，只要知道硬盘的IP地址，就可以对其进行任意操作，连登录密码都不需要破解。

第六节　边缘攻击目标

一、利用扫描仪的窃密

信息化办公设备中，扫描仪的功能与打印机相反，是利用光电技术和数字处理技术，以扫描方式将图形或图像信息转换为数字信号的装置。扫描仪通常被用于计算机外部仪器设备，通过捕获图像并将之转换成计算机可以显示、编辑、存储和输出的数字化输入设备。

扫描仪攻击由四部分组成：

一是攻击者的计算机，这是一个由攻击者操作的C&C（Command and Control，命令和控制）服务器，它控制光源以调制命令，攻击者对光源的控制可以基于有线或无线通信。

二是连接到微控制器并属于攻击者的外部光源，微控制器将来自C&C服务器的命令（以二进制代码表示）调制为对应于给定命令的光序列。外部光源和微控制器甚至可以被安装在无人机的支架上，通过攻击者的计算机控制无人机建立C&C通道。另一种选择是劫持被攻击组织的内部光源，对其进行远程控制。

三是接到组织网络的平板扫描仪，只要扫描仪的盖子处于打开或半打开状态，扫描仪的玻璃面板会接收到攻击者发送过来的光脉冲信号。由于扫描仪对周围光环境的变化十分敏感，即使扫描仪的玻璃面板上覆盖着纸张或者攻击者使用的是红外激光，攻击效果也不会受到影响。

四是组织内的受恶意软件感染的计算机，用于提取扫描仪传输来的命令并执行它。

二、利用碎纸机的窃密

碎纸机是办公环境中常用的办公设备，主要用来粉碎过期或作废的纸质文件或光盘。碎纸机有两大主要部件：切纸刀和电动马达，二者通过皮带和齿轮紧紧地连接在一起，马达带动皮带、齿轮，把能量传送给切纸刀，而切纸刀通过转动，用锋利的金属角把纸切碎。

碎纸机在工作时一般相对独立，不与其他设备相连，不受网络威胁，但也有泄密隐患。

 案例

  我驻某国大使馆新馆投入使用之前，进行保密技术检查时发现，该馆的碎纸机入口处被植入了有扫描功能的芯片，通过该碎纸机销毁的文件都会被扫描，所记录的信息可以向外发送。

碎纸机的泄密隐患主要有两种：一是恶意硬件植入，如在纸张入口处植入自带扫描和无线传输功能的窃密模块;二是对粉碎文件的拼接恢复。所以,对碎纸机进行保密检查和增加粉碎粒度并进行物理销毁,是防范碎纸机泄密的有效方法。

三、利用投影仪的窃密

投影仪是一种可以将图像或视频按照相应比例放大投射到幕布上的设备,可以通过不同的接口同计算机、VCD、DVD、BD、游戏机、DV等相连接,播放相应的视频信号。

由于投影仪使用时与计算机直接连接,显示的都是终端非加密信息,因此也成为窃密者的攻击目标。投影仪受到的威胁主要来自两方面:网络攻击和硬件木马植入。网络攻击主要针对无线投影仪或通过网线接口连接的投影仪,攻击者利用恶意软件劫持投影仪,获取投影仪显示信息。硬件木马植入技术攻击投影仪比网络攻击普遍,所有类型投影仪都有可能成为被攻击目标,主要通过硬件改动加大自身电磁辐射或直接植入无线信号发射装置,在投影仪工作的同时,将投影内容向外无线发射,攻击者在附近接收信号并进行还原。

 案例

2020年8月,某单位内部报告文件在微信群里传播。经查,系该单位进行内部会议时使用了智能投影仪,投影仪中软件反向获取到计算机中的报告文件,并通过 Wi-Fi 网络上传到网盘中,导致文件被窃取。案发后,会议召集人、该公司党委副书记黄某受到党纪处分,公司年度绩效考核保密项作扣分处理。

PART 03

保密制度篇

第十章　安全保密基本制度

第一节　定密

《国家秘密定密管理暂行规定》第二条明确规定,定密是指国家机关和涉及国家秘密的单位依法确定、变更和解除国家秘密的活动。定密工作,是指国家秘密的确定、定更、解除以及与其相关的定密组织、指导、授权和监督管理等各项工作的总和。

原始定密,是指具有法定定密权的机关、单位及其授权的机关、单位根据保密事项范围,对本机关、本单位产生的国家秘密事项进行定密的程序。

原始定密的含义主要包括:原始定密的主体是具有法定定密权的机关、单位及其授权的机关、单位;原始定密的依据是保密事项范围;原始定密必须按照法定程序进行;原始定密是派生定密的根据和遵循。

派生定密,是指机关、单位执行上级机关、单位或者办理其他机关、单位已定密事项而产生的国家秘密。例如,上级机关、单位或其他机关、单位所产生的文件、资料已经标明密级和保密期限,本级机关、单位在使用这些文件、资料时派生出新的文件、资料,且引用原文件、资料涉密内容,即为派生国家秘密。

机关、单位对所产生的国家秘密事项有定密权的,应当依法确定密级、保密期限和知悉范围。没有定密权的,或者超越本机关、本单位定密权限的,应当先行采取保密措施,并报请有相应定密权限的上级机关、单位确定。没有上级机关、单位的,应当提请有相应定密权限的业务主管部门或者保密行政管理部门确定。

在保密工作中,定密是一项基础性、源头性工作。只有把国家秘密定准,才能做到既保障国家秘密安全,维护人民群众的根本利益,又促进政府信息公开和信息资源合理利用,保障人民群众的知情权、参与权和监督权。通过定密,才能确定哪些事项应当采取保密措施,以及采取哪一级别的保密措施。

在涉密载体管理方面,定密关系到涉密载体制作、保存、传递、复制、销毁等方式的选择以及接触人员、知悉范围的控制等;在涉密信息系统管理方面,定密关系到系统的等级划分以及采取何种防护措施等;在人员管理方面,定密关系到涉密人员涉密等级的界定、日常教育管理、脱密期管理和择业限制等。

定密是保密工作的源头。同时,科学、精准定密,及时、准确变更和解密,是提高保密管理能力、降低保密成本的基础和前提。所以,开展保密工作,提高工作效率,首先必须抓好定密这项源头性工作。

《国家科学技术秘密定密管理办法》明确要求,机关、单位定密应当坚持专业化、最小化、精准化、动态化原则,做到权责明确、依据充分、程序规范、及时准确,既确保国家科学技术秘密安全,又促进科学技术发展。

"专业化"是指按照专业标准和要求开展科学技术秘密定密工作,定密责任人应熟悉掌握国家保密法律法规及科技保密相关规定,熟悉本机关、本单位保密事项范围,以及本机关、本单位国家秘密事项产生的部门、部位及工作环节,掌握定密程序和方法,为科学、精准定密提供保证。"最小化、精准化"是指严格按照保密事项范围的规定确定、变更和解除国家秘密,确保国家秘密及其密级精准、知悉范围最小,防止乱定、错定、漏定或扩大知悉范围等现象发生。当然,"最小化"并非"最少化",属于国家秘密的事项必须定密,要避免因该定不定、定密不及时造成国家安全和利益受损的情况。

根据工作需要,机关、单位负责人可以指定本机关、本单位分管涉及国家科学技术秘密业务工作的负责人、产生国家科学技术秘密较多的内设机构负责人或者由于岗位职责需要的其他工作人员为定密责任人,并明确相应的定密权限。

定密责任人包括两类人员,即机关、单位负责人和负责人指定的人员。机关、单位负责人一经任命,即为本机关、本单位法定的定密责任人,不需再履行确定程序。

指定的定密责任人必须严格履行确定程序,一般先由机关、单位涉密业务工作部门根据条件提出拟任人选,由机关、单位保密工作机构或者综合部门汇总研究后,提出人选意见,报本机关、本单位法定定密责任人确定。机关、单位确定和调整定密责任人,应当及时报同级政府科学技术行政管理部门备案。

第二节　涉密人员管理

一、涉密人员概述

涉密人员即在涉密岗位工作的人员。涉密岗位包括制作、复制、收发、传递、保管、维修和销毁国家秘密载体的岗位,涉密信息系统有关建设、管理、运维等岗位,承担涉密科研项目研究、管理任务的岗位,从事国家秘密产品生产的岗位及相关管理岗位,定密责任人岗位,以及其他专门处理国家秘密的岗位。

涉密人员需要具备一定的能力和条件,并通过任用审查。涉密人员的分类依照"以岗定人"的原则确定。根据《保密法》第四十三条,按涉密程度,涉密人员分为核心涉密人员、重要涉密人员和一般涉密人员,实行分类管理。

根据《保密法》第四十三条,涉密人员是指在涉密岗位工作的人员。从这个定义可以看出,我国对涉密人员采取以岗定人的方法,只要在涉密岗位工作就属于涉密人员。涉密岗位的确定,总体上应当贯彻"最小化"原则。具体可以依据以下两个原则:一是依部设岗,即依保密要害部门部位确定涉密岗位,这是确定涉密岗位的基本原则。二是依事设岗,即依国家秘密事项范围确定涉密岗位,这是确定涉密岗位的辅助原则。

涉密人员应当具有良好的政治素养和品行,具有胜任涉密岗位所需要的工作能力。具体来说,涉密人员应当符合以下基本条件:

具有中华人民共和国国籍;热爱祖国,拥护中华人民共和国宪法;诚实可靠,品行端正;具有涉密岗位要求的业务素质和能力。下列人员不得任用、聘用为涉密人员:曾受过刑事处罚的;曾被开除公职的;有吸毒、赌博、酗酒等不良嗜好的;曾因严重违反保密规定被调离涉密岗位的;其他不适合从事涉密工作的。

二、涉密人员的管理

涉密人员的任前审查包括政治条件审查、品质审查、家庭社会关系审查、接触国家秘密必要性审查。上岗培训包括：保密形势和敌情教育、保密工作方针、保密知识技能教育、岗位职责教育、保密权利和义务教育。上岗保密承诺的主要内容包括：了解并遵守各项保密制度、知悉并履行保密义务、自愿接受保密审查、承担法律责任等。同时结合工作实际，适当补充内容或签订专项保密承诺书。

涉密人员的在岗管理制度主要分为四个部分：第一部分为岗前教育培训，包括保密形势教育和敌情教育、保密工作方针、政策和法律法规教育、保密知识技能教育、岗位职责教育等。第二部分为《保密法》，《保密法》规定：涉密人员出境应经有关部门批准，有关机关认为涉密人员出境对国家安全造成危害或利益造成损失的，不批准。第三部分为调离条件，包括发生泄密或存在泄密隐患，发现境外情报机构对本人有渗透、策反行为的，接受境外情报机构资助的，与境外人员结婚或配偶子女获得外国国籍的。第四部分为复审，对核心涉密人员每年都要进行复审，重要涉密人员每三年复审一次，一般涉密人员每五年复审一次。事项密级调整或涉密人员发生岗位调动，要及时组织复审。

涉密人员的离岗管理制度主要分为四个部分：第一部分是清退涉密载体，包括清退涉密文件、清退涉密设备、取消信息系统访问权限、收回场所出入权限。第二部分是机关、单位进行清点、登记，办理移交手续，机关单位对涉密人员提交的涉密载体进行清点，做好登记。第三部分是接受保密提醒谈话，签订保密承诺书。保密承诺书的主要内容包括：履行国家保密法律法规和规章制度，继续履行保密义务；不以任何方式泄露所接触和知悉的国家秘密；不私自持有涉密载体；遵守脱密期管理的各项要求。第四部分是实行脱密期管理。一般情况下，核心涉密人员为 3～5 年，重要涉密人员为 2～3 年，一般涉密人员为 1～2 年，时间自离岗之日起计算。

三、涉密人员的权利与义务

涉密人员应该享有的权利包括：

一是要求配备保密设施设备的权利：涉密人员有权要求提供必需的物质和工作条件，如保密室、保险柜、运送涉密载体的交通工具等。

二是对机关单位的保密工作有权提出建议：涉密人员对机关单位的保密工作有权提出建议、意见；有权对本单位的人员故意违反保密规定的行为加以制止、批评等。

三是参加业务培训的权利:涉密人员有要求参加保密知识培训、学习等受教育的权利。

四是享受保密岗位补贴的权利:涉密人员由于工作特殊性,应当给予相应的补偿。

五是申诉和控告的权利:涉密人员工作得不到满足或因坚持原则而受到打击报复或得不到正当的补偿,有权向有关部门提出诉讼和控告。

保密工作具有特殊性,因此针对涉密人员有特殊的要求及规定,主要有以下四点:

第一,注意私人交往与通信的保密;

第二,未经批准不得携带国家秘密载体外出办事;

第三,未经批准在涉外活动中不得涉及国家秘密;

第四,不得在公共场所谈论国家秘密。

根据《保密法》的规定,涉密人员如有以下行为之一的,依法给予处分或追究法律责任:在互联网及其他公共信息网络或者有线和无线通信中传递国家秘密的;将涉密信息系统、涉密信息设备接入互联网及其他公共信息网络的;在涉密信息系统、涉密信息设备与互联网及其他公共信息网络之间进行信息交换的;使用非涉密信息系统、非涉密信息设备存储、处理国家秘密的;擅自卸载、修改涉密信息系统的安全技术程序、管理程序的;将未经安全技术处理的退出使用的涉密信息设备赠送、出售、丢弃或者改作其他用途的。

第三节 涉密场所管理制度

一、保密要害部门部位的确定

保密要害部门,是指机关、单位日常工作中产生、传递、使用和管理绝密级或较多机密级、秘密级国家秘密的内设机构。保密要害部位,是指机关、单位内部集中制作、存储、保管涉密载体的专用、独立、固定场所,如机关、单位的保密室、涉密信息系统机房、涉密实验室等。

保密要害部门部位的确立原则如下:

一是内部确定原则。各机关、单位的保密要害部门部位,应当首先由本机关、单位确定，然后向保密行政管理部门报送确定和调整本机关、本单位保密要害部门部位的申请报告和确定说明。

二是分级确定原则。保密要害部门部位的确定，应遵循法定程序，按照分级确定的原则要求进行确定、确认和备案。

三是最小化原则。保密要害部门应当是机关、单位内部涉及重要国家秘密事项的最小行政单位，或其绝大多数内设部门涉及重要国家秘密事项的最小行政单位；保密要害部位应当是存放、保管国家秘密载体、保密品的最小专用、独立、固定场所。

二、保密要害部门部位的工作职责

机关、单位保密组织的工作内容：确定和调整本机关、单位的保密要害部门部位；对新进入和调离保密要害部门部位的工作人员进行保密审查；组织制定保密要害部门部位的保密管理制度和防范措施。

机关、单位领导的工作职责如下：

第一，主要领导对保密要害部门部位保密工作负总责，要为保密要害部门部位的保密工作提供人、财、物等必要的保障，保证其工作环境安全可靠，保密设备设施符合保密要求。

第二，分管保密工作的领导对保密要害部门部位保密工作负直接领导责任，应对保密要害部门部位保密管理进行研究和部署，保证和督促本机关、单位保密工作机构及工作人员切实履行职责。

第三，其他领导对分管业务工作中的保密要害部门部位保密工作负有领导责任，保证保密工作与业务工作同计划、同部署、同检查、同总结、同奖惩。

保密要害部门部位主要负责人的工作职责如下：

第一，确保国家秘密的安全。

第二，结合本部门部位的实际，制定具体的保密管理制度和防范措施。

第三，与工作人员签订保密责任书，建立岗位责任制，把保密责任落实到人。

第四，定期进行保密教育，使所属工作人员增强保密意识，掌握必备的保密知识和技能。

第五，对所属工作人员辞职、调动、因私出国(境)申请提出意见。

第六，对所属工作人员执行保密制度、遵守保密纪律的情况进行监督、考核。

第七，定期对保密环境和涉密载体进行检查，及时消除泄密隐患。

保密要害部门部位工作人员的工作职责如下：

第一，按照规定的权限和程序依法保管和使用国家秘密载体。

第二，负责所在工作场所和保密设备、设施的保密安全。

第三，维护所经管的国家秘密载体的正常使用和流转秩序，防止和制止违反保密规定的行为。

第四，依照保密范围有关规定和定密程序，提出所在部门部位产生国家秘密的密级、保密期限和知悉范围的建议。

第五，协助和参与本机关、单位保密工作机构开展的保密活动。

第六，参加保密业务学习和培训。

第七，履行保密法律、法规和规章所规定的其他职责。

三、保密要害部门部位的管理

保密要害部门部位集中处理大量国家秘密信息，是敌对势力窃密的重点，也是保密防护的重点。各机关、单位应根据涉密程度和实际需要，对保密要害部门部位采取人防、物防和技防相结合的保密安全防范措施，使国家秘密处于安全状态。

严格人员任职条件：忠于祖国、政治可靠；历史清白、思想进步；遵纪守法、品行端正；社会关系清楚、配偶不得为非中国公民；政治面貌为中共党员或共青团员。严格人员资格审查：保密要害部门部位工作人员上岗前，应由所在机关、单位进行涉密资格审查。

有下列情形之一的，不得在保密要害部门部位工作：有吸毒、刑事处罚等严重不良记录的；有因故意或过失泄露国家秘密受到行政严重警告以上处分记录的；有移居境外或长期出境意向的；临时聘用的等。未通过涉密资格审查的人员，不得在保密要害部门部位工作。经审查合格的人员，必须与所在机关、单位签订保密责任书；拒绝签订的，不得在保密要害部门部位工作。

严格人员岗前教育：保密要害部门部位新录用、调入的工作人员，应在上岗前接受保密部门的保密教育和培训，熟悉基本的保密法规制度，掌握与其工作相关的保密知识和技能。严格人员离岗管理:保密要害部门部位工作人员因辞职、调动等原因离开涉密岗位,应事先提出申请,经审查批准,方可离岗。严格人员因私出国:保密要害部门部位工作人员因私出国(境),必须经所在机关、单位审查批准。

完善保密要害部门部位的物理防护措施,是改善保密要害部门部位安全保密环境的必要手段。办公场所管理方面:根据实际需要安装电子监控、防盗、报警等安全装置,配备警卫人员;确定进入人员范围,安装身份鉴别装置。周围环境管理方面:与国外驻华机构保持一定安全距离。安全设施防护方面:保密要害部门部位有专用、独立、固定并可实施封闭、隔离的空间;具备有效监控设施;原则上不使用进口设备和产品。

机关、单位应根据涉密程度和实际需要,对保密要害部门部位采取保密安全防范措施。

(1)完善计算机信息系统保密防护措施:涉密计算机、电磁介质有专人管理并采取严格的控制措施。

(2)完善国家秘密载体保密防护措施:须在可靠设备中保存;各种办公设备的维护、维修应在本机关、单位工作人员全程陪同监督下进行,并建立维修日志。

(3)涉密场所安全防护措施:配备安全防护门禁技术设备、电子监控设备和报警设备;电子设备中的场所和中心机房应当配备电磁辐射和电子信号屏蔽设备。

(4)完善保密技术检查措施:配备必要的保密技术检查检测设备,定期组织保密安全情况的检查。

第四节 涉密载体管理制度

一、涉密载体概述

涉密载体,是指以文字、数据、符号、图形、图像、声音等方式记载国家秘密信息的纸介质及其同形载体(如影像胶片、缩微胶片等)、光介质、磁介质、半导体介质等各类物品。

纸介质涉密载体,是指传统的纸质涉密文件、档案、书刊、图纸等。

光介质涉密载体,是指利用激光原理写入和读取涉密信息的存储介质,包括 CD、

VCD、DVD等各类光盘。

磁介质涉密载体，是指利用磁原理写入和读取涉密信息的存储介质，包括硬盘、软盘和磁带、录音带、录像带等。

半导体介质涉密载体，是指利用电子原理写入和读取涉密信息的存储介质，包括CPU和各类U盘等。

科研单位应当按照国家有关保密规定，对涉及国家科学技术秘密的文件、资料、档案、计算机和移动存储介质、信息系统、通信和办公自动化设备、工作场所、会议活动等进行管理，并建立涉密人员与项目、载体、设备管理台账。

涉密人员管理台账包括编号、涉密人员姓名、性别、涉密等级、政治面貌、所属部门、联系方式、证件号码、何时确定为涉密人员等信息。配套建立人员政审表、无犯罪记录证明、保密承诺书、保密责任书、保密教育培训情况记录、因公(私)出国(境)审查审批记录、参与的涉密项目、涉密会议活动清单和保密奖惩情况，以及涉密人员复审情况、离岗离职管理记录等保密工作档案。

涉密项目管理台账包括涉密项目编号、名称、密级、负责人、责任单位、保密期限、知悉范围、保密要点、变更和解除情况等关键信息。配套建立项目申报、专家评审、立项批复、参与项目团队人员清单、保密方案、项目实施、结题验收、涉密成果转化及奖励申报等各环节的过程文件资料。

涉密载体管理台账包括载体类别、编号、名称、密级、保密期限、知悉范围、责任人，以及传递、复制、借阅、维修、销毁等要素。配套做好个人留存涉密载体或涉密信息资料台账登记。个人台账包括载体或涉密信息资料的密级、审批人员、留存期限等相关档案。

涉密信息设备台账包括设备编号、名称、型号、密级责任人、设备启用时间等，涉密计算机还应当包括硬盘序列号，涉密U盘应当包括唯一标识序列号。配套做好设备借用、外携、维修、淘汰、销毁等申请、审批记录管理档案。

涉密载体制作应当在原始材料收集、整理、文稿草拟、定稿、印制等环节进行全过程管理。涉密载体均应当标注密级、保密期限，注明发放范围及制作数量，绝密级、机密级的应当编排顺序号。

制作涉密载体的场所应当符合保密要求。纸介质涉密载体应当在本机关、本单位符合保密要求的内部文印室或保密行政管理部门审查批准的涉密载体定点印制单位印制。磁介质、光盘等涉密载体应当在本机关、本单位符合保密安全要求的场所内或保密行政管理部门审查批准的单位制作。

制作涉密载体过程中形成的不需归档的材料,应当按照相关保密规定销毁。

明确涉密载体制作的承办人与责任人,建立制作涉密载体申请、审批记录台账。

涉密信息的存储、处理必须使用符合国家保密标准的涉密信息设备,个人计算机和移动存储介质为私人所有,无法按照国家保密规定和要求进行管理,且往往连接过互联网,可能感染计算机病毒,或被植入"木马"窃密程序,存在泄密隐患和安全风险,故不能用于存储、处理涉密信息。

《保密法》规定,禁止在互联网及其他公共信息网络或者未采取保密措施的有线和无线通信中传递国家秘密;禁止在私人交往和通信中涉及国家秘密。使用微信、微博、QQ、电子邮件传送涉密信息的性质是在互联网及其他公共信息网络中传递国家秘密,并且属于使用非涉密计算机、非涉密存储设备存储、处理国家秘密信息,极易引发失泄密问题。

二、涉密文件载体的制作与复制

涉密载体在起草阶段的保密要求:原始材料和中间材料都要严格按照规定妥善保管。

送审过程的保密要求:由承办人拟定密级、保密期限和知悉范围,再由审核人审查,之后报单位主管领导审批。

制作过程的保密要求:在安全保密的场所制作。注明发放范围、制作数量和编排顺序号。

印刷过程的保密要求:在本单位专门的制作室印刷。如需委托外单位印刷,应送国家秘密载体定点复制单位印刷。

涉密文件载体的复制要求:第一,复制涉密文件载体前,必须进行审批。复制机密级、秘密级文件载体,必须经相关机关、单位主管领导批准;未经批准不得复制。第二,复制涉密文件载体应在本机关、本单位内部或在保密部门审查批准的定点单位进行。第三,复制涉密文件载体应进行登记,加盖复制单位戳记,不得改变其密级、保密期限,不得删除密级标志。复制件采取与原件相同的保密措施。第四,严禁复制绝密级涉密载体。

三、涉密文件载体的收发、传递与携带

涉密载体的收发传递要求如下：

第一，接收涉密文件载体时，应当严格按照收发密件的基本程序办理，履行清点、签收、登记、编号等手续。

第二，接收时要检查信封、封袋、封套密封是否完好无损未被拆开和漏失，签收单上的登记与涉密文件载体实物是否相符等。检查核对无误后，由签收人员注明接收时间，加盖接收单位收件专用章。

第三，涉密文件载体包装应由单位的专职涉密人员或有关专门人员拆封。拆取涉密文件载体后，检查信封、封袋、封套内是否有遗留涉密文件载体。保留通知单备查。

第四，要严格按照限定的接触范围分发密件。限定范围以外的机关、单位因工作需要要求增发的，应当经过单位主管领导批准。

第五，分发时应当认真填写涉密文件载体分发表。

第六，认真填写发文通知单。通知单所填内容一定要与涉密文件载体分发表中的收文单位名称、文件资料标题名称和所发出的份数相符。通知单要随同发出的涉密文件载体装入信封或封袋内。

第七，封装涉密文件载体时，要仔细核对信封或封袋上的收文单位名称与文件通知单所填写的名称是否相符，确认名称一致、发出的涉密文件载体份数核对无误后才能密封。

第八，认真填写供机要或通信部门交接和投递签收的交接清单。

第九，涉密文件载体分发完毕后，要对剩余的涉密文件载体进行清点，发出和剩余的数量相加要与总数量相一致。

第十，分发涉密文件载体的各种登记清单要保存3~5年。

第十一，绝密级文件载体在市区内投递，应派专车双人进行或者交由机要交通部门投递；其他密级的涉密文件载体，也要专车专人投递，或通过机要通信部门投递。发往市区外的涉密文件载体，要通过机要交通或机要通信部门投递。

在国内：绝密级文件载体不得随身携带。其他密级的文件载体，确因工作需要必须携带的，应经本机关、单位主管领导批准，并采取严格的保密管理措施。

出国:第一,交由外交信使或国家保密局核准的单位和人员携运。凡属于外交信使可以到达的地方,都应交由外交信使办理。第二,目的地不通外交信使或外交信使难以携运的,经本单位主管领导批准后,须经地市级(含)以上保密行政管理部门申请办理国家秘密载体出境许可证,并采取严格保密措施。

四、涉密文件载体的使用和保存

阅读和使用涉密文件载体时要办理登记、签收手续,在符合保密要求的办公场所进行;不得擅自复制、摘录、摘抄;不得将涉密文件载体带回家或带到公共场所;确需在办公场所以外阅读和使用涉密文件载体的,应当遵守保密规定。

涉密文件载体阅毕后,应及时归还,由专人一对一送阅,不得横传,不得私留涉密文件载体。

涉密文件载体的保存要求如下:

第一,绝密级文件载体应当在安全可靠的保密设备中专库专柜保存,并由专人管理。

第二,工作人员离开办公场所,应当将涉密文件载体存放在保密设备里,保密设备要上锁。

第三,严禁将涉密文件载体交给他人特别是不属于知悉范围内的人员保管。

第四,涉密机关、单位每年应定期对当年所保存的涉密文件载体进行清查、核对。

处理秘密级信息的计算机,口令长度不少于 8 位,更换周期不超过一个月。处理机密级信息的计算机,应采用 IC 卡或 USB Key 与口令相结合的方式,且口令长度不少于 4 位;如仅使用口令方式,长度不少于 10 位,更换周期不超过一个星期。处理绝密级信息的计算机,应采用生理特征(如指纹、虹膜)等强身份鉴别方式。设置口令时,应采用大小写英文字母、数字、特殊字符混合编成。

涉密计算机及移动存储介质需要维修,应尽量由本机关、本单位内部技术人员维修。申请维修人应当提出申请,将设备、介质的名称、密级、型号、使用人、故障描述、送往何处维修等信息填入申请表单,经批准签字后方可进行维修。维修结束时,应将维修单位及维修人员姓名、联系方式一并录入。

涉密计算机请人上门维修时,要由本机关、本单位派专门人员现场旁站监督,防止其中数据被复制、篡改或故意毁坏。需要送销售公司维修时,应当进行保密检查,提前拆除信息存储部件并妥善保存,不能拆除或需要重装操作系统的,机关、单位应当安排人员在现场监督维修、安装。需要送外单位维修时,应到保密行政管理部门批准的涉密设备定点维修单位进行,并在送修前拆除信息存储部件。

五、涉密文件载体的归档和销毁

涉密文件载体在立卷归档或者向档案馆移交时,应对其密级和保密期限重新进行鉴定。按规定程序对涉密文件进行密级和保密期限变更,再移交档案馆。对于已经立卷归档的涉密文件载体,保密期限届满的,应当及时解密。

需要立卷归档的涉密文件载体,在立卷归档时,仍属于国家秘密的,应在档案封面上做出与卷内涉密文件载体相同的密级和保密期限的标志。非档案管理人员查阅涉密档案应办理批准手续。

将需要销毁的涉密文件载体清单报本机关、本单位主管领导审核批准。将需要销毁的涉密文件载体送交专门的销毁机构销毁,并派专人现场监销。销毁工作完成后,认真清理现场,确保无涉密文件载体残片。本机关、单位因工作需要,自行销毁少量涉密文件载体时,应严格履行清点、登记和审批手续,并长期保存备查。

销毁涉密载体,应履行清点、登记手续,报本机关、本单位负责人批准后方可进行。决定销毁的涉密载体应严密、分类封装,安排专人押运到保密行政管理部门指定的涉密载体销毁机构销毁。机关、单位自行销毁少量涉密载体的,应严格执行国家有关保密规定,使用符合国家保密标准的设备和方法进行销毁。要确保涉密载体销毁后信息无法还原。禁止将拟销毁的涉密载体当作废品出售或转送他人。涉密载体销毁的登记、审批记录应当长期保存备查。

第五节 涉密会议、活动管理制度

一、涉密会议、活动的安全保密职责

根据会议、活动的主题、内容或文件、资料涉及国家秘密的最高密级,及时确定会

议、活动的密级。制定涉密会议、活动的保密方案和保密要求，明确专人负责督促落实，对参加人员提出保密要求。

举办涉密会议、活动时承办方的职责如下：

第一，按照主办单位要求，提供安全保密的环境、设施和设备，并对工作人员进行保密教育，明确保密责任，做好保密服务保障工作。

第二，根据会议、活动的涉密程度，制定保密工作方案，明确具体保密措施，并指定专人负责督促落实。

第三，指定专人专门负责涉密会议、活动的保密管理工作。

第四，协调保密行政管理部门进行管理和监督。

举办涉密会议、活动时承办方的职责如下：

第一，协助主办单位和承办单位制定专项保密工作方案、做好参加人员及工作人员的保密教育。

第二，对涉密会议、活动的保密管理工作进行监督、检查和指导。

第三，对各种设施、设备、环境、应急保障措施等进行保密技术检查。

举办涉密会议、活动时参加人员和会场工作人员的保密职责如下：

第一，不得带无关人员进入会场，不得向会外人员谈论会议内容。

第二，会议、活动期间需对外进行通信联系的，不得在通信联系中涉及会议、活动内容。

第三，严格遵守会议、活动纪律，会议、活动明确规定不准记录和录音的，不得私自记录、录音，不准摘录、摘抄涉密文件资料内容，不得擅自复印涉密文件资料。

第四，会议、活动工作人员要切实履行职责，加强会议、活动的保密管理。

二、涉密会议、活动的安全保密要求

涉密会议、活动的主办单位应严格按规定确定出席、列席和参加活动人员，审核参加人员资格，登记参加人员信息，并保存相关材料。同时，涉密会议、活动的主办单位应制定严密的保密工作方案，组织实施安全保密措施。

涉密会议、活动涉及场所设备的要求如下：

第一，涉密会议、活动要选择具备保密条件的场所，应尽量远离驻外机构、不在涉外宾馆召开、禁止境外人员出入。

第二，涉密会议、活动场所应当进行严格的防窃密、防泄密技术安全检查，按要求安装保密设备。

第三，进入涉密会议、活动场所应履行验证程序。凡不准记录、录音、录像的，主办单位应当事先申明。未经批准，任何人不得带入有录音、录像、拍照、信息储存等功能的设备。

第四，核心涉密场所禁止带入手机，重要涉密场所禁止使用手机，一般涉密场所限制使用手机。

第五，涉密会议、活动场所使用的设备和产品，应符合保密管理要求和保密技术标准；使用进口设备和产品，应进行技术安全检查。禁止使用无线话筒。

涉密会议、活动涉及文件资料的要求：制作会议、活动的文件资料应在经保密部门批准的国家秘密载体复制印刷单位印刷，磁光介质载体要严格按照保密规定进行管理。领取有关文件资料必须履行登记、签收手续。主办单位应在会议、活动期间配备保密箱、文件袋，指定专人管理文件。绝密级的文件资料在休会期间集中保管。会议、活动结束后，应当及时清理会场和与会人员住地，检查有无遗落的涉密文件和资料。

涉密会议、活动新闻报道的要求：会议、活动组织者在开始前要对与会记者进行保密教育，提出新闻报道的保密要求。对不能公开报道的涉密内容做出明确规定。未经批准，不得公开宣传报道会议、活动内容；确定对外宣传和报道的，要经主办单位审批；与会人员未经批准不得以任何形式接受记者采访。会议、活动的新闻报道，必须经主办单位的负责人进行严格保密审查，统一新闻报道口径。涉密界限不清的，应逐级上报有权限确定该事项密级的上级机关或保密部门审查确定。

第六节 涉密信息系统管理制度

一、涉密信息系统概述与分级保护制度

涉密信息系统按照涉密程度分为绝密级、机密级、秘密级。机关、单位应当根据涉密信息系统存储、处理信息的最高密级确定系统的密级，按照分级保护要求采取相应

的安全保密防护措施。

不同密级的涉密信息系统有不同的管理标准,具体如下:

秘密级:秘密级涉密信息系统中包括最高为秘密级的国家秘密,其防护水平应不低于国家信息安全等级保护的三级要求,还必须符合分级保护的秘密级防护要求。

机密级:机密级涉密信息系统中包含最高为机密级的国家秘密,其防护水平应不低于国家信息安全等级保护的四级要求,还必须符合分级保护的机密级或机密增强级防护要求。

绝密级:绝密级涉密信息系统中包含最高为绝密级的国家秘密,其防护水平应不低于国家信息安全等级保护的五级要求,还必须符合分级保护的绝密级防护要求。

二、涉密信息系统的使用前评估与审批

涉密信息系统应当按照国家保密标准配备保密设施、设备。保密设施、设备应当与涉密信息系统同步规划,同步建设,同步运行。

涉密信息系统的评估流程如下:

首先,涉密信息系统使用单位向测评机构提交测评申请书。进行资料审查时,测评机构主要根据涉密信息系统等级相应的技术和管理要求,从基本保护、信息保密、管理过程以及基本管理要求等方面进行逐项审查。

其次,测评小组进入现场对涉密信息系统依据保密标准进行现场测试,收集数据。根据测评方案进行现场检测,将相关数据和结果记录到测评表中,撰写现场测评报告。

最后,结合现场测评报告和测评专家组对申请材料的审查数据,形成涉密信息系统综合评估报告并出具审批意见。涉密信息系统测评结论采用百分制的评价方式,满分为100分。

涉密信息系统审批工作遵循依据标准、规范程序、综合评估、确保安全的原则。

涉密信息系统审批是符合性审批,存储、处理、传输国家秘密信息的系统必须符合国家有关保密法规和标准的相关安全保密要求,审批工作必须以国家有关保密法规和标准规范为依据。规范程序,是指审批工作要按照依法行政的要求,不仅执法主体合法,执法程序也必须合法,审批应严格按照《审批管理规定》的程序和统一的法律文书,规范操作。

综合评估,是指涉密信息系统的安全保密是通过一套适合的综合控制措施获得的,包括管理策略、规程、组织机构和软件、硬件功能等。确保安全,是指建设涉密信息系统投入使用审批制度的目的和审批的目标都是确保国家秘密安全。因此,涉密信息系统审批必须以确保国家秘密安全为基本原则和目标。

三、涉密信息系统的禁止性规定

机关、单位要对于涉密信息系统严格管理,任何组织、个人对于涉密信息系统不得有以下行为:

(1)不得将涉密计算机、涉密存储设备接入互联网及其他公共信息网络;

(2)不得在未采取防护措施的情况下,在涉密信息系统与互联网及其他公共信息网络之间进行信息交换;

(3)不得使用非涉密计算机、非涉密存储设备存储、处理国家秘密信息;

(4)不得擅自卸载、修改涉密信息系统的安全技术程序、管理程序;

(5)不得将未经安全技术处理的退出使用的涉密计算机、涉密存储设备赠送、出售、丢弃或者改作其他用途。

案例

2008年10月,某涉密单位工作人员邓某违规将涉密计算机接入互联网,被境外情报机构利用"木马"窃密程序,盗取数十份涉密文件。邓某因过失泄露国家秘密罪被判处有期徒刑两年六个月。

案例

2009年2月,某涉密单位研究所所长张某私自更换办公室涉密计算机,将原涉密计算机硬盘安装在新计算机上,并在无任何技术防护措施的新计算机和连接互联网的计算机之间交叉使用移动存储介质,导致大量涉密文件泄露。有关部门给予张某撤销所长职务、正处级降为副处级的处分。

第七节　泄密风险排查

一、什么是泄密风险

泄密风险,是指因为某种有意或无意的行为,导致国家秘密可能超出限定的知悉范围,存在损害国家安全和利益的危险。科研单位尤其是涉密科研单位,接触国家科学技术秘密的频次、范围、流转环节、管理方式和要求与党政机关相比,有许多不同。同时,涉密项目在实施过程中还会产生新的国家秘密事项。面对这些复杂情况,科研单位必须切实重视泄密风险排查、评估工作,采取有力措施管控泄密风险。

泄密风险等级评估,主要采取定性与定量相结合的方法进行。结合科研单位实际,可选择层次分析法、因果分析法、危险性分析法、故障树分析法、概率风险分析法、事件树分析法、危害性分析法等不同方法进行。

评估泄密风险等级,可分为"极高""高""中""低""轻微"五个等级,具体如下:

"极高":风险就在眼前,泄密事件随时可能发生,应当特别重视,坚决果断地进行专项研究治理。

"高":泄密风险显露,有近期发生的可能,应当高度重视,经常调度。

"中":有泄密风险存在,经过一段时间并具备一定条件后会转变成高风险,应当定期调度,降低风险。

"低":泄密风险潜在,一段时间内不会发生,在可控范围,应当予以关注,工作前置,消除风险。

"轻微":有泄密风险特征,稍加注意即可消除。

排查泄密风险是对泄密事件发生前或发生过程中的分析和预判。科研单位及科技人员做好泄密风险排查工作,是贯彻保密工作"积极防范"方针,将关口前移,进而管控风险、防范泄密的有效措施和方法。

泄密风险排查的一般思路包括以下几方面:

首先,全面排查分析泄密风险的来源。可从科研单位的保密工作机构力量,保密规章制度建设,涉密人员、项目、载体、设备和场所管理以及外部环境等因素入手进行排查分析。

其次,科学识别泄密风险的转化条件。应多维度、多视角地识别构成泄密风险的因素及它们之间的相互作用,并分析在什么条件下、达到什么程度构成风险或削减风险。通常情况下,涉密人员越多,泄密风险越高;涉密事项越多,泄密风险越高;保密工作力量越弱,泄密风险越高。

再次,准确确定泄密风险的转化条件。泄密风险的转化条件应当是最现实、准确的条件,转化条件与泄密风险应当是一一对应的最直接的关系。

最后,构建可供借鉴的泄密风险体系模型。针对泄密风险因素的复杂性,建立本单位和科技人员方便识别并能引以为戒的泄密风险体系模型,供其在日常工作中对照识别,防控风险发生。

二、为什么泄密隐患反复出现

保密工作中有的问题和隐患会反复出现,如有的员工经常违规发送电子邮件,有的使用微信、微博传递敏感信息,有的未经审批复印密件,有的擅自将涉密事项带回家中处理等。泄密隐患反复出现,究其原因主要有以下几点:

第一,保密教育培训不够,导致员工"底线意识""红线意识"淡化,存在不懂、不会、不学、不做的问题。

第二,保密制度不健全、不适用,缺乏规范性、约束力。

第三,就事论事,没有由此及彼、举一反三、严格彻查。

第四,满足于治标,不注重治本,标本兼治管理不严,处理不力、不能使人警醒、引以为戒。

第五,没有率先垂范,不能以上带下、正己正人。

第六,没有形成遵守保密法纪、人人有责的良好习惯和氛围。

三、如何防范(处理)泄密事件

《保密法》规定,国家工作人员或者其他公民发现国家秘密已经泄露或者可能泄露时,应当立即采取补救措施并及时报告有关机关、单位。比如当场制止泄密行为,迅速报警,协助查找或保护丢失、被盗的国家秘密载体。发现人在报告时应本着就近和迅速的原则,及时向有管辖权或处理权的机关或单位口头报告,并配合做好补救措施和取证工作。

各单位应当按照《国家科学技术秘密持有单位管理办法》规定,制定泄密应急预案,一旦发现本单位持有的秘密可能泄露或者已经泄露,应当在24小时内向业务主管部门、行政管理部门和保密行政管理部门报告,同时启动应急预案,并协助有关部门查处泄密事件。

第八节 专项工作中的安全保密

一、涉密工程项目的安全保密

涉密工程项目应先经本单位保密部门审查,经审查认定为涉密的,须报同级保密行政管理部门审查、省级保密行政管理部门确认后实施。建设单位、承建单位应当建立或指定专门工作机构负责涉密工程项目保密管理工作,制定保密方案,明确保密责任,落实保密措施。建设单位对承建单位,承建单位对工程勘察、设计、施工和监理等单位应当进行保密审查,并层层签订保密协议。

涉密工程项目不得公开招标,涉密工程项目中的有关文件、资料、方案、图样的制作、传递、复制、保存、携带应符合国家秘密载体管理要求。处理、存储、传输涉密工程项目信息资料应当在涉密计算机中进行,其维护、维修、销毁等环节应当符合国家保密规定。

建设单位应切实加强对涉密工程项目全过程的保密监督管理。工程竣工后,应收回涉密文件、资料、图样等涉密载体,办理移交手续,并按照有关规定,清除或销毁涉密计算机中的涉密信息。

二、国家统一考试的安全保密

国家统一考试事关重大,涉及面广,保密性强,在组织国家统一考试过程中要加强保密管理。

国家统一考试安全保密管理工作由组织考试的主管部门负责。主管部门应当指定专人负责国家统一考试保密工作,制定保密方案措施并组织实施。

命题环节的保密管理如下:

一是对命题工作的各个环节实行严格的保密管理,原始试题载体应选择具备安全防盗设施的场所,存放在保险柜内,并由双人专门保管。

二是对命题人员和内部工作人员要加强保密教育,进行严格审查,要与命题人员签订《保密承诺书》,明确规定命题人员的保密义务。

三是考试试卷应当在国家统一考试试卷定点印制单位印制。运送试卷应严格按照有关规定,通过机要渠道或使用可靠的交通工具,由两人以上专门押送,做到人不离卷、卷不离人,并严格履行交接查验手续。考试试卷封存保密期间,对保密场所应当采取必要的保密措施,安装防盗装置,实行24小时双人守卫。

以电子信息形式为载体进行考试的,应按照国家有关规定,在涉密载体及计算机信息系统、计算机设备的安全防护、使用和管理等方面,采取严格的保密防范措施。承担考试软件开发、制作的单位应承担保密义务,考试主管部门应与其签订保密协议。考试工作中发生泄密事件,有关考试主管部门应立即按照有关规定报告,并协助保密行政管理部门组织查处。

三、涉密经济数据的安全保密

涉密经济数据事关国家经济安全和重大利益,在公布之前都属于国家秘密,一旦泄露或提前披露,将会扰乱经济运行秩序,影响市场公平竞争,损害政府公信力,给国家安全和利益造成危害。因此,对涉密经济数据应当加强保密管理。

产生涉密经济数据的机关、单位应当依照有关保密法律法规及时定密,并进行严格保密管理。涉密经济数据的统计、处理、存储、传输、报送和使用等环节应当符合国家保密规定。涉密数据知悉范围应当严格控制,知悉涉密数据的人员应当做出保密承诺,严守保密法纪,不得向知悉范围以外的单位和个人提供涉密数据。

统计、经济、金融等有关部门应当指定专人负责涉密数据保密工作,制定保密方案、措施并组织实施。统计机构和统计人员对在统计工作中知悉的国家秘密、商业秘密和个人信息,应当严格保密,不得外泄。

数据法定发布机关在公开经济数据前,应当按照保密法律法规和《政府信息公开条例》有关规定的程序和要求,对拟公开的数据信息进行保密审查,未经审查批准,不得对外公开。新闻报道、公开出版物、公共网络信息不得涉及涉密数据。

第十一章 社交活动中的安全保密

第一节 接受采访的安全保密

一、接受新闻记者采访时

公务人员因公事接受采访时有以下注意事项:

第一,因公要接受新闻记者采访,应填写《接受记者采访申请表》。

第二,经单位主管领导批准,并对采访内容进行审查,不应涉及国家秘密。

第三,为了说明情况,无法回避相关涉密事项时,应向新闻记者申明需要保密的内容,要求不得将涉密内容编入新闻稿内,要求新闻记者履行保密义务,同时向有关单位报备。

如果接受采访纯属个人行为,则也需要注意不得涉及国家秘密、工作秘密和商业秘密。

因公组团出访时,应当事先确定新闻发言人,拟定应对采访策略,统一采访口径。哪些能讲、怎么讲、哪些不能讲,界限要清楚,事先要有准备。遇有境外媒体采访时,由新闻发言人出面接受采访,涉及涉密内容的婉言回绝。

涉密人员因公出国(境)期间,原则上不得接受境外媒体的采访,确需接受采访的,应经团组领导批准,或者请示国内机关、单位批准,并不得涉及涉密内容。涉密人员因私出国(境)期间,不得以公务身份接受境外媒体采访。以个人身份接受采访的,不得暴露自己的公务身份,不得涉及国家秘密、工作秘密和商业秘密,也不得涉及与本人从事公务活动有关的内容。

 案例

  某省召开一场大型高新技术展览会,国内多家重量级研究机构参展。A报社派出5名记者到现场采访,其中,记者周某被分派到展览会甲场馆。周某个性开朗,顺利完成了对几家参展单位的采访。

  上午10时左右,周某来到B研究所展台附近,他知道该所近期在某重要技术方面取得了突破,便主动向工作人员出示记者证和名片,赠送A报样刊,并提出采访需求。B研究所相关人员商量后决定,由高级工程师曹某接受采访。

  周某拿出录音笔,以问答方式进行采访。曹某侃侃而谈,从本次展品介绍谈到B研究所有关工作开展情况。其间,他不经意将某机密级国家秘密信息一并说出,被录音笔记录下来。采访结束后,周某还拍摄了曹某站在展台前的照片,拟用于专访稿配图。

  第二天,周某开始撰写访谈稿。他先是根据录音整理出一篇原始稿,在此基础上进行加工。周某根据职业习惯,尽量保留采访原样,删除了部分自认为敏感的内容,形成了访谈稿,但保留了曹某透露的机密级信息。

  当时,负责二审的副总编于某出差,周某便直接将稿件交给负责三审的总编马某审核。马某审核不严,未发现其中有国家秘密信息,仅作了文字修改。三天后,于某回到报社,考虑到报纸马上要付印,时间太紧张,就没有对周某的稿件进行审核,直接补签了二审签名。随后,这篇访谈稿正式见报,后被另一家报社转载并发布至门户网站,又被有关网站及微信公众号转载,造成泄密。

  案件发生后,有关部门给予曹某行政记过处分,对周某做出辞退处理,对马某、于某通报批评,对负有领导责任的A报社副社长陈某进行诫勉谈话并予以经济处罚,对负有领导责任的B研究所所长方某、副所长齐某、办公室主任沈某等人通报批评并予以经济处罚。

采访涉及国家秘密的会议和活动,极有可能触碰新闻采访泄密的"雷区"。如果新闻工作者对这些"雷区"一无所知,不注意甚至不重视,就有可能触雷受伤。

第一个雷区,采编人员"不守规矩"。上述案例中,周某所在的 A 报社派记者采访涉及国家秘密的展览会,并未获得展览会组织单位和相关参展单位的批准。在这种情况下,主办单位自然不可能查验采访人员的工作身份,更不可能对拟报道内容进行审定。并且周某既未在采访结束后向曹某核实访谈内容是否涉密,也未在成稿后将访谈稿送交曹某或 B 研究所审核,这是明显的违规操作,为泄密埋下了隐患。

第二个雷区,涉密人员"逾越雷池"。上述案例中,曹某对周某提出的采访要求,既未向 B 研究所申请批准,也未向相关领导报备,而是直接在展会现场接受采访,显然有悖于保密法律规定。且曹某不知深浅,在采访中随意谈论国家秘密信息,"密从口出"还不自知。

第三个雷区,新闻三审制"形同虚设"。上述案例中,A 报社落实三审制度不到位。其中,周某跳过二审环节,将访谈稿直接交给总编审核;于某为了新闻时效性,没有对涉案访谈稿进行审核,补签二审签名了事。虽然负责一审的周某根据工作习惯,删除或模糊处理了部分自己觉得敏感的内容,但这种"自审"并未以相关保密范围为根据;负责二审的于某压根没有审核;负责三审的马某只对文字进行修改,未征求被采访单位意见就决定直接发稿。三审人员的行为使得保密审查形同虚设。

二、召开新闻发布会时

新闻发布会的相关材料包括情况通报、新闻口径、发布会议程、主持稿等,这些材料都要根据实际情况判断是否需要保密。

在召开新闻发布会前,以上对外发布信息的内容要经过严格的保密审查,以防不慎泄密。现场对外发表有关信息、陈述观点、介绍情况、发表意见等,应严格遵照事先统一的口径。回答提问时对相关热点问题要进行预测,做好事前准备。

第二节 著书立说的安全保密

一、发表论文或报告时

发表论文或撰写报告是专业人士、高校师生展现学术水平与学术成果的重要工作。学术论文的作者往往是涉密科研或商业项目的实际参与者,涉及项目调研、方案设计、实验分析、数据处理等环节,掌握了大量的关键涉密信息,在论文和报告的写作中就可能涉及敏感内容。因此,应对公开发表论文和报告的内容进行严格的保密审查。

论文或报告的审查人员包括研究生导师、项目负责人、领域专家和单位保密工作负责人等,审查时要针对论文和报告内容提出专业性审查意见,并经业务主管部门审查后,报学校保密管理部门备案。参与涉密科研项目的师生发表与项目有关的论文或报告,必须预先经过保密审查,确认不涉及国家秘密的,才可以投稿。

对于涉密学位论文,也应该具有更加严格的保密要求。目前高校的涉密学位论文保密管理工作较为薄弱,存在一些问题。

一是不能保证环境的安全。高校、科研院所在其制定的涉密学位论文保密管理规定中均明确,涉密学位论文的撰写必须在涉密计算机上进行,制作要符合国家保密要求。但由于对论文的撰写、制作环节缺乏监管,致使规定成为一句空话。究其原因,往往是缺乏撰写涉密学位论文的设施环境。高校、科研院所承担涉密科研项目所用的涉密计算机一般是专机专用,且大部分用于项目有关工作,很难有空余时间供研究生撰写学位论文使用。此外,有关计算机往往集中管理,使用需要履行相应的手续,研究生没有条件使用涉密计算机从事学位论文的撰写。

二是难以利用互联网信息资源。当前,互联网成为研究生搜集、获取学术资源最为重要的一个途径。然而,使用涉密计算机撰写学位论文,给从互联网上获取学术资源造成了很大的困难。因此,许多研究生不得不在连接互联网的计算机上撰写涉密学位论文。

三是制作环节无法确保安全。大部分高校、科研院所没有指定的学位论文制作单位,主要靠研究生自行寻找制作单位,涉密学位论文的制作常在一些个体打印社、复印店里完成,存在较大的泄密隐患。

已经通过答辩的研究生学位论文,应当按规定进行归档。实践中,由于缺乏相关管理要求,涉密学位论文的归档和保管环节存在较大的泄密漏洞。

对于涉密论文归档、保管环节的保密管理,正确的做法是:答辩结束后,涉密学位论文和相关申请、评审材料应当移交给所在院系、部门指定的人员,并填写涉密学位论文移交清单。各高校、科研院所对涉密学位论文进行统一管理。导师应当及时监督学生销毁多余的学位论文,或交学校保密机构处理,确需留存的应由导师按照学校涉密载体管理规定集中保管。对于需提交到图书馆的涉密学位论文,需要双方有关人员进行充分沟通,明确提交的论文中是否包含涉密学位论文。图书馆对接收的涉密学位论文应当逐一明确密级和保密期限,对收藏情况进行登记整理,建议按照解密时间进行排序。对于提交到有关数据库网站的学位论文,则要严格核实比对,杜绝刊登涉密学位论文的案件发生。

 案例

某法学网站刊登了一篇内容敏感的论文,经鉴定属于秘密级国家秘密。经查,论文作者为某政法大学在职研究生赵某,他同时是某省政法机关的科长。赵某在撰写论文时,利用工作之便,未经领导审批,擅自引用了有关涉密文件的内容。赵某将论文提交导师杨某审阅,未说明引用了涉密文件。杨某通过电子邮箱将文章投给某法学网站及 4 家学术期刊,被网站录用并刊登,造成泄密。事发后,有关部门给予赵某党内严重警告、行政撤职处分,对杨某进行通报批评。

二、个人出版专著时

同论文和报告发表时一样,个人出版专著时也要注意以下几点:
第一,不得涉及国家秘密;
第二,所引用的资料一般也不得涉及机关、单位的工作秘密或商业秘密;
第三,确需引用工作秘密或商业秘密的,必须经主管领导批准;
第四,所用资料涉及他人商业秘密的,应经权利人同意;
第五,不得擅自将涉及国家秘密的内容写入个人著作内。
公务人员想要出版个人专著时,要向部门负责人进行申请,申请内容包括著作名称、拟出版的内容、部门负责人意见、单位负责人意见等。

三、发表文章或发布信息时

公务人员在媒体上发表文章或发布信息时,不得涉及国家秘密内容,也不得涉及机关、单位的工作秘密或商业秘密及他人隐私。稿件和作品凡是涉及本机关、单位以及本行业、本系统业务工作的,在投寄前,要对照国家法律法规进行保密审查,自己无法把握时要请本机关、单位有关部门、主管领导或保密组织进行保密审查。

 案例

2017年2月,80后女研究生李某被借调到银监会工作,工作中违规将当时央行制定的、尚处于内部征求意见阶段的《关于规范金融机构资产管理业务的指导意见》及起草说明(标有"机密"字样)拍照通过微信发给前同事,进而导致该文件在多个金融行业微信群及有关人员微博、博客、微信公众号中不断转发,造成涉密信息在互联网上被大范围公开传播。最终,李某因故意泄露国家秘密罪,被判处有期徒刑一年,缓刑一年。

第三节　会客商谈的安全保密

一、会客商谈的保密要求

公务人员在会客商谈时要做到"四不":不该说的不说,不该问的不问,不该提供的信息不提供,不该知悉的秘密不知悉。在会客商谈中,主要对参会人员、会议场所、会议记录和会议资料进行保密要求。

对于参会人员,要求涉及外宾的会议,不带无关人员进入会场。如果会议规定不准在会议驻地会客的,不得带其他人员进入会议驻地。允许其他人员进入会议驻地的,会见时应将文件、资料妥善收存,不得向会外人员谈论会议内容。

对于会议场所,要求:①涉密会议应当在具备安全保密的场所召开;②会议使用的扩音设备应当符合保密要求,会场设置手机干扰器;③会议场所禁止带入具有无线上网功能的便携式计算机;④未经批准禁止带入具有摄录功能的设备。

对于会议记录,如果会议是明确不能记录和录音的,不能私自记录、录音,也不摘录、摘抄秘密文件、资料内容,不擅自复印会议文件、资料。对于谈判会址选择商议会议对策、涉密事项及内部事项,应在不会泄密的地方进行。会谈时,不要把涉密文件或内部资料带入会谈场所。必须携带的,会谈时也不要摆放在桌面上。

对于会议资料,会议工作人员要切实履行职责,加强会议的保密管理,对会议文件、资料要登记发给会议代表,领取人员应填写《会议资料领取登记表》,需要集中管理的文件,会议休会期间要及时收回。凡是注明"会后收回"或不允许由会议代表自己带回单位的文件,在会议结束时,会议代表要主动交还会议文件管理人员,并办理交接手续。允许由会议代表自己带回单位的文件,回单位后应立即送交单位文件保管部门登记保存。

二、管理疏忽案例教训

为强化涉密会议保密管理,《保密法》第三十八条和《保密法实施条例》第二十七条明确了涉密会议主办单位的保密责任和工作要求。但与此同时,相关泄密案件仍时有发生,提醒我们需正视涉密会议保密管理工作中存在的隐患。

会客商谈时的管理疏漏主要分为两个方面:涉密载体管控不当和会议材料发放不当。在会客商谈时,若该会议涉及机密事项,需严格保管相关涉密载体,防止被知悉范围外人员接触。

同时,在会客商谈时,若该会议涉及机密事项,应根据会议的内容限定参加人员范围,也是为了保证将国家秘密控制在《保密法》第二十一条规定的"知悉范围"内。因此,这些会议文件材料的发放,必须严格限定在会议方案规定的人员范围内。

根据《保密法》规定,保管涉密会议的相关涉密载体,应保障其安全,防止被知悉范围外人员接触。但是实际工作中,由于一些地区和部门对保密工作重视不够,保密制度执行不严,导致涉密载体"不翼而飞"的情况出现。

 案例

某单位涉密会议召开期间,一台存有涉密文件的涉密笔记本被盗。经查,该单位工作人员在休会期间,未及时将放置在桌上的涉密笔记本电脑存放在保密柜中,被人顺手偷走。后经有关部门全力侦查,笔记本电脑被追回。事件发生后,有关部门对该单位负有直接责任、领导责任的人员进行了严肃处理。

《保密法实施条例》第二十七条规定:"应根据涉密会议的内容限定参加人员范围。"这就是为了保证将国家秘密控制在《保密法》第二十一条规定的"知悉范围"内。因此,涉密会议文件材料的发放,必须严格限定在会议方案规定的人员范围内。但有些单位工作人员却认为只要是参会人员,就是涉密会议材料的发放对象,导致国家秘密的知悉范围被违法扩大。

 案例

某单位为传达上级会议精神,决定召开工作会议,学习相关涉密文件。按照会议要求,只有正式参会人员才可领取学习文件,会务人员不在发放范围内。但会议期间,会务人员郭某向文件保管人员徐某索要上述文件,徐某碍于情面答应了其要求。郭某后来将文件泄露给他人,几经转发,造成泄密。事件发生后,有关部门给予郭某留党察看、行政撤职处分,给予徐某行政记大过处分。

三、涉密会议中违规使用微信

微信是2011年年初推出的一款支持多人文件资料共享的互联网移动应用软件。截至2022年,微信全球每月活跃用户已超过12亿,是中国人最多使用的社交软件。由于微信信息资源共享十分方便,一旦发生泄密事件,信息往往呈几何数级扩散。自微信问世以来,发生了多起通过微信泄密的事件。

 案例

2017年9月,为做好会务工作,某涉密会议服务人员展某,将其负责的会务信息编辑后,发送到由8名会议服务人员组成的微信群中,被有关部门及时发现并予以补救处置,未发现造成泄密后果。案件发生后,有关部门对展某进行严厉批评,责令其做出深刻检查。

 案例

2015年5月至6月,某党政机关负责人王某在参加该省有关涉密会议期间,通过微信将两份秘密级会议材料发送给家人,后被家人进一步转发。此外,王某还将一份秘密级会议材料带回家,被家人拍照后通过微信发送给他人。案件发生后,有关部门给予王某留党察看一年、行政撤职处分。

 案例

2017年3月,某报社编务室人员任某在参加某涉密会议时,违规使用手机进行录音。会议结束后,任某将手机录音整理成会议记录,报总编室主任王某。王某在报社总编辑彭某的授意下,将会议记录上传到工作微信群。案件发生后,有关部门分别给予任某、王某警告、记过处分,对彭某做出免职处理。

在以上案例中,为什么微信会成为涉密会议的"跑风口"呢?原因有以下三点:

一是认知偏差。有的涉密人员以为,只要将涉密或敏感的信息进行编辑删减,再通过微信传递就不会造成泄密。比如第一个案例中的展某,自作聪明地对涉密会议会务信息进行编辑和替换,将自以为重要的信息替换成字母代码,就认为他人看不懂,不会对国家秘密造成危害。殊不知,明眼人可以轻易推测出信息全貌。

二是心存侥幸。有的涉密人员明知不得通过微信及其他互联网渠道传递涉密文件材料,也深知泄密的后果,但仍抱有侥幸心理。比如第二个案例中的王某,出于个人私心,通过微信将涉密会议材料发送给家人,以为在小范围内传递不会被发现,不得不说是侥幸心理在作祟。

三是贪图便利。有的涉密人员过度依赖微信的优势,认为其操作简单、交流及时、使用方便,便为图省事,头脑一热,就将涉密会议相关信息发到微信中,造成国家秘密泄露。比如第三个案例中的彭某,只看到微信传达的便利,未看到微信泄密的危害,错误地指示王某将涉密会议记录发送至工作微信群。

第四节 网络社交的安全保密

一、新媒体泄密

在微博、微信等用户规模庞大的新媒体平台上,潜伏着大量"猎密者"。"猎密者"

是指通过不正当手段猎取国家秘密和情报的人,主要包括三种:

第一种是猪笼草型。这种"猎密者"专门捕食贪吃的猎物,方法是金钱诱惑,双方各取所需。有的涉密人员理想信念动摇,思想道德滑坡,幻想不劳而获,只要诱饵递至嘴边,就会主动上钩。

第二种是毒蜘蛛型。这种"猎密者"善于对付有一定警惕性的猎物,他们通常先面带笑容,对猎物恭维、抚摸、喂食,持续注入情感、金钱等"麻痹剂",一步步将其拖入深渊。

第三种是狐狸型。这种"猎密者"极善伪装和操控人心,能够准确把握猎物情绪,瞅准时机进行恭维、激将等操作,骗取国家秘密、情报。有的涉密人员不加分辨或不善分辨,错把他们当作普通网友,在聊天中谈及国家秘密,结果"密从口出"还不自知。

在微信中,"猎密者"通常通过"三板斧"进行猎取。微信中的"三板斧",指的是架桥过河、布网拉拢、垂饵猎安这三种手段。

第一板斧,架桥过河。对"猎密者"来说,微信"附近的人"等功能是连接其与猎物的"桥"。他们只要开启这些功能,就能主动搜寻、添加目标区域的其他用户,也可以为其他用户所搜寻、添加。

在现实中,"猎密者"利用"附近的人"猎密,并不需要真正来到猎物身边,其任意下载一款具有修改手机定位功能的 App,就能隐藏真实坐标,伪装到机关单位或涉密场所附近,进而对这块区域内的猎物勾搭试探。

第二板斧,布网拉拢。一旦猎物有所回应,"猎密者"就会步步紧跟、主动聊天,套取猎物的个人信息和工作经历,判断其是否"有料"、能否榨出"油水"。如果他们从猎物身上闻到了国家秘密的"肉味",就会精心布设猎网,一步步牵着其鼻子走。

"猎密者"个个是心理学大师,他们会在猎物"困难"时出谋和划策,在猎物"前进"时鼓励和表扬,在猎物"后退"时批评和激将,在猎物"徘徊"时关怀和体贴,令人防不胜防。

第三板斧,垂饵猎安。待到收网时刻,"猎密者"会以工作、研究为借口,抛出金钱、情感等诱饵,向猎物打探、索要国家秘密、情报。他们对此经验丰富,能够因人而异抛出小任务、大诱饵,诱使猎物产生"试试看"的想法。一旦猎物吞钩,他们就会张开血口、露出利齿,由易而难、层层加码,不断提高任务要求,左手示之以好处,右手握之以把柄,将猎物牢牢把控,发展为长期稳定的猎密工具。

二、社交网络的潜在安全风险

当我们通过社交网络与朋友或陌生人沟通时,有可能遭受以下威胁:

第一,隐私外泄。在社交网络中不经意泄露电话号码、电子邮件地址、住址和身份证号码,有可能让歹徒有机可乘,盗用这些资料。同时可能更易遭受网上跟踪或人肉搜索。

第二,人身安全威胁。在网上结识陌生人,稍有不慎,便有机会招致恐吓、袭击、非礼,甚至强奸和抢劫等危险。

第三,影响工作单位。网络犯罪分子在针对目标组织发起攻击时,会利用相关员工进行社会工程学攻击。我们也可能不经意间泄露与工作或公司相关的敏感甚至涉密信息。

第四,网上诱拐和网上欺凌。陌生人或会透过社交媒体和我们交谈,以博取我们的信任,再借此做出更多侵犯行为。此外,一些人也可能在网上散播谣言或具冒犯性的内容,对我们造成伤害。

第五,感染不良内容或恶意软件。攻击者发布的应用程序看似正常,实际却是恶意内容或恶意代码,令电脑受到感染。

第六,影响工作成果及职业成就。很多组织通过调查社交网络来获得潜在员工的背景,或通过社交网络来查询员工是否具有不好的网络记录。

 案例

2019年年初,某省直单位李某,利用自己的百度网盘私自保存涉密资料。经鉴定,该资料属于机密级国家秘密,该事件被定性为在互联网上存储处理国家秘密泄密事件。李某受到组织处理。百度网盘是一个功能非常强大的软件,但作为一个互联网存储设备,在百度网盘上是一定不能存储国家秘密信息的。

 案例

小明是个社交达人,喜欢在社交平台上分享各种消费体验,拥有很多粉丝。一天,他发布了一条第二天要出差的消息,附上了自己家的地理位置,发布在了朋友圈。当出差回来之后,他发现家中进了小偷,贵重物品悉数被盗,小明赶忙报了警。警方抓住了小偷,经过初步审讯,小偷正是通过小明社交平台获得了他的出差信息和家庭住址而实施盗窃的。

三、使用社交媒体的安全保密

社交媒体上的个人隐私泄露大部分源自用户自己分享的信息,特别是地点定位信息、旅行信息、家人与朋友信息等,为不法分子掌握个体行踪提供了途径,提升了个人隐私信息的安全风险。那么,我们如何保护自己的隐私呢?

第一,要限制可查看人群,这一措施能防止不被我们信任的陌生人简单地获取我们的信息。

第二,在分享发布前要检查有没有敏感信息,比如图片里面有没有涉及身份证号或者其他证件号,或者文案当中有没有涉及住址信息等。

第三,最好延迟分享信息,比如我们去一个地方旅游,最好在离开这个地方的时候再做分享,减少攻击者实时获取我们行踪的可能性。

第四,避免多个平台使用同一个身份,防止攻击者通过一个平台的身份顺藤摸瓜确认其他平台的身份并获取信息。

第五,使用网站的私隐设置,将个人资料设定为只限授权人员读取;网上聊天时,不要透露太多个人信息,不应轻易相信对方的照片或网上的为人;尊重他人张贴的资料,避免转载或分享他人所发布的资料,这样可能会侵犯版权。

第六,不要在社交媒体网络披露机密商业信息、客户数据、薪金和财务信息详情,以及公司的商业计划和战略。

第七,可以使用专用的小型的社交网络。小型的社交媒体社区通常形成非常狭窄的主题或职能只在小型的团体内使用。可以将不必要的请求、邀请链接、应用程序和垃圾邮件保持在最低限度,这也有助于防止通过社交媒体进行敏感信息的泄露和大规模扩散。

第十二章 涉外活动中的安全保密

第一节 涉外活动的安全保密

一、涉外活动内涵与外延

当前,涉外交往日益频繁,出国人员不断增多,其活动涉及政治、经济、军事、科技、文化等各个领域。改革开放以来,涉外的商业贸易、投资建设、参观考察、学术交流、旅游、留学等活动日益增多,有力地促进了社会、经济、科技的发展。

涉外活动包括:①因公出国(境);②外事活动代表官方出面的一切接待外宾的谈判、工作安全、生活安排等活动;③对外提供资料,包括在各类交流、新闻报道、合作、谈判、验收、鉴定等各种形式的活动中,拟对外提供或公开的全部信息(包括但不限于文稿、论文、音像制品、磁介质、光盘等)。

二、涉外活动安全保密原则

涉外活动泄密渠道主要有:①涉密单位未经同意接待境外人员参观访问;②同境外人员交往时,介绍未公开的秘密事项;③未经批准向境外人员提供涉密资料;④见利忘义,出卖党和国家秘密。

涉外活动安全保密原则有:①预先防范原则;②内紧外松原则;③内外有别原则;

④适用国际惯例原则;⑤有利于对外交往原则;⑥国家利益至上原则。

预先防范原则:预先防范原则是保密工作的基本原则,更是涉外保密工作必须始终坚持的首要原则。坚持预先防范原则,就是要把保密工作做在涉外活动前面,做在每次具体接待、谈判、出国事宜行动之前,包括涉外人员、出国人员的预先保密教育,涉外接待保密方案的预先确定,涉外洽谈口径的预先统一,对外提供资料的预先审查,涉及国家秘密事项的预先审查批准等。

内紧外松原则:坚持内紧外松原则,就是要在确保国家秘密安全的前提下,对外创造一种宽松、和谐、愉快的气氛和环境。要紧抓内部的保密管理,增强涉外人员保密的警惕性和敏锐性。在涉外工作开始之前,要进行必要的保密检查,加强涉外活动中涉密文件资料和涉密事项的保密管理,及时做好内部控制管理,及时消除各种可能造成泄密的隐患。在此基础上,对外形成宽松和谐的氛围,在不违背保密制度的前提下,尽可能为外方提出的要求提供方便。对外方一些不合理的要求应当讲究谈判艺术,妥善应对,婉言拒绝。

内外有别原则:内外有别原则主要是指境内和境外要有所区别。在涉外工作中,应广泛结交境外的朋友,在不涉及国家秘密的前提下,多向他们介绍我国改革开放的成就和有关外交政策,使他们充分认识我国良好的投资环境,坚定友好合作的信心。但友好归友好,保密归保密。不能因为讲友好而不讲保密,也不能为广交朋友而忽视保密。同时,要划清密与非密、核心秘密与非核心秘密这两个界限,做到张弛有度、保密有节、管理有方。

适用国际惯例原则:我国以主权国家身份加入国际组织、签署国际条约、承诺国际事宜、签署合作协议,都是代表主权国家政府做出的郑重承诺,是我国在涉外活动当中应当遵守的。当涉外活动涉及国家秘密的保护问题时,既要坚持我国保密法律制度,又要善于运用国际惯例保护我方的合法权益。对外方不合理的要求,依照国际惯例予以婉拒;对外方涉及国家秘密的合理要求,按规定予以办理,并根据国际惯例要求对方以一定的方式履行保密义务;对外方拒不履行保密义务、损害我国安全和利益的行为,依照国际惯例维护我国正当合法权益。根据国际惯例,我方也应当自觉履行对外应当承担的保密义务。在对外提供国家秘密信息资料时,应当依据我国保密法律法规办理审批手续。

有利于对外交往原则:有利于对外交往原则主要是强调涉外活动的保密要正确处

理好原则性和灵活性的关系。既要坚持原则性,以确保国家秘密安全为前提;又要注意灵活性,在有利于对外交往、有利于社会主义现代化建设事业的基础上,一些国家秘密事项该放开的还是要有控制地放开,不能因为一味死保而影响国家秘密的正常使用和国家秘密自身效益的发挥,影响正常的对外交往。但对不能放开的国家秘密,要坚决保守,不能为了蝇头小利损害国家重大利益。

国家利益至上原则:公务人员在涉外工作中,任何时候都要把国家安全和利益放在首位,以国家安全和利益大局为重,不拿原则做交易,不利用职权谋私利,不做有损国格、人格的事。要严守纪律,严格执行请示报告制度;要懂得涉外保密知识和防间谍知识,具备应变能力;要遵守保密法律法规,认真履行保密义务,严格保守国家秘密。

三、涉外活动相关法律

《保密法》第十三条规定:"下列涉及国家安全和利益的事项,泄露后可能损害国家在政治、经济、国防、外交等领域的安全和利益的,应当确定为国家秘密……"

第三十七条规定:"机关、单位向境外或者向境外在中国境内设立的组织、机构提供国家秘密,任用、聘用的境外人员因工作需要知悉国家秘密的,按照国家有关规定办理。"

第二节 外事活动的安全保密

一、外事活动的内涵与外延

外事活动指代表官方出面的一切接待外国人的谈判、工作安排、生活安排等活动。外交大权在中央、外事工作授权有限是外事管理工作的根本原则。

各单位在对外交往中要认真贯彻执行中央的对外方针政策以及外事工作规章制度,切实维护国家的整体利益和尊严,必须坚持地方服从中央、局部服从整体、小局服从大局、当前利益服从长远利益的原则,严守国家秘密,自觉遵守外事纪律。涉外人员在对外活动中要提高警惕,严守国家秘密,严格遵守外事纪律和外事规章制度,遇有问题,要及时请示报告,对外做到统一政策、统一纪律,不得各行其是。

在外事活动中,公务人员应遵循以下原则:

第一,坚持和平共处五项原则。在国际事务中,要坚持独立自主的和平外交政策,维护我国的独立和主权,反对霸权主义和强权政治,维护世界和平,促进人类进步。在互相尊重主权和领土完整、互不侵犯、互不干涉内政、平等互利、和平共处五项原则的基础上,发展我国同世界各国的关系。这是我国处理与世界各国关系的基本原则。这就要求各类涉外人员无论是出访还是国内接待,都要坚持这个原则,既不奴颜婢膝,也不搞大国沙文主义。

第二,坚持内外有别的原则。在各类外事活动中,既要做到热情友好、文明礼貌、不卑不亢,又要提高警惕,做到内外有别。凡属机密事项,未经批准,任何人不得在对外交往中泄露。

第三,严格执行外事纪律。在涉外活动中,要严格按照党的方针政策办事,按照有关部门制定的统一的对外口径和规定的统一范围活动。不允许利用职权和工作关系营私牟利,不许同外国人私相收受礼品;严格执行保密规定,不允许以友好、坦诚为借口,向外宾提供机密情况和资料;严禁酗酒,在对外交往中饮酒不得超过本人酒量的三分之一。

第四,维护国格、人格。在任何外事活动场合都要维护中华民族的尊严,维护国家的主权和利益,维护国格、人格,不做任何不利于祖国的事,不说任何不利于祖国的话。

第五,坚持勤俭办事的原则。在外事活动中,不搞铺张浪费,自觉抵制各种腐朽思想的侵蚀。

第六,一般不要在有外国人住宿的饭店、宾馆召开有秘密内容的会议。必要时,应在住宿安排、会场控制、文件保管、扩音通讯等方面采取严格的保密措施,并对工作人员、服务人员进行保密教育,共同做好保密工作。

第七,不得携带秘密文件(包括内部文件、资料、刊物和记有保密内容的笔记本)出国或参加外事接待活动。如工作确需携带,必须履行批准手续,并采取严格的保密措施。出国必需的一般性业务材料要随身携带,不得失控;经批准携带的秘密文件,应使用保密箱,指定专人保管或办理临时信托手续,到达目的地后,委托我驻外机构代为保存。

二、外事活动泄密风险及措施

在进行外事活动时,需在四个方面提高警惕:①涉外接待;②涉密区域;③涉密交流合作;④涉密资料。

第一,涉外接待时,接待保密方案的要点要包括以下方面:一是要统一接待口径,对外介绍的内容要预先审查,哪些能说、哪些不能说、说到什么程度,口径要统一;二是要统筹活动内容,对会谈的地点和内容、参观的内容和路线进行审定,确保活动内容不涉及国家秘密;三是要明确保密事项,应当使每一名接待人员明确哪些内容涉及国家秘密,哪些内容要在接待过程中特别注意保密;四是严格保密纪律,明确规定保密行为规范,使接待人员清楚什么能做、什么不能做,自觉履行保密义务。

第二,公务人员应当严格按照有关保密规定,将重要涉密部门、场所纳入保密要害部门、部位进行管理,特别是涉密研究场所、档案室、会议室、车间、实验场地及军事重地等,除应配置有关保密安全设备外,更应注重对人员的控制。一般情况下,不允许境外人员进入。如确属工作需要,必须经有关部门批准,采取有效控制措施,将其控制在一定范围内,不得进入核心部门、部位。一般凡允许外宾参观的地方,允许其拍照。对不允许拍照的项目和部位,应事先向外宾说明,并设置"请勿照相"的中外文标志。

第三,涉密交流合作时要注意以下方面:一是要遵守保密提醒制度。在涉外活动中,一些人往往因保密观念不强而发生泄密问题。因此,增强参加涉外活动的有关人员的爱国意识、保密意识尤为重要。在涉外活动中,有关人员应该严格遵守保密纪律,严格保守国家秘密。二是要掌握好"度"。涉外活动的内容广泛,特别是在国外举办展览、科技交流、学术活动时,对保密问题缺少必要的监督条件,在这种情况下,相关人员的保密观念如何,能否做到守口如瓶,将起着关键作用。保密观念强,在涉外活动中就能掌握好"度",做到既完成涉外活动任务,学到了国外的先进技术,也保住了国家秘密,达到互相学习、取长补短、促进发展的目的。三是要遵守外事纪律。有关人员参加涉外活动,不是个人行为,而是代表机关、单位或是国家的行为,因此一言一行都要谨慎,不能损害国家利益,做有损国格、人格的事情。

第四,不得携带秘密文件(包括内部文件、资料、刊物和记有保密内容的笔记本)参加外事接待活动。如工作确需携带,必须填写《公务人员参加外事活动携带资料申请表》,履行批准手续,并采取严格的保密措施。必需的一般性业务材料要随身携带;经批准携带的秘密文件,应使用保密箱,指定专人保管或办理临时信托手续,到达目的地后,委托专门机构代为保存。

第三节 对外提供资料的安全保密

一、对外提供资料的内涵与外延

对外提供资料包括在各类交流、新闻报道、合作、谈判、验收、鉴定等各种形式的活动中,拟对外提供或公开的全部信息(包括但不限于文稿、论文、音像制品、磁介质、光盘等)。对外提供资料要遵循合理、合法、适度的原则,既要有利于维护国家秘密安全,又要有利于保障和促进对外交流、合作的顺利进行。

对外提供资料审查、报批工作的基本程序有:

(1)根据对外交流或对外合作项目的实际需要,由承办部门指定专人对交流、合作对象要求提供的资料进行分析研究,拟定对外提供资料的范围。

(2)承办部门对拟提供的资料进行保密审查。

(3)经审查认为拟提供的国家秘密资料,需要经技术处理后才能提供的,按有关部门要求,采取技术处理措施。

(4)属于国家秘密资料的,由承办部门拟定是否对外提供的意见,提交本单位主管领导审核,并根据该资料密级对应的审批权限报批。属于内部资料或商业秘密的,承办部门征求有关部门意见后,提出是否对外提供的意见,提交本单位主管领导审批。

(5)对外提供国家秘密资料的审批,实行业务主管部门归口管理、分级审批的原则。

二、对外提供资料相关法律条文

《保密法》第二十六条规定:"国家秘密载体的制作、收发、传递、使用、复制、保存、维修和销毁,应当符合国家保密规定。绝密级国家秘密载体应当在符合国家保密标准的设施、设备中保存,并指定专人管理;未经原定密机关、单位或者其上级机关批准,不得复制和摘抄;收发、传递和外出携带,应当指定人员负责,并采取必要的安全措施。"

《对外经济合作提供资料保密暂行规定》(1993年4月19日国家保密局印发)第一条规定:"为做好对外经济合作提供资料的保密工作,适应对外开放和经济建设的需要,依据《中华人民共和国保守国家秘密法》第二十一条和《中华人民共和国保守国家秘密法实施办法》第二十二条,制定本规定。"

第三条规定:"对外经济合作提供资料(以下简称'对外提供资料'),要从国家整体利益和对外经济合作的实际出发,权衡利弊,遵循合理、合法、适度的原则,做到既能够维护国家秘密安全,又有利于保障和促进对外经济合作的顺利进行。"

第四条规定:"对外提供资料保密工作的基本程序:(一)根据对外经济合作项目的实际需要,确定提供资料的范围。(二)对已确定需要提供的资料进行保密审查。(三)经审查属于国家秘密的资料,其中能够作技术处理且经技术处理后能够符合对外经济合作项目实际需要的,应当作技术处理。(四)提供国家秘密资料,须经有审批权限的机关、单位批准。(五)经批准提供国家秘密资料,应当以一定的形式要求对方承担保密义务。"

第六条规定:"对外提供国家秘密资料的审批权限:(一)绝密级资料,原则上不得对外提供,确需对外提供的,须经国务院有关业务主管部门审批,或者由国务院有关业务主管部门按照有关规定审核后报国务院审批。(二)机密级资料,涉及全国性的,须经国务院有关业务主管部门审批;不涉及全国性的,须经所涉及的省、自治区、直辖市业务主管部门或国务院有关业务主管部门授权的单位审批,其中,国务院有关业务主管部门有特殊规定的,应从其规定。(三)秘密级资料,涉及全国性的,须经国务院有关业务主管部门审批;不涉及全国性的,须所涉及的地、市级以上(含)地方业务主管部门或国务院有关业务主管部门授权的单位审批,其中,国务院有关业务主管部门有特殊规定的,应从其规定。(四)涉及军事、军工方面的国家秘密资料,须按照国务院和中央军委的有关规定,经有审批权限的军事机关或军工主管部门审批。有关机关、单位在履行对外提供国家秘密资料的批准手续后,应将批件报同级政府保密工作部门备案。"

第十二条规定:"对外提供资料保密工作中需要送审、报批、审批或者协调、确定的事项,项目主办单位和有关业务主管部门、保密工作部门应当及时办理。"

第十三条规定:"保密工作部门承担对外提供资料保密业务咨询服务工作。"

第十四条规定:"严禁个人对外提供国家秘密资料。"

第十五条规定:"违反本规定,擅自对外提供国家秘密资料的,依法追究有关责任者的法律责任。"

三、对外提供资料泄密风险及措施

对外提供资料时,以下四种情形需提高警惕:①境外人员索取资料;②境外人员调查了解;③境外人员摄影摄像;④向境外媒体提供资料。

遇有境外人员来电、来访、来信了解情况、索取资料时,应及时向主管部门请示,不应擅自回复。对外交往与合作中确需提供国家秘密的,应当按照规定的程序先填写《境外人员索取资料备案表》,请求获批后,还应通过一定的形式要求对方承担保密义务,所提供的秘密事项应当有文字记录,切不可当面提供或擅自邮寄。同时,更应提高警惕,采取各种措施,加倍保护好资料的安全,严防资料被窃。

国(境)外的一些机构、团体或有关人员为了了解我国内部情况和动态,往往以某些理由或借口向公务人员分发一些已经印好的调查提纲或表格,要求当时填写。遇到上述情况时,应以"不了解情况,无法填写"等理由拒绝填写。如拒绝无效,应将调查提纲或表格交给团组或驻外机构领导,请示领导后处理,不得擅自填写。此外,在对外提供的资料中,应尽量避免使用"据调查、据统计、据掌握"等词语或引用有关的调查数据。

遇有境外人员前来摄影摄像等,要严格办理报批手续,拍摄内容不得涉及国家秘密。

公务人员向境外新闻媒体、报纸期刊、互联网及学术组织、机构邮寄稿件,不得涉及国家秘密、工作秘密和他人的商业秘密。如涉及相关公务方面内容,应当填写《向境外媒体提供资料备案表》,事先经机关、单位同意。

第十三章　出国（境）活动中的安全保密

第一节　出国（境）基本常识

一、常见的出国原因

因公出国(境)，是指党政机关、人民团体和企事业单位、新经济组织(含非公有制经济企业)等因公务对外交往的需要，派遣团组和人员出国(境)，主要包括国事访问、国际会议、学术交流、招商引资、科技合作、经贸洽谈、技术培训、参观考察等。

因私出国(境)，是指因留学、定居、探亲、访友、旅游等其他私人事务而出国(境)的行为和情形。对外劳务合作派遣，是指经省级或者设区的市级人民政府商务主管部门批准，由从事对外劳务合作经营的企业，组织派遣劳务人员赴国(境)外开展劳务合作活动。

二、间谍行为

间谍，既指被间谍情报机构秘密派遣到对象国(地区)从事以窃密为主的各种非法谍报活动的特工人员，又指被对方间谍情报机构暗地招募而为其服务的本国公民。间谍组织，是指外国政府或地区政治集团建立的旨在搜集我国家秘密或者情报，对我国家实施分裂、颠覆、渗透、策反等破坏活动，危害我国家安全和利益的组织。间谍组织代理人,是指受间谍组织或者其成员的指使、委托、资助,进行或者授意、指使他人实施危害我国家安全和利益的人员。

2023年4月,《中华人民共和国反间谍法》进行了全面修订,有针对性地完善了对间谍行为的界定。第四条规定:"本法所称间谍行为,是指下列行为:(一)间谍组织及其代理人实施或者指使、资助他人实施,或者境内外机构、组织、个人与其相勾结实施的危害中华人民共和国国家安全的活动;(二)参加间谍组织或者接受间谍组织及其代理人的任务,或者投靠间谍组织及其代理人;(三)间谍组织及其代理人以外的其他境外机构、组织、个人实施或者指使、资助他人实施,或者境内机构、组织、个人与其相勾结实施的窃取、刺探、收买、非法提供国家秘密、情报以及其他关系国家安全和利益的文件、数据、资料、物品,或者策动、引诱、胁迫收买国家工作人员叛变的活动;(四)间谍组织及其代理人实施或者指使、资助他人实施,或者境内外机构、组织、个人与其相勾结实施针对国家机关、涉密单位或者关键信息基础设施等的网络攻击、侵入、干扰、控制、破坏等活动;(五)为敌人指示攻击目标;(六)进行其他间谍活动。间谍组织及其代理人在中华人民共和国领域内,或者利用中华人民共和国的公民、组织或者其他条件,从事针对第三国的间谍活动,危害中华人民共和国国家安全的,适用本法。"

三、我国出国人员面对的形势与特点

我国出国人员面对的形势与特点如下:

第一,敌对势力对我人员由重点关注转向全面关注。境外情报机构的关注目标由外交官、科研人员等重点涉密人员转向所有出国(境)人员。

第二,对我人员实行有针对性的攻击。境外情报机构通过各种手段收集我出国(境)人员所属行业、性格特点、兴趣爱好、思想状况、家庭情况等信息,然后根据不同情况有针对性地开展工作,以各种许诺贴近,以金钱美色诱惑拉拢,通过设套威逼恐吓,实施策反。

第三,利用华侨华人和当地雇员实施策反及窃密。

第四,通过循序渐进、步步紧逼的手法实施渗透和策反。一般先通过请客送礼、小恩小惠等实施贴靠,进而利用金钱美色诱惑拉拢,再通过设圈套、抓把柄等进行威逼利诱,使其越陷越深,难以自拔。

四、境外情报机构主要的策反、窃密手段

境外情报机构的策反手段如下：

第一，利用金钱策反。利用策反对象对金钱和物质欲望较强的弱点，制造机会用金钱和物质实施引诱，将我方人员一步步拉下水。

第二，利用美色策反。利用策反对象好色的弱点，派遣情报人员主动接近贴靠，待时机成熟抓现行，威胁策反。

第三，利用个人污点策反。秘密收集我方人员在工作、生活中可能存在的各类污点劣迹的相关证据、如贪污、受贿、赌博、嫖娼等，以告发相要挟，对当事人实施策反。

第四，利用个人隐私策反。刺探我方人员的个人隐私，如性取向、婚外情等，秘密收集证据或设置圈套，以曝光隐私相要挟，对当事人实施策反。

第五，利用个人诉求策反。掌握我方人员各种个人诉求，如个人发展规划、个人事务处理、子女上学就业等，寻找机会接近贴靠，实施策反。

第六，利用亲属策反。了解掌握相关人员亲属的个人兴趣爱好、想法诉求、缺点弱点、污点劣迹等情况，伺机寻找突破口贴近策反。

 案例

刘某 2006 年毕业于北京某高校，作为优秀人才被推荐到地处西部偏远地区的某军工单位工作。参加工作一年后，刘某被在国外上学且加入境外情报组织的弟弟策反，开始了疯狂的窃密活动。他利用单位领导、同事的信任，对大量涉密资料进行复印或拍照，再通过当面转交弟弟或发送电子邮件等方式，将涉密资料传递至境外。刘某最终被国家安全部门逮捕。

境外情报机构的窃密手段如下：

第一，勾连策反我方内部人员，尤其是重要涉密岗位和高级别职务人员。

第二，通过在相关场合安装窃密装置、窥探和跟踪我方人员、对我方人员出入境进行特殊安检、雇人假扮我方人员进入我驻地、制造盗抢事件等方式直接窃密。

第三，利用我方人员防范意识不强的弱点，通过日常交往、活动交流、工作交谈等方式，套取我国情报和信息。

第四,运用各种高新技术手段窃取秘密信息,常用的技术窃密手段包括专线麦克风窃听、无线窃听、信息截获等。

第二节 因公出国(境)的安全保密

一、因公出国(境)相关法律条例

《因公临时出国(境)管理办法》中与因公出国(境)相关的法律条款如下:

第一条:"为进一步规范公司因公临时出国(境)工作的管理,确保公司外事工作顺利开展,根据国家财政部、外交部《因公临时出国经费管理办法》、《党政机关厉行节约反对浪费条例》等法律法规和上级有关精神,结合公司实际,制定本办法。"

第七条:"出国团组和人员必须有明确的公务目的和实质性内容,出国人员身份要与出国任务相符,不得出国执行与本人分管或承担工作无关的任务,杜绝所有观光旅游。"

《中国共产党纪律处分条例》中与因公出国(境)相关法律条款如下:

第八十三条:"驻外机构或者临时出国(境)团(组)中的党员擅自脱离组织,或者从事外事、机要、军事等工作的党员违反有关规定同国(境)外机构、人员联系和交往的,给予警告、严重警告或者撤销党内职务处分。"

第一百三十一条:"临时出国(境)团(组)或者人员中的党员,擅自延长在国(境)外期限,或者擅自变更路线的,对直接责任者和领导责任者,给予警告或者严重警告处分;情节严重的,给予撤销党内职务处分。"

第一百三十二条:"驻外机构或者临时出国(境)团(组)中的党员,触犯驻在国家、地区的法律、法令或者不尊重驻在国家、地区的宗教习俗,情节较重的,给予警告或者严重警告处分;情节严重的,给予撤销党内职务、留党察看或者开除党籍处分。"

 案例

2018年1月29日至2月4日,A市中级人民法院宣传处处长赵某等5人赴美国开展专题学习交流。其间,赵某等人擅自决定随当地旅行社前往纽

约、华盛顿、旧金山等地多处景点参观游览。参观游览产生的交通、景点门票等相关费用中应由赵某个人承担的9927元,均在此次因公出国经费中支出。赵某受到党内严重警告处分,退赔应由个人承担的旅游费用;其他相关责任人受到相应处理。

二、出国（境）前的准备工作

因公出国(境)人员应当热爱祖国、遵纪守法、政治可靠、历史清白、品行优良,具备出国(境)执行公务的业务能力,常驻外国的人员一般应具备相应的外语水平。其中的团组负责人,不仅要熟悉掌握本职业务,还要有丰富的实际工作经验和分析解决问题的能力,以确保能够较好地执行出国(境)任务。

出访前的准备工作如下：

第一,组团单位必须在出访前对该团进行一次行前集中教育。机关、单位保密部门要对出国(境)人员进行行前教育和保密提醒,内容包括目前国际形势、目的国基本国情及风土人情、自身使命及与对方的利害关系、外事纪律和保密纪律、"四防"(防窃密、防渗透、防策反、防叛逃)教育、失泄密及其他紧急情况处置办法等,使其掌握基本的保密防范知识和技能,并督促其签订保密承诺书,确保出访任务顺利完成,切实维护国家安全和利益。

第二,对出访任务和目的应认真研究、精心准备,做好人员分工,以保证顺利完成出访任务。出访保密工作实行"谁派出谁负责,谁组团谁负责",坚持内外有别、专人负责、全程管理、确保安全原则。团组负责人对团组的保密工作负总责,同时指定1至2名工作人员负责团组的保密管理工作。涉及国家秘密事项的团组在出国(境)前,应当对在境外期间涉密活动的组织管理做出安排,制定保密管理工作方案,明确保密管理措施。

第三,出访人员应对往访国的基本情况、双边关系以及安全形势、法律法规和风俗习惯等有充分了解。

第四,准备出国(境)期间所需要的行装时,应认真检查需专人保管、携带的内部文件、资料等东西是否被裹入了行李。同时,注意不要将内部发行的刊物、记有内部情况的笔记本、通讯簿、工作证件携带出境。

三、涉密人员因私出国

国家工作人员、企事业单位涉密人员因私出国(境),应由个人提出申请,本机关、本单位保密工作机构签署意见,报组织人事部门审批。一般情况下,核心涉密人员因私出国(境)不予批准。涉密人员未经规定办理出国(境)审批的,公安机关出入境管理部门不得为其办理出入境证件。对于掌握国家军事、政治、经济、科技等核心秘密的高知密专家、工程技术人员,应当从严管理。

国家工作人员和企事业单位涉密人员因私出国(境),机关、单位应当对其进行行前保密提醒,内容包括政治纪律、外事纪律、保密纪律,以及其他出国(境)和涉外活动注意事项,促其坚定理想信念,坚决捍卫国家安全和利益,维护国家荣誉和形象,防止被境外敌对势力或情报机构渗透策反。同时,明确告知因私出国(境)人员未经批准不得逾期滞留。

四、出国人员携带、传递涉密载体

国家秘密载体出境应当通过外交信使(含临时信使)携带、传递。严禁通过邮寄、托运等无保密措施的渠道传递国家秘密载体出境,除例外情形外,严禁任何个人违规携带国家秘密载体出境。确因工作需要必须携带、传递涉密载体出国(境)的,应按照《国家秘密载体出境保密管理规定》办理审批手续,采取完全保密的方式携运。必要时配备专用保密文件箱,并指定专人保管,随身携带,以防丢失或被外国情报机构秘密搜查。

出国(境)人员确因工作需要,须携带内部秘密文件和资料时,要严格履行报批手续,填写携带内部资料申请并逐级上报。经上级批准后,须配备保密文件箱,并指定专人保管、随身携带,严防丢失或被外方人员秘密搜查。

托运行李时,秘密文件资料及贵重物品,绝对不能被放在托运的旅行箱内,防止锁被秘密撬开。如果发现托运的行李物品受损或被盗,要及时向航空公司索取有关证明。

第三节　出国（境）期间保密管理

一、出访中的保密防范

出访期间的保密注意事项如下：

第一，各类因公临时出国团组和人员都应接受本地区我驻外使领馆的领导和监督，遇到重要问题应及时报告。

第二，出访人员应增强保密观念，注意行程和活动的保密，妥善保管内部材料，不在非保密场所谈论涉密事项。

第三，出访期间应注意人身安全，保管好护照、机票和其他财物，切实提高安全防范意识，避免与可疑人员接触，拒收任何可疑信函和物品。要有应急应变意识，对国际恐怖主义袭击和盗窃、抢劫、诈骗等犯罪活动保持高度警惕。

第四，抵达目的地后，如因故没有与接待方联系上，可及时用电话与接待方取得联系，以免人生地不熟出现差错。办妥入境手续后，不可产生松懈情绪，随时警惕行李箱、皮包被人"顺手牵羊"。一旦发生失窃，应马上通知执勤警察。有行李、资料、证件被偷时，应设法取得被盗证明书。

第五，登记住宿时，不要把注意力都集中在询问、登记、拿房卡等方面，这时小偷最容易钻空子。也不可随便将行李、皮包、照相机等物品放在桌上、沙发上，自己却走开办其他事情。一旦发生被窃事件，要尽快报警。放在旅馆房间内的物品，应妥善保管并加锁，如发现物品被搜查，应及时报告组织。尤其是涉密人员自踏入境外土地后，容易遭遇境外敌对势力或情报机构"围猎"，面对陌生环境和复杂形势，应当时时处处保持警惕，将保密防谍贯穿旅途全过程，确保万无一失。

第六，国（境）外的情报机关为了达到监控的目的，在一些饭店房间内装有监控设备。除通常的传声器、电话窃听器、微型录音机以外，还有红外线照相机、红外线夜望镜、光学镜头闭路电视和其他尖端仪器。如发现房内有这些仪器，不要惊慌失措，不要声张，最好的防范措施就是不要在房间里谈秘密事项，可说一些轻松或无关的话题。

第七，不要购买或阅读境外政治性报纸杂志，以免被境外情报机构或别有用心的人注意或盯梢。遇到不明身份者或反华分子要求托带物品(可能夹带反华宣传杂志和小册子),要提高警惕,予以婉拒,以防充当海外敌对分子的义务交通员。

第八,如有涉密文件、资料携带在身,要随时看管不让其脱离视线,更不能交由他人代管。不在有无关人员或不保密的场合阅读秘密文件、资料等,不要随意在微信中晒车票和行程路线,车票上的二维码会泄露个人信息。

二、境外日常通信的保密要求

使用手机、电话及计算机通信时,应严格遵守保密规定,不谈论和涉及任何秘密事项和内部事项。与国内联系请示汇报涉密事项或重大问题,应当通过我驻外使(领)馆或其他驻外机构保密通信渠道办理,不得使用手机、国际长途电话或互联网处理。

商谈内部事项时,为了避免被窃听,一般不宜在公共场馆、住所、电话中谈论,以防被人窃听,最好在有保密条件的地方或公园等空旷的场所采用走动中低声交谈的形式。机密文件应在使领馆保密室草拟。一般情况下,在房间内尽量避免谈论工作、单位和内部公务,也不要谈论其他成员的习性、脾气或弱点。

三、境外使用计算机等信息设备的注意事项

在境外使用计算机等信息设备时应严格遵守保密规定。

第一,严禁在连接互联网的计算机等信息设备上处理、传输国家秘密。严禁在境外采购或租赁的办公设备上处理国家秘密。严禁使用境外组织、机构和人员提供的信息设备,处理涉及国家秘密的信息。在境外使用电报、传真与国内联系,不得明密混用。

第二,严禁在无保密防护措施的场所使用各种设备处理国家秘密。使用计算机处理国家秘密信息,应当在我驻外使(领)馆或驻外机构屏蔽室内进行。不能在屏蔽室处理的,应当在具备安全保密条件的场所处理,并采取电磁干扰等防护措施。

 案例

某外事部门工作人员徐某,使用普通传真机将带有涉密内容的文件明传至境外单位,造成泄密。事后,徐某受到行政降级处分,并被调离原工作岗位。

四、境外社交活动的注意事项

在对外交流过程中,不要主动谈及单位内部情况或询问外方对于相关敏感事项的意见和看法;遇到境外人员或有关机构检查问询时,除单位涉密、敏感信息外,可如实回答问题;如对方借机刺探、套问单位内部情况,要周密考虑,不要随问随答;涉及活动内容的请示、报告或信息发布,要经团组负责人审核批准,严格执行行前制定的统一口径对外发布信息,切忌表露个人的主观臆断或结论。

在境外接受境外媒体采访时应该注意哪些保密事项呢?

第一,因公组团出访,应当事先确定新闻发言人,拟定应对采访策略,统一采访口径。哪些能讲、怎么讲,哪些不能讲,界限要清楚,事先要有准备。遇有境外媒体采访时,由新闻发言人出面接受采访,涉及涉密内容的婉言回绝。谈及的内容不要涉及国家秘密,同时要借机宣传我国社会主义建设取得的伟大成就,提升国家的正面形象。当发现对方提出的问题比较敏感且涉及国家秘密时,回答问题要讲究技巧,伺机岔开话题,争取主动,绝不能泄露内部秘密情况或未经公开发表的数字。

第二,涉密人员因公出国(境)期间,原则上不得以公务身份接受境外媒体的采访,确需接受采访的,应经团组领导批准,或者请示国内机关、单位批准,且不得涉及涉密内容。以个人身份接受采访的,不得暴露自己的公务身份,不得涉及国家秘密、工作秘密和商业秘密,也不得涉及与本人从事公务活动有关的内容。

第四节　境外涉密突发状况应急处理

一、遇到境外复杂环境

出国(境)在外,身处陌生的环境,住所、会议室等地都有可能被境外情报机构安装监控设备。即使是在房间内没有光线的情况下,也可以通过电话机、Wi-Fi 通信、闭路电视、红外线窃听窃照等高科技间谍设备监视人员行动。出国(境)人员应当加强保密防范意识,不要在房间内随意谈论内部问题、秘密事项或处理涉密文件;也不要过度紧张,甚至利用道听途说的所谓反窃密知识,自行四处查找窃密设备,从而引起对方的警觉,造成不必要的麻烦。

 **案例**

我驻境外某机构发现,在当地购买的碎纸机进纸处被安装了窃照装置。文件粉碎前,窃照装置会自动将文件内容扫描并转换成无线信号发射出去。该机构工作人员不动声色,不再使用这台碎纸机处理任何内部敏感文件、资料,并对之后的保密工作进行了必要部署。

二、遇到身份不明者主动接触

在境外遇到身份不明者主动接触时我们要做到以下几点:

第一,要有保密意识,随时保持必要的政治警觉,不要随问随答或有问必答。

第二,不要透露工作单位、出国任务、政治面貌、住所地址及国外交往单位人员名称等情况,更不得随意谈论我内部秘密事项。

第三,不得主动递送名片、留下住址、建立通信联系或接受邀请。

第四,一旦察觉对方有明确的策反意图,应当尽力疏远对方,尽快断绝交往,并与团组领导或驻外机构、使(领)馆取得联系,寻求帮助。

第五,被人抓住把柄情况危险时,要在确保生命安全的前提下与对方周旋或拖延,寻机通知有关单位。

三、遇到反华势力分子

国(境)外常常有反华势力在公共场所活动,或组织集会、游行,或以反映国内遭遇、邀请参加会议活动及代办护照和签证等为由,进行接近、拉拢和策反。必须提高警惕、分清是非,坚守立场原则,对于集会、游行不要围观,更不要参与;对于会议、活动等不要上当,并婉言拒绝;收到他人当面赠送或邮寄的反动刊物、各类宣传品时,要做到不相信、不传阅、不扩散,更不能带回国内,应及时上交团组领导,由组织统一处理。

四、受到恐吓绑架

境外情报机构为达到策反目的,可能采取暴力手段绑架他国人员。一些恐怖分子或黑社会分子也常采取此手段绑架人质,要挟所在国或他国政府,以达到索取钱财、满足其政治诉求的目的。

尽量避免进入犯罪高发区域,避免夜间单独出行,遇到陌生人搭话要提高警惕,发现可疑迹象迅速离开。如发现被跟踪、盯梢,应沉着冷静,可向巡逻的警察请求保护,也可以向我驻外使(领)馆、驻外机构或当地进步华人团体请求援助。如遇到恐吓、绑架、讹诈,应保持镇静,立场上要坚定、方法上要灵活。如对方目的是索要财物而情况已危及生命安全,可适当舍弃财物以求脱身;如对方是政治绑架或企图策反则需坚定立场、妥善应对。如被控制,应以各种借口拖延时间,寻找有利条件和时机摆脱控制或设法报警,或与我驻外使(领)馆、驻外机构、当地进步华人团体、国际救援组织联系,以便获得营救。如被带离,要尽可能留下记号,为救援工作提供线索。

五、护照、涉密资料遗失或失窃

出国(境)人员护照在境内遗失或被窃,当事人应立即向当地警方和机关、单位报告,请求由发证机关注销原证件并通知公安部门。出国(境)人员护照在境外遗失或被窃,当事人应立即向当地警方、我驻外使(领)馆或驻港澳地区公署报告,请求由发证机关注销原证件,并负责为其办理短期证件。

第五节 归国保密事项

一、回国前的安全保密准备

出国(境)人员回国前,应当对有关保密协议履行情况进行检查,防止出现安全保密漏洞。同时对项目完成后的涉密文件、内部资料进行清点,需销毁的按照有关规定及时销毁,需传递回国的通过外交信使(含临时信使)进行传递。离开之前要对住所进行全面检查,防止涉密文件、资料或其他涉密载体遗留在住所,造成秘密泄露。

二、携带礼品回国时的注意事项

出国(境)人员回国前选购或携带礼品要注意保密安全,防止境外情报机构利用礼品设下陷阱。电子产品要到正规厂商销售点选购,防止来路不明的电子产品存在安全隐患;不要接受外方人员赠送的手机或其他电子产品,防止被间谍情报机构安装窃听器或后台间谍程序进行远程窃密。

三、回国后需汇报的情况

出访团组回国后30天内,由组团单位向省外办和省委外事工作领导小组办公室递交出访总结报告,包括出国(境)时间、地点、缘由、考察情况、活动情况、收到的成效、心得体会、安全保密情况等。出访总结报告要简明扼要,重点突出。

注意整理、保存和归档出访资料。出访资料包括出访准备过程中的有关资料和文件,出访国的有关情况,邀请单位和邀请人的资料和联系方式,接待单位和外方项目负责人的联系方式,公务活动资料(包括会谈记录、签署的协议、备忘录、照片和名片等)。

团组成员应向本机关、本单位报告保密工作情况。因私出国(境)人员回国后,应向本机关、本单位报告遵守保密规定的情况。

四、对回国后国外朋友的保密要求

出国(境)人员回国后对在境外交往的朋友要提高警惕,如对方要求提供敏感或涉密资料应当予以拒绝;对方要求来访或开展有关技术合作请求,应当按照有关规定进行审批;如境外友人来访,相关接待及活动安排应当遵守有关涉外保密管理规定。

> **案例**

吴某某曾任某部某研究中心高级工程师,1997 至 2001 年曾在国外某大学学习并获得博士学位。1998 年,吴某某为办理公派留学签证,经人介绍与该国驻华使馆一位工作人员结识。该工作人员的真实身份是间谍情报机构特工,他通过协助办理签证、请吴某某协助联系生意支付报酬等方式,逐步与吴某某拉近关系,对其实施拉拢策反,让其搜集我军队情报。

吴某某在留学期间向对方提供了我某部驻该国使馆两名工作人员的情况,回国后继续与其保持接触,并先后提供了一份机密级文件、多份内部资料等。对方付给吴某某大量"好处费",并以其他名义付给他活动经费。2014 年 3 月,吴某某以间谍罪被处有期徒刑十二年六个月、剥夺政治权利两年。

第十四章　科研活动中的安全保密

第一节　基础知识

一、什么是国家学术科技秘密

国家科学技术秘密,是指科学技术规划、计划、项目及成果中关系国家安全和利益,依照法定程序确定,在一定时间内只限一定范围的人员知悉的事项。

理解国家科学技术秘密必须把握三点:一是国家科学技术秘密属于国家秘密范围,是国家秘密的重要内容。二是国家科学技术秘密应当是科学技术规划、计划、项目及成果中的事项,泄露后可能会使国家安全和利益受到损害,并且要依照法定程序确定。三是国家科学技术秘密因情况变化和工作需要,同样会在存续时间和知悉范围上发生变化。

国家科学技术秘密的密级分为绝密、机密和秘密三级。国家科学技术秘密密级应当根据泄露后可能对国家安全和利益造成的损害程度确定。除泄露后会给国家安全和利益带来特别严重损害的外,科学技术原则上不被确定为绝密级国家科学技术秘密。

保守国家科学技术秘密的工作(以下简称科学技术保密工作),是指围绕保障国家科学技术秘密安全、促进科学技术事业发展而开展的专门性工作。具体讲,科学技术保密工作,是维护国家安全和利益,将国家科学技术秘密控制在一定范围和时间内,防止泄露或被非法利用,由机关、单位以及个人组织实施的活动。

科学技术是第一生产力,在很大程度上决定着国家的发展潜力和综合国力。科学技术保密工作肩负着维护国家科学技术秘密安全的重要任务,其根本意义在于保护科学技术的领先性和独有性,提高我国科学技术的国际竞争力。

科学技术保密工作是党的保密事业的重要组成部分,在保密工作中具有独特地位。我国已经进入中国特色社会主义新时代,科学技术创新发展迎来了新的机遇期,同时也面临着复杂多变的国际斗争形势。加强我国科学技术保密工作,对于确保关键领域、重大项目和核心技术安全,为我国科技创新事业平稳发展保驾护航,对顺利实现建设世界科技强国的战略目标,进而实现中华民族伟大复兴的中国梦,具有十分重要的现实意义和深远的历史意义。

二、科学技术保密工作的形式与挑战

当前国际形势瞬息万变,科技竞争日益激烈,科技创新日趋活跃。世界各国都把发展科学技术和保护先进科技成果作为捍卫国家利益、确保国家安全、促进经济发展、提高综合国力的关键。

保密工作是没有硝烟的战场,科技秘密历来是敌对势力和竞争对手窃取的重要目标。长期以来,国际间围绕科技秘密的保密与窃密斗争尖锐激烈,各国在强化对自身先进科技成果保护的同时,想方设法通过各种手段和途径获取别国的先进科学技术,以加大本国的发展潜力和核心竞争力。个别西方大国大搞单边主义,实行贸易保护政策,封锁高科技产品与技术的交流合作,千方百计地遏制和打压我国科学技术发展,给全球科技发展形势带来了诸多不确定因素。随着我国创新驱动发展战略的深入实施和经济实力不断增强,创新水平和科技实力大幅提升,科技支撑和引领经济社会发展的作用愈加突出,针对我国科技领域的窃密活动愈加频繁,科技秘密的重要性和加强科学技术保密工作的必要性愈加显著。

科学技术保密工作要坚持积极防范、突出重点、依法管理的方针,既保障国家科学技术秘密安全,又促进科学技术发展。科学技术保密工作应当与科学技术管理工作相结合,同步规划、部署、落实、检查、总结和考核,实行全程管理。

三、科技涉密人员如何划分

科学技术人员（以下简称科技人员）是以相应的科技工作为职业，实际从事系统性科学和技术知识的产生、发展、传播和应用活动的人员，具体可分为五类：从事科技研究探索的人员、从事科技开发创新的人员、从事科技应用维护的人员、从事科技传播普及的人员、从事科技管理决策的人员。

根据涉密程度不同，涉密人员分为三个涉密等级，即核心涉密人员、重要涉密人员和一般涉密人员，实行分类管理。只接触绝密级或机密级国家秘密载体但不知悉内容的涉密人员，在确定涉密等级时，可以下调一级。

确定涉密人员，一是与涉密岗位不可分。可否被确定为涉密人员，首先看其是否在涉密岗位工作，涉密人员的涉密等级应与涉密岗位的涉密等级相对应。二是与必备的能力和条件不可分。涉密人员在涉密岗位履行职责，承担涉密业务，必须具备必备的条件和能力，如国籍、品行、作风、涉密岗位要求的业务素质和能力等。如有不适合在涉密岗位工作的吸毒、赌博、酗酒等不良嗜好以及可能影响国家秘密安全等倾向和行为，则不应被确定为涉密人员。三是与任前审查不可分。涉密人员上岗要严格把好入口关，坚持先审后用、未审勿用的原则，按照考察政审、教育培训、签订承诺书、研究批准的程序确定其在涉密岗位工作。

四、对科技涉密人员的要求

科技人员从事涉密工作应当遵守以下保密要求：严格执行国家科学技术保密法律法规和规章以及本机关、本单位科学技术保密制度；接受科学技术保密教育培训和监督检查；产生涉密科学技术事项时，先行采取保密措施，按规定提请定密，并及时向本机关、本单位科学技术保密管理机构报告；参加对外科学技术交流合作与涉外商务活动前向本机关、本单位科学技术保密管理机构报告。

涉密人员离岗、离职实行脱密期管理，应与原机关、单位签订保密承诺书，做出继续履行保密义务、不泄露所知悉国家秘密的承诺；及时清退所持有和使用的全部涉密载体和涉密信息设备，并办理移交手续；未经原单位审查批准，不擅自发表涉及原单位未公开工作内容的文章、著述；未经审查批准，不擅自出境；不到境外驻华机构、组织或者外资企业工作；不为境外组织、人员或者外资企业提供劳务、咨询或者其他服务。

第二节 涉密科研项目实施

一、什么是涉密科研项目

涉密科研项目是涉及国防、军事、外交、科技等领域的重大科研项目。涉密科研项目属国家秘密的，应按规定加强保密管理。

涉密科研项目的安全保密工作由涉密科研项目主管单位和承担单位共同负责，各相关单位要根据项目的密级制定保密措施并组织实施，要指定专人负责涉密科研项目保密工作。涉密科研项目主管单位应当根据科研项目的内容依照有关保密规定做好原始定密工作，要选择具有保密资质或条件的单位承担，并与承担单位签订保密协议。

涉密科研项目承担单位应做好科研项目密级分解工作，严格控制知悉范围，要与参研单位、参研人员层层签订保密协议和保密承诺书。保密期限至科研项目解密为止。

《科学技术保密规定》要求，在编制科学技术规划、制定科学技术计划等环节，应当及时做好定密工作。在前期准备阶段，认为所产生的事项具备国家秘密构成要素的科技项目，应依据国家科学技术保密事项范围或上级机关已经确定的密级进行初始定密，拟定其名称、密级，同时确定国家科学技术秘密的保密要点，包括涉密科技项目研制目标、路线、过程等。根据工作需要，选择具有相应保密资质（格）和条件的研发团队或承接单位，与其签订保密协议，明确保密教育管理和要求，督查其落实保密措施。

对项目前期准备中的规划方案、实施路径等大量论证材料和产生的过程文件，应当明确专人管理，建立台账，并采取相应的保密措施。做好电子文档、涉密设备、载体和相关会议等的保密管理。

二、对岗位和人员的要求

科研单位申报涉密科研项目应当符合《科学技术保密规定》相关要求：保密组织

健全,保密制度完善,有专门机构或者人员负责保密工作;用于涉密科研项目研究的场所、设施、设备符合国家保密规定和标准;项目负责人及其参与人员的条件符合相关规定,保密审查、考核审批手续完备。

在涉密科研项目研究阶段,承担单位和参研人员应遵守国家保密规定,科研数字化处理、存储、传输、报送等环节应当符合保密要求。

涉密科研项目承担单位发生权属变更和人员变化的,变更后的承担单位和变化后的参研人员应重新履行相关保密程序,并按原密级和保密要求继续采取保密措施,确保国家秘密安全。参研人员离岗、退休或调离承担单位的,应与承担单位签订保密责任书,继续履行保密义务,并不得到其他单位从事与该科研项目相关的科研工作,直至该项目解密为止。

按照项目中保密要点的分布进行岗位密级分类,根据不同岗位产生、经管或经常接触、知悉国家科学技术秘密事项的数量和涉密程度,确定涉密岗位的等级,划分核心涉密岗位、重要涉密岗位、一般涉密岗位。按照"以岗定人"原则,根据涉密项目的密级,将在不同涉密岗位工作的科技人员分别拟定为核心涉密人员、重要涉密人员和一般涉密人员。

单位业务主管部门和项目负责人应结合涉密科技项目实际和涉密岗位的需求,根据拟参与项目实施人员的业务能力和涉密人员条件要求,进行初步审核,提出拟在何种涉密岗位工作、何种涉密等级的初步意见(核心涉密人员要从严把握,切实界定准确);单位保密部门和组织人事部门应对拟任人员的条件进行审查,审查合格后组织保密教育培训、签订保密承诺书;单位保密领导机构召开会议对拟任涉密人员及其涉密等级进行研究审批并行文。

单位应建立参与涉密科研项目人员管理档案,项目参与人员一经确定,应及时报同级保密行政管理部门备案。同时,要掌握其岗位变动、涉密等级调整等具体情况,实行动态管理。

PART 04

保密技术篇

第十五章 信号保密技术

第一节 信号探测技术

一、什么是信号探测

信号探测是反窃密技术中最常用、最基础的手段。信号探测是一个网络故障切换检测机制,可发送和侦听组中所有物理网卡上的信号探测数据包。在绑定上行链路中,数据包将通过每个物理网卡发送。

二、常见的信号探测设备

根据探测设备是否向外发射探测信号,信号探测设备可以分为被动探测和主动探测两种。

被动探测是使用专用设备接收、分析或还原窃听装置发射信号,以确定被检测环境内是否存在窃听装置并发现其隐藏位置。此类检测设备自身不向外发射信号,只接收外界环境传来的信号。对信息技术设备的硬件检测和对环境无线电信号的检测都属于被动探测。

主动探测是针对不向外发射信号的有线窃听设备或处于静默状态的无线窃听设备,用发射信号来确定其位置。所用检测设备主动向外发射电磁信号,通过接收、分析反射回的信号确定是否存在窃听装置并确实其位置。

三、无线信号的扫描与监测

常见的信号探测设备主要有手机探测器和无线针孔镜头扫描仪。手机探测器是一种通过发射基波信号,接收来自目标再辐射的 2 次、3 次甚至是更高次的谐波/组合波信号,并对目标手机进行判断、识别和探测的设备,主要应用于监狱系统、教育系统、保密部门及刑侦领域。探测器功能非常灵敏,手机不管是开机还是关机状态下都可以被检测到。

单次突发检测是针对场所无线窃听器的检测方法,指利用专业设备对场所某些特殊频段的电磁信号进行扫描和分析。过去的常见设备有全波接收机、场强仪、频谱扫描仪等,现在有手机探测器和无线针孔镜头扫描仪等,它们的功能、探测频段各不相同。

随着窃听技术多元化、跨网络攻击技术的演进,传统单次突发检测方式已难以应对多元、隐蔽的跨网攻击,因此应将单次检测变为持续性监测,综合应用物联网、信号处理、大数据分析等技术,建设基于风险的物理空间信息安全主动防御体系。

GPS 是全球定位系统(Global Positioning System)的简称,起始于 1958 年美国军方的一个项目,1964 年投入使用。由于 GPS 发展成熟且民用无须授权,当前国内外使用 GPS 追踪定位非常普遍。GPS 追踪器实质上就是一个带有通信功能的 GPS 接收机,它体积小巧,便于隐藏,内置定位系统与通信系统两个模块。

GPS 追踪器具有跟踪定位、远程监听及电子围栏功能,大部分内置震动传感器,在指定的时间内,如果没有震动,将自动进入休眠状态。GPS 追踪器多被用于儿童和老人的行踪掌控、贵重货物跟踪、野生动物追踪、机动车防盗、公务车管理等。但由于其跟踪、监听功能,易被别有用心的人使用,对个人隐私构成了极大威胁,所以 GPS 追踪器有利有弊,我们在享受它带来的便利的同时也要注意防范。

 案例

2015 年 10 月,北京通州星河湾小区发生了 GPS 追踪器跟踪绑架事件,犯罪嫌疑人欲将该小区居住的被害人高女士作为绑架对象,将 GPS 追踪器安装在其驾驶的宾利汽车上,在跟踪途中被当场查获。事件发生后,引起了

巨大的社会反响，车载 GPS 追踪器成为一部分成功人士的重点防范对象，一时间一些 GPS 探测或屏蔽设备销售火爆。

车载 GPS 追踪器会每隔十几秒至几十秒向服务器发送 GPS 当前所在位置。因为耗电量比较大，这种 GPS 一般需要使用车内电源。同时由于工作期间发送信息频繁，也最容易被检测到。

谐波雷达也叫"金属再辐射雷达"或"电子目标探测雷达"，通过发射基波信号，然后接收来自目标再辐射的 2 次、3 次，甚至更高次的谐波、组合波信号，对目标进行判断、识别和探测，是非线性节点探测器的升级换代产品，具有灵敏度更高、误报率更低的优势。许多物体，诸如土壤、水流、树木等，并不存在辐射谐波的能力。在能产生辐射谐波的目标中，最有价值的就是金属节点和 PN 节点，因此谐波雷达可以检测带有摄像功能和录音功能的电子设备，从根本上杜绝重要会议或场所里录像、录音等违法行为，维护国家安全。

第二节　信号干扰技术

一、针对无线通信设备的电磁干扰技术

电磁干扰是人们早就发现的电磁现象，几乎和电磁效应现象同时被发现，已经深入我们的日常生活，比如看电视时，只要附近有人使用电钻、电吹风等电器，电视画面中就会出现雪花点，扬声器里可能发出刺耳的噪声……但是电磁干扰的危害却远不止于此，它可以使民航系统失效、通信不畅、计算机运行错误、自控设备误动作等。

电磁干扰，英文名称为 Electromagnetic Interference，简称 EMI。狭义地说，电磁干扰是指任何在传导或者辐射电磁波作用下产生的电压、电流会降低某个装置、设备或系统的性能，还有可能对生物或者物质产生不良影响的电磁现象。广义地说，一切进入信道或通信系统的非有用信号，均被称之为电磁干扰。

电磁干扰一般分为两种。在现代战争中，电磁干扰技术作为电磁对抗的重要组成部分，对掌握战场主动权起着至关重要的作用。在窃密与反窃密对抗中，电磁干扰技术主要被用来扰乱对方无线接收设备的电磁信号，或限制某些已知频段的无线通信。

传导干扰主要是电子设备产生的干扰信号通过导电介质或公共电源线互相产生干扰。辐射干扰是指电子设备产生的干扰信号通过空间耦合把干扰信号传给另一个电子网络或电子设备。

如果某场所存在无线窃听设备或者要求限制无线通信设备,一般就采取电磁干扰技术切断通信信号。较为典型的应用就是手机信号屏蔽器,又称手机干扰器,可以防范利用手机信号、蓝牙或Wi-Fi信号进行通信的无线窃听器。手机工作时,是通过特定频率的电磁波,将手机和基站无线连接起来,以一定的波特率和调制方式完成数据和声音的传输。

正常情况下,手机初次进入某一蜂窝小区时,当地小区基站会对该手机进行位置更新管理,同时为该手机分配新的移动用户识别符等临时信息,手机收到该基站信息后确定自己所在的小区位置,在没有进行通话的情况下仅接收该小区基站广播信息。

手机屏蔽器就是用特定的电磁信号,在所需要保护的场所,以一定的速度从前向信道的低端频率向高端扫描,该扫描速度可以在手机接收报文信号中形成乱码干扰,提高了移动通信信道的误码率,降低了信道的信噪比,从而影响手机对基站广播信号的有效接收。在多次搜索基站广播信号失败的情况下,手机就无法确定自己所在的服务区,表现为搜索网络、手机无信号、无法收发信息、无法拨入拨出等。

手机屏蔽器的优点是操作简单,正确安装天线,接通电源即可自动运行,工作时只干扰手机与发射基站通信的下行频率而不影响上行频率,不影响其他电子设备正常工作。针对通信制式的不断发展,现在市场上的手机屏蔽器能有效屏蔽几乎所有通信信号。

电磁干扰可以通过大功率噪声对敌方窃听器通信信号造成干扰,为防止我方通信信号被敌方干扰或截获,跳频通信技术就成了无线通信的最佳选择。

在生活中我们会有这样的体会:用收音机收听某电台,当电台在中波和短波两个波段上播放同一个节目时,若中波波段信号不好,就换到短波波段收听;若短波波段信号不好,则又换回到中波波段收听。这种以更换波段的手段来改善收听效果的方法,就是跳频的通俗含义。通信收发双方同步地改变频率的通信方式被称为跳频通信。

由于跳频通信的载波频率一直在跳变,因此跳频通信比较隐蔽也难以被截获。只要对方不清楚载频跳变的规律,就很难截获我方的通信内容。所以,跳频通信具有良好的抗干扰能力,即使有部分频点被干扰,仍能在其他未被干扰的频点上进行正常的通信。

跳频通信虽不惧怕单频干扰和多频干扰,但跟踪式干扰是跳频通信的"天敌"。跟踪式干扰的步骤是侦听—处理—施放干扰。我方截获到敌方的跳频图案后,迅速地以同样的跳频图案施放干扰,两个跳频图案的矢量叠加必然带来接收方的一片茫然,致使敌方无法实现正常的跳频通信。

据报载,国外已有能同时监视 80 个相邻信道、扫描搜索速度为每秒 8 万信道的侦察接收机问世,这种侦察接收机截获跳频图案的概率几乎达到 100%,这是迄今为止对付跳频通信最理想的反干扰手段。为了对付跟踪式干扰,人们总是希望尽可能缩短跳频信号的驻留时间,使侦察接收机无可乘之机,这就要求跳频系统的跳速尽可能快。

二、针对录音截断的信号干扰技术

当前防窃听设备的基本工作原理是利用白噪声、超声波或电磁波来对录音设备进行干扰。针对录音笔类窃听设备,主要通过发射白噪声来实施干扰,将白噪声添加到录制的声音中去,使得最终录制的声音中有白噪声,无法分辨正常声音。不过使用白噪声干扰时,如果噪声能量分贝太高,会产生人耳可听到的噪声,干扰正常的谈话交流,因此该方法的使用具有一定局限性。

超声波防窃听技术则是利用人耳对超声波无法感知,但是麦克风传感器却可以接收超声波信号的特点,通过让防窃听设备发出超声波,实现对窃听器进行干扰的目的。超声波换能器产生的超声波信号,与防窃听区域内的声源信号在定点方向内进行自解调,从而达到防窃听效果。还有基于定点传播技术的防窃听设备,利用频率不同的波束在非线性传播介质中传播时产生的自解调现象,将声音信号调制到超声波信号上,并通过换能器将调制的信号发送到空气中去。

电磁干扰防录音的方法有两种:一是利用电磁干扰器,在窃听器的工作频段上发射干扰信号,使窃听器录制的声音信号不能正常传输;二是攻击者在没有物理接触的情况下,通过电磁波干扰来改变传感器的参数,使录音设备失去正常功能。

随着录音技术的发展,录音截断技术也取得了进步。当前比较先进的录音屏蔽设备采用混频噪声干扰方式,有别于传统录音干扰设备所采用的电磁干扰,能避免录音干扰设备工作时对设备附近的人群产生电磁辐射。

乌克兰生产的一款反录音设备 DRUID D-06 号称是世界上唯一能百分之百保护谈话内容的设备，它能防止谈话内容被截获或者录音，可以有效地干扰各种窃听和录音设备。DRUID D-06 的设计理念是在人们谈话的同时产生音频干扰，这种干扰的音量高于谈话人的声音，且不能被任何声音分离方法分析出来，因此任何没有使用该设备的人，都不能把使用者的谈话内容录下来。即使一个人站在使用者身旁，也无法听清使用者所说的内容，而使用者则可以通过耳机清晰畅通地进行交流。同时每一个耳机都内置一个 RF 检测器，可以发现旁边的监听设备。该设备是便携式的，内置可充电电池，充满电后可持续使用 4~6 个小时，为 6~12 个人提供专业的谈话保护。

三、防窃听技术

常用的防窃听技术是定期对信息技术设备开展检测，以防被恶意硬件植入。由于恶意硬件植入会引起电路结构的改变，电压、电流等参数较正常的设备会有所不同，利用专业设备检测这些参数是否变化即可判断是否存在窃听装置。

典型的应用是电话分析仪，是用来检查电话是否被窃听的专用装置。它能够测试电话系统中挂钩或脱钩时的阻抗、电压、电流，检测有无射频辐射，还可用音调信号扫描、检查有无"无限远窃听器"，用直流高压可测出电话中是否装有高阻元器件。

有线电话窃听的防护手段有哪些呢？

一是采用保密电话对通信信号进行加密，如德国西门子公司曾研制出一款保密电话，当主叫方被接通电话时，需在机身右侧插入一张个人专用的电子卡，然后输入一组密码，对方也同样输入一组密码，两部接通的电话机便临时组合出一种新密码，把双方的通话加密。

二是安装电话窃听报警器。报警器可单独存在，也可内置于电话之中，使用方便，可检测电话系统中的大多数窃听器并发出报警信号，也可连接录音机将被窃听的话音记录下来。还有一种防窃听电话，本身带有窃听报警装置，此装置利用电话机中的电源，经常性地对电话机周围进行无线电波监测，一旦发现有处于工作状态的无线窃听器，即发出警告信号，这种电话机外表与普通电话机一样，不影响正常通话，使用方便。

三是建立专用电话网，单独铺设电话线路，采用低辐射电话机，并与普通电话网物理隔离。

针对信息技术设备的另外一种检测,就是对其周围无线电磁信号的检测,即信息技术设备电磁指纹检测。每一种信息技术设备处于工作状态时都存在不同程度的电磁辐射,且因其自身结构不同,所辐射电磁波频谱也都是独一无二的,又被称为信息技术设备射频固有属性指纹识别。正如生物指纹识别被认为是人类的固有属性一样,辐射源指纹也被认为是辐射源的固有属性,这种固有属性无法被消除和伪造,具有唯一性。

保密电话、传真主要用于涉及国家秘密事项通话和文字、图片传输。或许大家在日常生活中很少见到保密电话,但一定在新闻上见过。使用保密电话、传真时有以下注意事项:

第一,保密电话机应符合国家保密标准并具有国家保密行政管理部门颁发的进网许可证;严禁使用无线电话机。

第二,保密电话、传真使用应严格遵守保密管理规定,要由专人负责。安装保密电话、传真应符合保密要求,要加装防盗报警装置。保密电话、传真一旦安装,不得随意改变安装位置。

第三,传真涉密信息时,必须使用国家密码管理部门批准使用的保密传真机。

第四,经保密传真机收发的文件要履行登记、签收手续,与相同密级文件一起管理、归档;不需要归档的,按年度清理,经单位领导批准后统一交涉密载体销毁机构销毁。

第五,保密传真机发生故障或出现异常现象,要送研制单位或当地党政密码机维修机构维修,操作使用人员不得擅自拆卸机器。

第六,保密传真机密钥由国家保密局统一制发,严禁自行复制;密钥必须存放在专用保险柜内,指定专门人员负责管理和交换;用过和作废的密钥,应及时报请领导批准登记销毁。

四、针对激光窃听的防范技术

激光窃听的实质是利用激光作为媒介的通信。防激光窃听的方法有很多,从原理上讲主要把握以下两个要素:一是防止激光入射到目标房间的窗玻璃上;二是破坏反射物体随声音的正常振动。具体措施有以下几种:第一,在玻璃窗外加一层百叶窗或其他能阻挡激光的物体破坏激光反射。第二，窗玻璃改用异形玻璃，异形玻璃表面不平滑，不影响透光，但使反射回去的激光无法被探测器接收。第三，将窗玻璃装成一定角度，使入射的激光束反射到附近的地面。第四，窗户配上足够厚的玻璃，使之难以与声音共振。

激光具有亮度高、方向性强、单色性好、相干性强等特征，采用不可见光，不易被敌方所截获，保密性能好，因此利用大气激光通信也可以防止窃听。早在1997年，美军就研制了一种新型的激光通信系统。这是一个以激光作为传送媒介，可以令敌人难以窃听的战略通信系统。这种防窃听器材，不仅能使敌方难以窃听，更可以高达每秒1.2GB的速度，输送数据、语音，甚至高质量影像。

五、防窃照技术

现场防偷拍系统是利用压制式干扰技术防窃照的激光系统。它不间断地发射红光扫描周围环境，根据光学镜头的猫眼效应，搜寻隐藏在暗处的窃照设备，发现后就会向其发射一束大功率红外脉冲激光，使其镜头拍摄到的是一片亮光而无法成像，或者直接将其光电耦合器件烧毁。

除现场防偷拍外，防窃照技术还包括防复印和防翻拍技术。防复印技术是防伪技术的一种，是防止用复印的方法来进行仿制和复制的技术，主要是利用了一种特殊的光敏纸，其原理是将光色互变物质涂在纸上，在复印机光源照射下，该物质会变成深色（黑色或深蓝色），掩盖原来的文字，撤销光照后，变色物质可恢复原来的颜色。该技术要求光变色的波长要和复印机光源波长相匹配，再就是响应的时间要短。平常环境中也有相应波长的光线，当达到一定强度时，物质会慢慢变色，所以这种文件不能长期保存。

防翻拍技术包括文件缩微卡技术、激光全息显微点技术和隐形印刷技术。文件缩微卡是用光学方法将文件微型化，其原理是对原始规格文件拍照，影像会被清楚地以黑白方式记录在底片上，图像被千百倍缩小，借助显微镜或阅读器可以清晰地看到微缩胶片里面的文字。从复印的效果看，这种卡片式文件也是不能被复印的。因为通常复印机显影墨粉直径在100微米以内，换句话说，就是每毫米的解像率为每毫米10线对，而缩微材料是每毫米数百条甚至上千条线对，复印机的解像率远远达不到要求，复印时或者呈现为小黑团，或者一片漆黑。

激光全息显微点技术是利用激光技术将文件缩成全息显微点,每页文件的面积约1平方毫米。显微全息文件可以用不同种类的激光器和不同波长的激光进行写入,写入的方式可以是一次直接写入,也可以是二次间接写入,两种方式各有其优缺点。

隐形印刷术也称文字隐密、无影印刷术,或直称密写。隐形文字可以用特种油墨印刷,肉眼看不见文字,阅读时要专门进行显示。少量的文字可以用带有特殊化学药品的笔进行写入,如果文字数量大,可采用印刷的方法。根据国外报道,隐像传真纸、隐形印刷(文件)可以制成不同的技术等级,由简单易行到复杂难解,复印和一般照相对它毫无办法,可以很好地达到防翻拍要求。

针孔镜头扫描仪用于检测周围场所是否存在针孔摄像头。虽然针孔摄像头已经泛滥成灾,但我们还是有办法能够通过技术手段探测出安装有摄像头的区域。众所周知,针孔摄像机的镜头极小,难以发现,而且拍摄型针孔摄像机没有无线发射器,不向外发射无线信号,无线侦测仪毫无用武之地。此时就可以使用针孔镜头探测器了,针孔镜头探测器只有手机大小,用其扫描可疑地方,如果该地方安装了针孔摄像头,探测器显示屏会显示出红色闪烁光点。

针孔镜头扫描仪应该重点扫描的区域包括:一是公共场所的更衣室。像温泉、游泳池等需要更衣的地点,同样需注意更衣室地板、垃圾桶。二是酒店、宾馆及招待所。酒店的空调、灯罩、天花板、化妆镜、烟雾感应器、花瓶、插座、电视架等,尤其要重点注意面对床铺的设备与摆设。

第三节 密码技术

一、现代密码技术概况

公元前400年,斯巴达人就发明了Scytale密码。他们把长条皮革螺旋形地斜绕在一个多棱棒上,将文字沿棒的水平方向从左到右书写,写完一行再另起一行从左到右写,直到写完。解下来后,皮革上的文字消息杂乱无章、无法理解,这一过程就是加密,加密后的信息被称为密文。接收方接收到长条皮革后,可用和发送方相同粗细的木棒,将其缠绕后阅读,这一过程被称为解密。而木棒就是这一保密通信系统中的密钥,加密解密全靠这根棍子。这是最早的密码技术。

我国春秋至先秦时期,军事著作《六韬》中的《阴符》篇也明确记载了密码的思想,即用不同的阴符长度表示不同的战斗结果,以此保证军事机密不被泄露。在罗马帝国时期,恺撒大帝曾经设计一种简单的移位密码,用于战时通信。这种加密方法就是将明文的字母按照字母顺序,往后依次递推相同的字母,就可以得到加密的密文,而解密的过程正好和加密的过程相反。

现代密码学的发展与计算机技术、电子通信技术密切相关。在这一阶段,密码理论得到了蓬勃发展,密码算法的设计与分析互相促进,从而出现了大量的加密算法和各种分析方法。除此之外,密码的使用扩张到各个领域,而且出现了许多通用的加密标准,从而促进了网络和技术的发展。

现代密码与古典密码最大的区别是现代密码的破译关键是获取口令而不是获悉密码算法。它们不再依赖技巧,而是以数学理论为基础,安全性完全依赖于严密的数学证明,允许引入大量复杂运算,很多加密和解密算法都是基于它们的计算复杂性,破解代价极高。

1976年以前,所有的加密方法都是同一种模式:第一,A方选择某一种加密规则,对信息进行加密;第二,B方使用同一种规则,对信息进行解密。由于加密和解密使用同样的密钥,这被称为对称加密算法。这种加密模式有一个最大的弱点:A方必须把加密规则告诉B方,否则B方无法解密。如何保存和传递密钥,就成了最令人头疼的问题。

1976年,两位美国计算机学家提出了一种崭新构思,可以在不直接传递密钥的情况下完成解密。这个算法启发了其他科学家,人们认识到,加密和解密可以使用不同的规则,只要这两种规则之间存在某种对应关系即可,这样就避免了直接传递密钥,这种新的加密模式被称为非对称加密算法。

非对称密钥体制的设计是:首先,B生成公钥和私钥两把密钥,公钥是公开的,任何人都可以获得,私钥则是保密的。其次,A获取B的公钥,然后用它对信息加密。最后,B得到加密后的信息,用私钥解密。如果公钥加密的信息只有私钥解得开,那么只要私钥不泄露,通信就是安全的。

现代密码主要是利用算法来保证安全性,而未来的密码方向则是用物理、生物学方法来保证安全性。量子密码技术是量子物理学和密码学相结合的一门新兴学科,它是利用量子物理学方法实现密码思想的一种新型密码体制。经过30多年的研究与发展,量子密码逐渐形成了比较系统的理论体系,主要涉及量子密钥分配、量子密码算法、量子密钥共享、量子密钥存储、量子密码安全协议、量子身份认证等方面。特别是近年来我国的量子密码研究发展迅速,走在了世界前列。

密码使用最根本的风险就是密码强度不够,也就是使用了一个弱密码。弱口令就是容易被人猜到或者容易被黑客使用破解程序破解的密码。有以下特征的口令都可算作弱口令:小于8个字符且较为简单、使用连续的字母或者数字、单纯以本人信息相关内容(如生日、邮箱等信息)组成。强口令能有效阻止黑客使用暴力手段破解,而弱口令则可让黑客简单破解,而无须攻击整个系统。常见的弱密码有以下这些组合:88888888、66666666、123456、123456789、password、P@ssword,这些密码很容易就被黑客通过暴力破解的方式获取。

案例

2020年5月,朝阳警方陆续接到事主报案称自己的手机上不止一个App账号被盗。被盗号用户均反映,他们在某知名网络交友App上曾点开过网友发来的"某交友软件5周年抽奖"的链接。随后几天他们发现,手机上多款App的密码被人篡改,原密码无法登录。经民警核实,该款网络交友App的运营商称,从未举办过5周年抽奖活动。民警进一步调查发现,"5周年抽奖"链接实为不法人员设计的虚假网站链接,暗含木马病毒。网友点开该链接会导致手机中毒,不法分子即可盗取中毒手机上各类App的账号信息等,并通过拦截手机短信、获取短信验证码进行密码修改,后通过出售账号、密码牟利。

因为密码难以记忆,很多人将密码以文件形式保存在电脑中的某个位置,或者将密码写在某一纸张上,但存储的时候并不对该存有密码的文件进行安全性控制,比如访问权限管理、文件隐藏、保险箱锁存等方式,这就让密码容易被攻击者轻易获取并使用。

案例

山东省高级人民法院微博消息称,多名90后小伙横跨两省市流窜作案,在 ATM 机上安装读卡器和微型摄像机,窃取他人银行卡信息后伪造信用卡牟利。近日,济南铁路运输法院对该案做出一审判决,被告人于某、梁某、冯某分别被判处有期徒刑八年、三年、二年六个月,并处罚金人民币 7 万元、4 万元、3 万元,被告人杜某被判处有期徒刑两年,缓刑三年,并处罚金人民币 2 万元。

二、密码技术的有效应用

为增强密码安全,需要给密码设置强口令。什么样的口令才算强口令?

长度不小于 8 位,口令包含数字、大小写字母、符号,同时不含连续数字、字母。口令的内容不是正序、倒序的序列(如 123、abc),并且不同的字符不少于 4 个(如 1212,算两个不同字符),也不能是键盘按键位置(如 qwerty、qwerasdf)。

其实,好记忆的强口令也不难想出来。首先我们先选择一个自己能记住的恰当元素,比如兴趣爱好、古诗词、名人名言、谚语和对自己而言比较特殊的地名。选取好合适元素之后,我们就需要将元素转化成口令。对古诗词这类本身比较长的元素,可以提取元素汉字首字母。如果元素里面有数字,把相应的汉语数字替换成阿拉伯数字。对于比较短的几个元素,用符号连接多个元素,对于较长的元素,可以在句首句末增加符号。把经过前面几个步骤处理过的口令用相似的字母、数字和符号相互替换以修改成满足强口令要求的口令,比如小写字母 l、竖线分割号、数字 1 和大写字母 I 之间替换。

考虑到现代社会各类账号之间往往具有许多关联性,如某个个人邮箱的密码可能被用于多个常用网站的账号。因此,攻击者获取某个用户账号和口令以后,可能会将该账号口令尝试登录多个常用的网站以达到利益最大化。要真正避免上述情况的发生,只有为每一个系统配置不同的口令。然而实际生活中几乎没有人能够真正记住那么多数量的口令,因此,针对不同类别的账号设置不同级别的口令成了一种折中和可行的方式。

我们简单地把不同的账号分为三个不同等级:从高到低分为重要、中等和一般等级。属于重要等级的账号有:涉及财产的账号,如网上银行;重要个人隐私账号,如 QQ、微信账号;涉及公司单位信息的账号,如公司邮箱、企业服务联系账号。中等等级账号是那些具有一定身份信息的账号,如社区论坛账号。一般等级的账号,也就是不具备任何隐私的账号,如为了下载资料注册的账号。

对于一般等级的账号,我们可以不必设置过于复杂安全等级的口令。使用一个通用的口令即可,而且可以适当缩短长度和复杂度,比如仅使用数字组合小写字母的形式,长度也不必设置得很长,刚好满足 8 位就行。对于中等等级的账号,就要严格按照强口令的设计要求去设计口令,而且得有两个不同的强口令循环使用。

进行支付的密码必须与支付账号的登录密码不同,比如你的支付宝登录密码必须与你支付购买时使用的密码不同。捆绑了邮箱的账号密码必须与它对应邮箱的密码不同,否则一旦黑客获得了其中一个邮箱相关的密码就能通过攻破邮箱来窃取所有捆绑该邮箱的账号信息。工作相关的口令需要与生活相关的口令不同,这样能保证万一生活中出现了泄密情形也不会因为同时泄露工作账号而危及工作相关的其他人。

第四节 信息加密与隔离技术

一、信息隐藏技术

信息隐藏的思想可以追溯到公元前 440 年出现在古希腊战争中的隐写术,当时为了安全传送军事情报,奴隶主会剃光奴隶的头发,将情报写在奴隶的光头上,待头发长长后将奴隶送到另一个部落,再次剃光头发,原有的信息会复现出来,从而实现这两个部落之间的秘密通信。我国古代也以藏头诗、藏尾诗以及绘画等形式,将要表达的真正意思或"密语"隐藏在诗文或画卷中特定位置,一般人只注意诗或画的表面意境,而不会去注意或很难发现隐藏其中的"话外之音"。

第一次世界大战之初,在索姆河德法前线交界处,尽管法军哨兵林立,对过往行人严加盘查,德军还是对协约国的驻防情况了如指掌,并不断发动攻势使其陷入被动,法国情报人员感到莫名其妙。一天,有位提篮子的德国农妇在过边界时受到了盘查。哨兵打开农妇提着的篮子,见里头都是煮熟的鸡蛋,毫无可疑之处,便无意识地拿起一个抛向空中,农妇慌忙把它接住。哨兵们觉得这很可疑,他们将鸡蛋剥开,发现蛋白上布满了字迹,都是英军的详细布防图,还有各师旅的番号。这种传递情报的方法是德国一位化学家提供的,其做法并不复杂:用醋酸在蛋壳上写字,等醋酸干了后,再将鸡蛋煮熟,字迹便透过蛋壳印在蛋白上,蛋壳表面却没有任何痕迹。

 案例

2011年5月,一名基地组织嫌犯在柏林被捕,警方发现他随身携带着一张存储卡,而其中的文件是隐藏的。不过据德国 *Zeit* 杂志报道,德国联邦刑警的计算机刑侦专家后来成功地解开了存储卡上的隐藏内容:表面上来看,卡上似乎只存有一段色情视频,但警方随后在该视频中发现了141个文本文档,据官方发言人表示这些文档中包括大量基地组织的行动报告和未来行动规划。

随着数字技术的发展,信息隐藏被赋予了新的含义,它利用人体感官的不敏感性和数字信号的冗余性,在不影响数字信号视觉效果的前提下,将秘密信息隐藏在这些数字信号中。信息隐藏通过视觉上的伪装达到无法被攻击者发觉的目的,进而确保载体在公开信道传输的信息安全。

信息隐藏技术的分类方法有多种,根据信息隐藏的载体分类可以分为图像中的信息隐藏、视频中的信息隐藏、语音中的信息隐藏、文本中的信息隐藏、各类数据中的信息隐藏等。在不同的载体中,信息隐藏的方法有所不同,需要根据载体的特征选择合适的隐藏算法。

比如图像、视频、音频中的信息隐藏,大部分都是利用了人的感官对于这些载体信号的冗余度来隐藏信息。而文本或其他各类数据就无法利用冗余度来隐藏信息,因此在这些没有冗余度或者冗余度很小的载体中隐藏信息,就需要从另外的角度来设计隐藏方案。音频信号在单位时间内的采样数据量相对图像而言比较少,加上人类听觉感知系统比视觉感知系统更为敏感,因此,以音频为载体的信息隐藏更加具有挑战性,研究相对也较少。

信息隐藏技术在不同的应用领域有不同的特点,但有一些特点应该是共有的,也是信息隐藏技术常用的评价指标。隐蔽性是信息隐藏的基本要求,包含两个方面的内容,一是对人体感官系统的不可感知性。这要求经过信息隐藏处理后,不会使载体发生明显的改变或降质,不影响对载体信息的理解,同时不会使视觉听觉等方面发生明显的变化,从而避免被人的感官所察觉。二是对计算机等分析系统的不可测性。进行信息隐藏后,不能被人所感知不代表不能被分析系统察觉出来,所以同样存在暴露风险。这就要求嵌入信息前后,载体应尽量保持一致的特性,即便经过计算机分析也无法判断是否隐藏有信息。

信息隐藏技术还有一个重要的评价指标就是信息容量。信息容量是指载体对隐秘信息要有一定的承载量,这与载体本身的特性、信息隐藏的算法有关,同时取决于对隐秘信息的隐蔽性和鲁棒性的要求。因为随着隐秘信息容量升高,对载体本身信息的影响与破坏必然增大,暴露风险会随之升高,同时也降低了隐藏信息的鲁棒性。因此在实际应用中,要对隐蔽性、鲁棒性和信息容量合理选取,适度折中。

信息隐藏技术最直接的应用是隐秘通信,它可以将通信收发双方和通信过程的存在隐藏起来,把秘密信息通过公开途径进行传播。这样既提高了隐秘程度,又降低了隐秘通信的难度和成本。一些秘密数据在网络传播过程中要防止被非法用户截获并使用,这是网络安全的重要内容,而我们可以通过信息隐藏技术来保护在网上进行交流的信息。

随着信息隐藏技术的发展,现有的信息隐藏技术分为不可逆信息隐藏和可逆信息隐藏两类。不可逆信息隐藏是指在信息被提取后,原始载体无法无损恢复的技术,通常用于版权保护。可逆信息隐藏是指在信息被提取后,原始载体能够无损恢复的技术,通常用于对载体精度要求较高的领域,在这些领域,载体的任何失真都是不能忍受的,如医疗领域、司法领域等。

在医疗领域,病人的健康状况属于个人隐私,病人通常不希望自己的检测结果被除了主治医师以外的其他人看到。因此,为了防止病人病情的泄露,需要先对病人的检测结果进行加密,再将加密后的医学图像放在医院的图像库中。另外,为了使加密图像与病人一一对应起来,还需在加密图像中嵌入相关信息,如病人的姓名、性别、年龄等。当医生从图像库中获得加密图像进行诊断时,要求图像能够无损恢复,否则会影响医生的诊断结果。

在军事领域,军事图像属于国家机密,对安全性有着极高的要求。因此,在传输军事图像前,需要先对图像进行加密,防止军情的泄露。同时,由于军事图像在接收端可能会被高倍放大,因此不容许有任何失真。为了验证接收到的军事图像是否正确,可以在加密后的图像中嵌入信息用于完整性认证。

在司法领域,图像通常作为证物出现,图像内容的泄露或者修改,都可能带来严重的后果,影响法官判决的公正性。因此,为了保护证物的内容,需要对图像进行加密保存,同时为了验证证物是否被篡改,需要在图像中嵌入额外信息。

二、电磁信息泄露防护技术

电子信息设备的电磁信息泄漏系统一般由泄漏源(信源)、辐射电磁波(信道)、截获设备(信宿)三个部分组成。因此,电磁信息泄露的防护要从信源、信道、信宿三个方面综合考虑。首先,要考虑泄漏源的问题,即尽量阻断或抑制信息设备的电磁泄漏,使其泄漏出去的电磁辐射最少;其次,针对泄漏出去的电磁波,要最大限度地增加截获难度,使得很难接收到信息设备的电磁泄漏;最后,如果能截获到泄漏的电磁波,还应尽可能增加对截获电磁波的信息复现难度。

第一层次电磁信息泄漏防护对策是"抗泄漏",是对电磁信息辐射源头(设备)的防护措施。通过改变信息设备的低辐射部件和组件选型、构成与低辐射加固、屏蔽等技术,使得信息设备具备低辐射、低泄漏功能,达到阻断或抑制信息设备电磁泄漏途径的目的。通常的防护措施大部分都采用低辐射设备或使用滤波、屏蔽等装置。

第二层次电磁信息泄漏防护对策是"抗截获",是对电磁信息辐射过程的防护措施。对于信息设备无论采取什么样的加固技术,电磁泄漏都不可能完全屏蔽,总会有少量的电磁波泄漏出去,通过采取使电磁辐射信号变化最小或者变化恒定的手段,尽可能增加泄漏电磁波的截获难度。

第三层次电磁信息泄漏防护对策是"抗复现",是对被截获电磁信息的防护措施。通过信号变异(硬件及软件方法)增加电磁信息的数据重构与信息复现的难度,达到防止复现的目的。

对于电磁信息泄漏防护技术,可以按硬件防护技术、软件防护技术进行划分,也可以按包容式、抑源式、红黑分离式防护技术进行分类。

其中,包容式是指采取各种电磁辐射硬件防护措施,将无论有用的电磁信号还是电磁杂波干扰信号,全部包容封闭在屏蔽体内,解决电磁信息泄漏问题;抑源式是对系统中的元器件、接插件等辐射源,采用低辐射综合优化设计电磁信息泄漏防护;红黑分离式仅对设备中红信号采取防护。为了达到电磁信息安全的目的,通常采用的硬件防护技术有使用低辐射设备、屏蔽加固、利用噪声干扰源以及使用新材料、新方法等。

低辐射设备(又称 TEMPEST 设备),是防辐射泄漏的重要手段,体现了电磁分层防护中的"抗泄漏"策略。1982 年以后,红黑分离式 TEMPEST 计算机是继包容式 TEMPEST 计算机后出现的又一项电磁信息泄漏防护技术。红黑分离式 TEMPEST 计算机,红黑隔离设计首先使用系统级隔离、箱级隔离和板级隔离等技术把红、黑信号完全分隔,然后采取特殊措施对隔离后的红信号进行处理,使其达到极值要求,而对于黑信号来说达到电磁兼容的技术要求即可。

屏蔽加固技术是通过抑制电磁辐射在空间的传播(切断辐射的途径)来达到电磁防护的目的,体现了电磁分层防护中的"抗泄漏"策略。其实质是将造成电磁信息辐射的关键部件、电路屏蔽起来,使得耦合的电磁场通过反射和吸收得到衰减,达到"抗泄漏"的目的。电磁屏蔽是采用金属材料或各类金属化复合材料将电磁干扰源封闭起来,使其外部电磁场强度低于允许值的一种手段,或是用金属屏蔽材料将电磁敏感电路封闭起来,使其内部电磁场强度低于允许值的一种措施。

我们来看屏蔽加固技术的三个例子。一是屏蔽机箱;二是显示器窗口屏蔽加固;三是关键电路屏蔽。也可以把计算机主机中母板及各种外设、电源、插件板放在三个屏蔽盒内,放入大的屏蔽箱中。

噪声干扰的常用方法是将干扰源放在信息设备附近,这样干扰源与信息设备所产生的信息辐射会一同向外辐射,使得信息设备产生的辐射信息不易被复现,体现了电磁分层防护中的"抗复现"策略。

三、物理隔离系统技术

物理隔离的概念最初由美国、以色列等国军方提出并采用,用于一定程度上抑制涉密网络与公共网络连接所衍生的各类安全问题。物理隔离指的是一个主机或网络不得直接或间接地连接另一个网络,具体场景包括内外网之间的隔离,也可以用于内网间分段、分区、分层隔离。

物理隔离系统只对外开放有限的服务,并对协议采取"白名单"机制,只对指定的确定安全的信息进行交换,可以切断攻击者对存在的漏洞的利用途径,防止未知攻击的产生,这就是物理隔离技术的基本机制。一些有较高安全需求的局域网,特别是政府办公网络,往往比较敏感,为了避免局域网内部的计算机受到攻击者的攻击导致的不良后果,如信息泄露、网络流量异常、网内大规模主机瘫痪等,使局域网无法正常工作,可以通过在两网之间部署安全信息交换系统保障局域网的安全。

物理隔离技术并不是要取代防火墙等安全产品,而是对其隐患进行弥补,其主要目的是保证受保护目标主机或网络的安全。物理隔离技术对两端的网络进行了断开,阻断网络之间的直接连接,并且数据的传输是基本的读写机制,与操作系统无关,即使攻击者利用软件上的缺陷攻击外网单元,也无法通过隔离单元控制和攻击内网。

随着网络应用的普及深入,网络入侵和攻击日益猖獗,网络安全遭受到严重威胁。为防止涉及国家秘密的计算机及信息系统受到来自互联网等公共信息网络的攻击,确保国家秘密信息的安全,我国政府多次强调要求涉密计算机及信息系统要与互联网等公共信息网实行物理隔离。

国家保密局印发的《计算机信息系统国际联网保密管理规定》第六条明确规定:"涉及国家秘密的计算机信息系统,不得直接或间接地与国际互联网或其它公共信息网络相联接,必须实行物理隔离。"

为确保物理隔离技术和新产品的安全保密,国家保密局对物理隔离提出了明确的保密技术要求。第一,在物理传导上使内外网隔离,确保外部网络不能通过网络连接而入侵内部网络,同时防止内部网络的信息通过网络连接泄露到外部网络。第二,计算机屏幕上应有当前处于内网还是外网的明显标识。第三,内外网络的接口处应有明确的标识。第四,内外网络切换时应重新启动计算机,以清除内存、处理器等暂存部件残余信息,防止秘密信息串到外网上。第五,移动存储介质未从计算机取出时,不能进行内外网络切换。第六,防止内部网络信息通过电磁辐射泄漏到外部网络上。

物理隔离的优点在于概念清晰,易于理解和实施,成本相对较低,针对普通的实时性攻击行为效果好。目前物理隔离技术已成为网络安全保密体系中不可缺少的重要手段。但是,物理隔离的网络真的就高枕无忧了吗?当然不是,物理隔离并非绝对安全。采用物理隔离措施进行安全防范的网络,仍然面临着不少问题。

统计表明,60%以上的网络安全事件,都源于内部设备问题或内部人员问题。包括内部人员有意的恶意行为,也包括一些无意的操作,而物理隔离恰恰无法有效应对内部人员有意无意地破坏或攻击。

 **案例**

2017年年初，NASA 的某内部 IT 员工为系统打补丁，造成计算机重启，大型工程炉监视系统停转，同时阻碍了火警系统的正常运转，导致一场火灾烧毁了炉内航天器硬件，这场火灾 3.5 个小时后才被发现。

物理隔离往往做不到真正的隔离。许多号称物理隔离的系统中可能存在与外网的联通点。这是由于网络的建设和规划是一项复杂长期的工作，私自接入设备或改变网络拓扑的情况有时很难避免，也很难被发现。

 **案例**

2017 年 5 月中旬，WannaCry 勒索病毒爆发。很多号称物理隔离的内网主机也遭遇病毒，数据被毁。以国内某油田网络为例：其网络被分区为办公网、数采网和控制网，除办公网外，其他分区物理上与公网隔离。分区之间号称采取物理隔离措施，但实际物理隔离并未真正实施到位，存在部分服务器通过双网卡同时接入办公网和数采网用于数据传输的情况。病毒爆发期间，数采网若干服务器间接暴露，部分 Windows 服务器和主机被病毒感染，造成了一定的损失。

此外，随着物联网技术不断进步，各种新型智能设备正逐步普及，移动互联网的终端设备变得更加高效和智能。传统物理隔离网络正在面临更大的挑战，过去可以认为安全的网络环境，正在逐步变得不再安全。

第十六章　涉密信息系统

第一节　系统建设

一、系统分级保护定级

涉密信息系统建设使用单位要根据系统所处理信息的最高密级，将系统定级情况书面报告本单位保密工作机构或当地保密行政管理部门审核批准。对于包含多个安全域的信息系统，各安全域可以分别确定保护等级。

首先要开展信息系统基本情况的调研分析。各行业主管部门、运营使用单位组织开展对所属信息系统的调研分析。对于一个单位来讲，国家秘密一般有两个主要来源：一是上级领导机关和其他部门制发的密级文件资料，知悉后必须承担保密义务；二是按照本行业保密事项范围依法确定自身产生的国家秘密事项。因此，涉密信息系统建设使用单位应按照《保密法》及其实施条例、保密事项范围的规定，结合自身业务工作需求，对工作秘密信息、秘密级信息、机密级信息和绝密级信息的含量和比例进行详细分析。

对于数量多、与日常业务工作相关性强的信息，应将其纳入涉密信息系统的建设范围，进行分域分级防护。对于密级高、数量少的信息可考虑采用单机方式处理，根据所处理信息的最高密级，按照相应级别涉密信息系统的有关要求进行管理。

通过对上述基础性数据进行综合分析和整理，形成信息系统的总体描述文档。该文档的内容包括：系统概述、系统边界描述、网络拓扑、设备部署、支撑的业务应用的种类和特性、处理的信息资产、用户范围和用户类型、信息系统管理框架。

如果信息系统或安全域中包含多个业务子系统，需要继续对业务子系统进行划分和描述，形成进一步的信息系统详细描述文档，内容包括：信息系统列表、每个安全域的概述、每个安全域的边界、每个安全域的设备部署、每个安全域支撑的业务应用列表、每个业务应用处理的信息资产类型、每个业务应用的服务范围和用户类型、每个业务应用的其他特性。

其次要初步确定安全保护等级。根据国家有关规定和标准，用户单位形成初步的涉密信息系统定密文件。对每个信息系统确定安全等级，不同的安全域可单独确定等级，并按照相应等级的保护要求进行保护。信息系统或安全域的安全等级由其所包含的业务子系统的最高等级决定。然后，整理定级过程文档，形成文件化的信息系统定级结果报告。

报告应包括以下内容：单位信息系统现状描述，安全保密管理模式，信息系统或安全域支撑的业务应用列表和等级，安全域列表、安全等级以及保护要求组合。

再次是评审与审批。初步确定信息系统分级保护等级后，组织聘请专家进行论证评审，上级保密行政管理部门应参与论证，并提出建议和意见。在投入使用前，应按照涉密信息系统审批管理办法的规定进行审批。

最后是备案。国家保密行政管理部门负责受理备案并进行备案管理。涉密信息系统建设使用单位填写《涉及国家秘密的信息系统分级保护备案表》。按照属地化管理原则，中央和国家机关单位的涉密信息系统向国家保密局备案；地方单位的涉密信息系统向所在地的市(地)级以上保密行政管理部门备案；中央和国家机关地方所属单位的涉密信息系统，向所在地的省级保密行政管理部门备案。

二、方案设计与分析

涉密系统集成资质分为甲级、乙级和单项三种。取得甲级或乙级资质的单位如需承接单项业务，必须重新申请并取得相应的单项资质。取得某一单项资质的单位如需从事其他单项业务，必须再次申请相应的单项资质。

申请涉密信息系统集成资质的单位应具备以下基本条件：在中华人民共和国境内

注册的法人；依法成立三年以上，有良好的诚信记录；从事涉密信息系统集成业务人员具有中华人民共和国国籍；无境外（含香港、澳门、台湾）投资，国家另有规定的从其规定；取得行业主管部门颁发的有关资质，具有承担涉密信息系统集成业务的专业能力。

在选择集成资质单位时，应当结合系统应用和安全保密需求，选择恰当的资质单位。

一是项目要求。涉密信息系统集成资质种类和使用范围各有不同，系统建设单位在选择资质单位时，应当按照项目建设要求，选择具有相应资质的单位。信息系统集成项目应当选择甲级或乙级资质单位，军工集团除可以选择甲级和乙级资质单位外，还可以选择本集团的军工系统集成单项资质单位。软件开发、综合布线、屏蔽室、工程监理、安防监控、风险评估等项目，必须选择相应单项资质单位。

二是资产实力。资产实力是资质单位完成涉密项目的重要保障。在实际项目建设中，可通过查看单位的注册资金、对外投资、净资产等指标了解单位的实际资产情况。

三是运营状况。运营状况通过财务状况、经营状况来反映。财务状况可以查验资质单位的财务报告、税务报表，了解资质单位近三年的财务数据，考核资质单位的财务状况。经营状况可以从资质单位的主营业务及业绩、经济效益、经营成果、竞争能力和发展前景来衡量。

甲级和乙级资质单位具有较强的系统集成能力和安全保密技术能力，各单项资质单位具有较强的单项业务能力。一般来讲，考察一个单位的技术实力可以从以下方面考虑：

第一，专业队伍专业技术人员数量、资格和水平是考察资质单位专业队伍技术能力的重要方面。技术队伍包括技术负责人、技术人员、项目管理人员。

第二，项目业绩、承接涉密项目的规模，能够从侧面反映资质单位的技术实力。

第三，规模越大，功能越复杂，所用到的技术难度越大，就越能反映资质单位在涉密项目建设方面的技术实力。

第四，研发能力代表资质单位的科研攻关能力，反映资质单位的技术创新能力和水平。研发能力主要从科研攻关、产品研发、新技术创新、品牌创建等方面来考察。

第五，管理能力包括运营管理能力和保密管理能力，主要反映资质单位的内部管理情况，是资质单位完成好一个项目的重要保障。一般来说，主要应从资质单位的制度建设和制度执行力上考察。动态查询国家和省级保密行政管理部门对资质单位实行动态监管制度,采取年度审查、延续审批和资质事项变动审查等多种管理方式。

以下四个标准基本涵盖了分级保护方案的设计内容:《涉及国家秘密的信息系统分级保护技术要求》《涉及国家秘密的信息系统分级保护管理规范》《涉及国家秘密的信息系统分级保护测评指南》和《涉及国家秘密的信息系统分级保护方案设计指南》,在设计分级保护方案时,应注意以下几点:

首先是规范信息定密。坚持科学定密,确定哪些信息是涉密信息,同时明确保密期限和知悉范围。其次是确定涉密等级。确定涉密等级的原则是合理定密,防止过高或者过低,根据所处理信息的最高密级确定分级保护等级。

方案设计可以自行完成,也可以选择具有相应涉密资质的单位承担,并且需要保密行政管理部门参加方案审查论证,形成专家意见。

在方案设计过程中,首先要依据相关法律、法规和标准,对信息系统处理信息的最高密级进行核定,依据系统所处理信息的最高密级,确定系统的等级。对于新建涉密信息系统,建设使用单位应依据实际工作需要,预判系统等级;对于已建涉密信息系统,应对照定密范围,对系统的最高密级进行核定并确定系统等级。系统分析是涉密信息系统分级保护方案设计的重要内容和前提条件。系统建设使用单位以及方案设计单位都应充分了解和掌握与涉密信息系统建设相关的各方面情况,包括建设使用情况、物理环境、网络环境、软硬件资源、信息资源与应用系统、系统管理等。

对涉密信息系统建设使用情况进行分析可从一定程度上反映系统属性,如系统的涉密程度,具体应从单位业务职责、组织结构、地域分布、人员情况等四个方面进行。

第一,业务职责分析。应说明单位行政级别与单位性质,描述业务范围和种类、业务内容、行业特征,对业务整体情况进行分析。

第二,组织结构分析。应对系统建设使用单位的管理机构、分支机构、部门岗位设置等情况进行说明,为方案设计的范围、层次提供依据。

第三,地域分布分析。应提供系统所在物理环境的布局情况。

第四,人员情况分析。应对系统建设使用单位存在的多角色用户情况调查说明,分配好控制权限和后续管理措施的详细规划。

考虑涉密信息系统所处的周边环境,尤其注意周边是否存在涉外场所、商业、娱乐、旅游、餐饮、宾馆等公共场所和居民区等,明确单位保卫部门能够有效控制的边界范围和能够采取的控制措施。网络环境主要描述网络覆盖范围、网络拓扑结构、系统边界与安全域现状和线缆、设备的隔离情况等。在分析中要注意掌握网络类型、传输介质等涉密信息系统的网络拓扑结构,形成详尽的网络拓扑图;明确系统的网络边界和划分情况,分析涉密信息系统与外界所有信息交互的可能方式;标明系统内涉密信息处理设备与其他设备、线缆之间的距离,做好电磁泄漏发射防护措施。

系统内使用的硬件资源包括服务器、用户终端、传输介质、网络设备、安全保密设备以及其他用于系统支撑保障、办公自动化业务、特殊业务用途的硬件设备,应重点关注设备的安全保密性能,对设备的生产厂商、产品型号、资质证明、选用数量、主要用途、存储信息的密级、安全责任人、使用对象等情况必须完全掌握。

系统内使用的软件资源包括操作系统软件、数据库软件、其他应用软件,应重点关注软件版本、开发机构、使用对象、主要用途以及与硬件设备的兼容性等内容。

对于每个应用系统,都应列出负责管理的机构及其管理职责。对于每个参与涉密信息系统管理的人员,特别是管理机构负责人、系统管理员、安全保密管理员、安全审计员、密钥管理员等,需结合建设使用单位的安全保密管理制度,落实管理职责以及管理权限。系统资产分析,即确认系统资产在机密性、完整性和可用性方面的符合程度、已采用的安全措施对资产安全产生的影响,并对发生影响的可能性进行评估。

安全威胁可能导致涉密信息系统内信息及其他资产的损害。系统安全威胁分析,即识别系统所面临的各种安全威胁及其性质和特征。

分析威胁,首先需明确威胁的来源,包括攻击者、攻击目标以及攻击目的。涉密信息系统已实现物理隔离,威胁大多来源于内部网络。因此,除需要考虑攻击者的外部攻击破坏,还需关注内部人员的恶意攻击,可以从间谍、犯罪分子、内部人员、蓄意破坏者等攻击者的角度分析哪些资源是可能被首先破坏或攻击的,也可以从内部保护的角度分析哪些资源是最不希望被破坏的,还可以从攻击类型角度来分析威胁,例如被动攻击、主动攻击、临近攻击、内部人员攻击和分发攻击。

系统安全风险分析,即确定在给定环境中与某一系统有依赖关系的安全风险,以掌握在给定环境中运行该系统带来的安全风险。

一般来说,涉密信息系统建设使用单位可以组织自身力量或委托具有资质的专业机构通过问卷调查、实地考察、集中会议讨论等多种调研方式收集数据和信息,考虑自身业务特点和安全保密关注点,将风险各相关要素的大小或高低程度定性分级,得出明确的风险分析结果。对风险分析结果的描述至少应包括风险名称、风险类别、风险等级、风险内容、影响范围等要素。

系统脆弱性分析,即识别和特征化系统本身的安全脆弱性。所谓脆弱性,是指可能会被威胁利用的存在于系统内的弱点或者缺陷。系统的脆弱性主要包括物理环境、运行环境和与信息应用相关的各个方面。系统脆弱性分析包括分析系统资产、定义特殊的脆弱性并提供对整个系统脆弱性的评估,以掌握在确定环境中系统的安全脆弱性。涉密信息系统中的专用软件、委托开发或自主开发的应用系统等在设计和实现上都可能存在脆弱性或漏洞;个人工具软件的脆弱性或漏洞,风险都比较高;系统配置不当而产生的漏洞,也是重要的隐患。

脆弱性分析是涉密信息系统安全保密管理的重要工作。正确进行脆弱性分析,可以帮助管理人员了解信息系统当前的安全状态,有针对性地进行安全保密设计,并据此制定相应的管理策略。技术脆弱性分析包括物理安全、运行安全、信息安全保密等方面。管理脆弱性分析包括物理环境与设施管理、人员管理、设备与介质管理、运行与开发管理、信息保密管理等。

三、系统工程实施与监理

按照系统建设设计方案制定可行的实施方案,实施方案主要包括:建设目标、建设内容和技术实现框架;安全产品或组件功能及性能,安全产品或组件部署;安全策略和配置;工程实施计划;项目投资估算等。实施方案经过专家评审后,即进入技术实施阶段。

按照工程实施方案中对于产品的具体指标要求进行产品选型,根据产品或产品组合实现的功能满足设计要求的情况选购所需产品。

一是制定产品采购说明书。对产品的采购原则、采购范围、指标要求、采购方式、采购流程等进行说明。二是进行产品选择。不仅要考虑产品的使用环境、安全功能、成本、易用性、可扩展性、与其他产品的互动和兼容性等因素,还要考虑产品质量和可信性。

接下来是系统集成部分,依据实施方案将不同的软、硬件产品集成起来,使安全产品、系统软件平台和开发的安全控制模块与各种应用系统综合或整合成为一个系统。

首先,分项实施方案的确定参照总体实施方案的组织形式、任务分工、进度安排等,在项目集成单位的指导和协调下,由各具体承担产品部署或软件开发的单位进行编写,由集成单位和监理单位负责审核。

其次,集成实施阶段针对实施环境,做好硬件设备、软件系统等环境准备,集成单位依据系统设计方案,制定一套可行的系统质量控制方案,以便有效地指导系统实施过程。

再次,培训阶段信息系统建设完成后,系统集成单位应向涉密信息系统使用单位提供使用说明书及建设过程文档,同时对系统维护人员进行必要的培训。

最后,验收报告将系统集成过程中的内容文档化,形成系统集成报告,包括工程实施方案、分项实施方案、质量控制方案、集成实施报告、培训考核记录等内容。

系统测试从总体出发,对整个系统进行集成性应用测试和安全测试,包括对系统运行效率和可靠性的测试。测试工作组按照测试计划组织实施,测试人员根据已通过评审的测试方案对系统进行测试,形成测试报告,验收工作组对测试报告进行综合分析与评估。

系统验收由验收工作组按照验收计划组织实施,组织验收人员根据已通过评审的验收方案对系统进行验收。验收通过以后,要进行系统的交付,由承建单位向建设单位提交系统建设过程中的全部技术文档、指导用户进行系统运行维护的文档等。

工程监理机构在涉密信息系统建设过程中应严格遵循国家保密标准和要求,并督促建设单位完善保密制度,监督承建单位按照国家保密标准和已评审的设计方案施工,从而保障涉密信息系统按照国家保密标准和要求进行,防止新增风险。

工程实施过程中,工程监理机构的主要工作包括:①对工程质量进行事前控制、事中监管、事后评估;②对关键性流程和阶段性成果进行审核、校验,检查质量;③对采购的设备进行质量抽查、性能测试;④对重要工序进行交接检查。

进度控制的基本思路是,比较实际状态与计划之间的差异,并做出必要的调整,使项目向有利的方向发展。成本控制的基本方法是要求各承建部门定期上报其费用报告,由监理工程师对其进行审核,以保证各项支出的合理性。

涉密信息系统工程建设文档是对参与各方主体从事涉密信息系统工程项目管理或监理提供决策支持的一种载体。及时、准确、完善地掌握与工程有关的大量文档,处理好各类工程建设信息,是涉密信息系统工程项目管理的重要工作内容,也是监理单位监督管理的重要内容。

涉密信息系统对系统的安全保密性有较高要求,在涉密信息系统工程建设过程中,要充分考虑工程建设文档的有效管理及其安全保密。相关文档和资料按照国家有关保密管理规定执行,严格控制知悉范围。资料管理员负责管理的监理资料包括:工程合同、保密协议及监理合同;工程涉及方案及工程监理计划;工程监理实施方案;工程进度计划;工程材料、软硬件产品、设备的质量证明文件;监理专题报告;监理工作总结;等等。

涉密信息系统工程监理,是指依法设立且具备涉密信息系统工程监理资质的企事业单位,受建设单位委托,依据国家法律法规、相关保密技术标准和信息系统工程监理合同,对涉密信息系统工程项目实施的监督管理。

对于监理工作机构来说,其目标是高质量、高效率地完成监理委托合同中规定的监理单位应该完成的监理任务。在建设过程中,工程监理的主要职责是确保涉密信息系统工程按照合同要求和经过评审的设计/建设方案分阶段实施。

涉密信息系统工程建设应立足于建设单位的具体需求,参照建设内容相关国家法律、法规和行业标准,在安全保密风险分析的基础上,按照保密标准的要求,从物理安全、运行安全、信息安全保密、安全保密管理和安全产品选型等方面进行整体设计,综合采用安全域划分和边界防护、身份鉴别、访问控制、审计监控及电磁泄漏发射防护等技术和管理措施进行建设。

四、系统测评

涉密信息系统测评是依据国家保密标准,运用科学的分析方法和手段,为防范和化解涉密信息系统安全保密风险、保障涉密信息系统安全保密提供科学依据,是涉密信息系统风险评估的一种表现形式。

涉密信息系统分级保护测评规定了分级保护测评的工作流程、测评内容、测评方法和测评结果判定准则。

测评机构,主要是指国家保密科技测评中心及其分中心,承担涉密信息系统审批前和审批运行后的检查评估工作。

涉密信息系统与非涉密信息系统风险评估在具体操作上有很多相通之处,基本流程、计算方法等都可以相互借鉴。但是因为自身的特殊性，也有需要特殊处理的地方。比如，一般信息系统资产的识别主要依据资产自身的价值以及系统对此资产的依赖程度，涉密信息系统中的资产按密级进行识别、分级保护。

组织涉密信息系统风险评估的单位应采取措施，避免风险评估工作引入新的安全风险，确保评估过程的可控性和保密性。涉密信息系统使用单位应与委托评估机构签订保密协议，明确保密事项和保密责任。从事风险评估的人员应严格遵守保密法律法规和有关规章制度，依照涉密信息系统风险评估工作的有关标准规范进行操作。

涉密信息系统中的专用软件、委托开发或自主开发的应用系统等在设计和实现上都可能存在脆弱性或漏洞。个人工具软件的脆弱性或漏洞，风险都比较高。系统配置不当而产生的漏洞，也是重要的隐患。

五、系统审批

涉密信息系统投入使用审批，是保证涉密信息系统符合相关保密规定和标准要求的重要措施，也是确保涉密信息系统所存储、处理和传输的国家秘密信息安全的重要手段。1998年，国家保密局颁布《涉及国家秘密的通信、办公自动化和计算机信息系统审批暂行办法》，开始对涉密信息系统投入使用实行审批管理。2007年12月，国家保密局根据涉密信息系统分级保护相关标准，对上述文件规定的涉密信息系统审批内容、条件和程序进一步细化，颁布实施《涉及国家秘密的信息系统审批管理规定》。

涉及国家秘密的计算机信息系统投入使用审批的主体是国家保密行政管理部门和市（地）级以上保密行政管理部门。国家保密行政管理部门主管全国涉密信息系统的审批工作，市（地）级以上保密行政管理部门负责本行政区域内涉密信息系统的审批工作。

涉密信息系统既包括网络，也包括单机。凡是与计算机有关的系统或网络，不论大小、多少，都应履行审批手续后方可投入使用。在实际工作中，为提高行政审批工作的针对性，通常要求涉密的局域网、城域网、广域网在投入使用前必须履行审批手续，涉密单机由涉密单位按照有关保密管理规定的要求进行管理。

涉密信息系统审批工作遵循依据标准、规范程序、综合评估、确保安全的原则。

国家保密行政管理部门的审批权限包括：中央和国家机关各部委建设使用的涉密

信息系统、跨地域或全国联网运行的涉密信息系统；中央和国家机关各部委所属单位建设使用的涉密信息系统；各军工集团建设使用的集团总部涉密信息系统、跨地域或全国联网运行的涉密信息系统；国防武器装备科研生产一级保密资格单位建设使用的涉密信息系统。

省（自治区、直辖市）保密行政管理部门的审批权限包括：省直机关建设使用的涉密信息系统、省直机关所属单位建设使用的涉密信息系统；国防武器装备科研生产二、三级保密资格单位建设使用的涉密信息系统。

市（地）保密行政管理部门的审批权限包括：市（地）直机关及其所属单位建设使用的涉密信息系统；县直机关及其所属单位建设使用的涉密信息系统。

涉密信息系统投入使用审批工作主要涉及系统建设使用单位自审、系统测评机构测评、上级业务主管部门初审和保密行政管理部门审批四个环节。

涉密信息系统拟投入使用时，其建设使用单位应向上级业务主管部门和具有审批权的保密行政管理部门提出书面申请，并报送有关涉密信息系统的资料。

涉密信息系统审批是一项涉密的非行政许可审批事项。保密行政管理部门应当自受理申请之日起20个工作日内作出审批决定。20个工作日不能作出决定的，经本行政机关负责人批准，可以延长10个工作日，同时应将延长的决定和理由告知申请单位。

第二节　系统环境与设备管理

一、物理环境与基本管理要求

根据国家出台的有关规定，涉密信息系统使用的保密管理主要可以概括为同步建设、严格审批、注重防范、规范管理四个方面。

同步建设是涉密信息系统防范和管理的基础和前提，即涉密信息系统与保密设施同步建设，包括同步规划、同步预算、同步设计、同步实施。同步建设有利于整体考虑、统筹协调，简化环节、符合标准。

严格审批就是系统建成后经市（地）级以上保密行政部门审批后才能投入使用，

这是涉密信息系统管理的关键环节。通过审批,把隐患和漏洞排除在使用之前,有利于信息保密和日后管理。

注重防范是保密工作积极防范指导思想的具体体现,在涉密信息系统建设、使用、运行维护的过程中都要注重防范。

规范管理是涉密信息系统保密防范能力获得并始终保持的根本保证。审批非常重要但绝不是一劳永逸,必须加强日常管理。

涉密信息系统的使用单位,应根据有关政策法规和国家保密标准的要求,成立由单位主管领导任责任人的安全保密管理机构。安全保密管理机构应由保密、信息化、密码、业务工作、保卫和人事等有关部门人员共同组成,以组织协调整个系统的安全保密工作。

安全保密管理策略,是指为保护涉密信息系统的安全保密,对系统内的所有相关人员和设备使用的规定。安全保密管理策略主要是解决管理机构如何管理涉密信息系统的问题。为保护涉密信息系统安全保密,消除或降低失泄密风险,所制定的各种管理纲领、管理制度、管理规范、管理方法、管理组织形式和工作程序等都属于安全保密策略。

涉密信息系统使用单位应根据系统的保护等级、安全保密需求和安全保密目标,结合单位自身的实际情况,依据国家有关保密法规和国家保密标准,制定明确的安全保密管理策略。

涉密信息系统安全保密管理机构必须在本单位建立完善的安全保密管理制度,明确岗位职责,实行领导责任制,层层落实,责任到人。在涉密信息系统的日常管理中,安全保密管理机构应在涉密信息产生、存储、处理、传输、归档和销毁的全过程,从人员、物理设施与环境、设备与介质、运行与开发、信息保密等五个方面制定相应的安全保密管理制度。

涉密信息系统的周边环境管理主要包括周边环境监控、周边安防以及人员出入管控。对于周边环境的管理,需要定期对涉密信息系统周边环境进行监控。第一,远离境外驻华机构、境外人员驻地等涉外场所;第二,避开易发生火灾等危险程度较高的区域;第三,避开有害气体来源以及存放腐蚀、易燃、易爆物品的地方;第四,避开低洼、潮湿、落雷区域和地震频繁区域;第五,避开强振动源和强噪音源;第六,避开强电磁场的干扰;第七,尽可能避免设在建筑物的高层或地下室,以及用水设备的下层或隔壁;第

八、避开重盐害地区。

涉密信息系统周边的安防要求包括：第一，定期对周边安防设备进行检测、维修，保证设备的正常使用；第二，制定警报处置预案，以"安全第一、预防为主、综合治理"为方针，规范应急管理工作，提高应对和防范风险与事故的能力，最大限度地减少损失。

要注意的是，应急预案形成体系应该针对各级各类可能发生的事故和所有危险源制定专项应急预案和现场应急处置方案，明确事前、事发、事中、事后的各环节中相关部门和有关人员的职责。

对内部工作人员发放人员和车辆出入凭证，并要求持证人出入时主动出示，配合警卫人员检查。凡外部人员来访，一律办理来宾出入登记手续，抵押身份证明原件，说明来访事由，领取来宾证件，并登记会客登记表。严格执行携带物品出入管理制度。

涉密信息系统处理场所应当按照国家有关规定，与境外机构驻地、人员住所保持相应的安全距离；根据涉密程度和有关规定设立控制区，未经管理机关批准，无关人员不得进入；定期或根据需要进行保密检查；采取相应的防电磁信息泄漏的保密措施；涉密信息系统的中心机房建设，在条件许可的情况下，应满足《电子计算机机房设计规定规范》《计算站场地技术条件》《计算站场地安全要求》等的要求。

对于保密要害部门、部位的管理，应该实行"谁主管，谁负责"的原则，做到严格管理、责任到人、严密防范、确保安全。要经常对保密要害部门、部位人员进行治安防范、安全工作教育，提高其思想素质，防止各类事故发生。应该将涉密机房、设备间和涉密程度较高的办公室等地点划定为安全控制区域，并做出标志，安全控制区域应采取出入控制措施，对出入安全控制区域的活动进行监视和记录。中心机房要配备电子监控设备和门禁系统，重要设备间要配备电子监控设备。

此外，对于无线产品的使用，应当按照保密管理规定，严禁使用具有无线互联功能的信息设备处理涉密信息，凡用于处理涉密信息的信息设备应拆除具有无线联网功能的硬件模块。用于处理涉密信息的信息设备禁止使用无线键盘、无线鼠标及其他无线互联的外围设备。

二、设施设备与介质管理

信息安全保密产品种类较多，选型时应坚持适用性、功能完整、性能优先、有利于管理和维护的原则。

选用涉密信息系统使用的安全保密产品时,应当注意以下几点:安全保密产品的接入应该不明显影响信息系统运行效率,并满足工作的要求;安全保密产品原则上必须选用国产设备,当国产设备无法满足需要时可选用经国家主管部门批准的国外设备;安全保密产品必须通过国家主管部门指定的测评机构的检测;涉及密码技术的安全保密产品必须获得国家密码主管部门的批准;安全保密产品必须具有自我保护能力;安全保密产品应符合相关的国家标准。

在涉密信息系统设计与建设中选择相应功能的安全保密产品,必须根据分级保护选择相应的安全保密产品,需要通过多方面来选择满足相应保护等级的合法产品,同时应注意以下几点:认真阅读安全保密产品的检测报告、依据配置策略正确安装并配置安全产品策略、根据计算机和信息系统变更及时调整策略配置、定期检查安全防护产品工作的有效性、安全产品的升级和更换应验证资质证书。

随着网络信息化发展和高新技术设备应用,作为涉密信息系统重要组成部分的涉密设备与介质的安全保密问题凸显,成为当前保密管理工作中的重点和难点。因此,加强涉密设备与介质的风险分析和管理已成为保障涉密信息系统安全的重要基础。

涉密设备与介质的保密管理,要遵循严格管理、严密防范、确保安全、方便工作的原则。所谓"严格管理、严密防范",就是要根据反窃密斗争外部环境和内部情况的变化,结合实际情况,制定严格周密的管理制度,将涉密设备与介质的管理责任落实到人,严格要求,严格检查,切实将各项防范措施落到实处。

当然,研发并使用具有自主知识产权的电子芯片、服务器、操作系统、数据库等,减少软硬件的恶意植入可能,更是反窃密技术发展的重中之重。

三、运行与开发管理

涉密信息系统的运行和使用,包括以下六点:

第一,策略规则的制定。各个涉密信息系统之间存在差异,但是在制定策略规则时可以遵循共同的原则,包括适应性原则、动态性原则和系统性原则等。

第二,策略规则的审核。安全保密设备的策略规则配置要适应涉密信息系统的变化。访问控制系统的规则设置与系统用户密不可分,涉及系统用户的权限和访问内容,而用户权限和访问内容并非一成不变,应定期审核访问控制规则,根据人员变动和权限变化适时调整。

第三,软件安装控制。用户终端的安全性由多方面因素组成,不仅取决于终端所使用的操作系统、安全工具和应用系统,还与用户的操作有关。需要对用户终端安装的软件进行管理,禁止安装与涉密信息系统运行和业务工作无关的软件,以阻止涉密信息系统可能间接或直接接入互联网,或防止引入来自互联网的病毒等。

第四,系统变更管理。涉密信息系统进行变更时,需要对变更实施的流程做出明确规定。从变更需求开始,由需求用户提出变更申请、主管领导审批、涉密信息系统负责人确定变更优先级、详细记录变更实施内容、变更测试、变更文档填写、变更批准管理等,明确变更人员、测试人员、审批人员的责任和流程,以尽可能杜绝变更过程的随意性和盲目性。

第五,符合性检查。在涉密信息系统运行过程中,应定期或不定期地对系统运行情况和用户操作行为进行安全保密法规、国家保密标准符合性检查。符合性检查应采用技术与管理相结合的办法。

第六,文档资料更新,涉密信息系统运行时会因业务需要、人员变动、设备升级等发生变化,管理员应根据涉密信息系统变化情况,及时更新涉密信息系统的文档资料,使其与涉密信息系统的实际情况保持一致。这样,在维护涉密信息系统时,才能确保不会因为文档资料不全或文档资料记录与实际情况有出入,而影响系统维护。

涉密系统在建设完成并通过审批之后就会进入运行阶段,各个涉密信息系统之间存在差异,但是在制定策略规则时,一般遵循以下几个通用原则:

一是适应性原则。策略规则应与系统实际应用环境相结合,如防火墙过滤规则的制定应考虑涉密信息系统中服务器所用端口、应用系统所用协议、用户 IP 地址分布等。

二是动态性原则。策略规则是在一定时期内制定的,但涉密信息系统环境可能经常发生变化,如系统使用人员变动、边界调整和系统升级等,所以制定的策略规则应进行适时调整,以满足系统需求。

三是系统性原则。涉密信息系统安全管理是系统性的工作,需要全方位考虑,如系统用户、设备、应用系统等,不能仅仅对单一方面进行防护制定。

操作系统和许多网络设备在升级、维护时,有可能影响某些安全保密设备的设置,甚至可能修改删除某些安全保密设备的安全策略文件。比如,IDS、防火墙、访问控制系统等安全保密设备的管理软件有可能被安装在同一台计算机中,某个安全保密设备或操作系统升级时,就有可能影响其他安全保密设备的安全策略设置,安全保密设备运行时的不稳定性或异常情况也可能影响安全设备的设置。因此,安全保密设备的相应负责人应定期对安全工具进行检查,查看原来的安全保密策略是否有效,并决定是否修改策略。

涉密信息系统的应用系统开发包括以下四点:

第一,安全同步开发。在组织开发应用系统时,应按照相关保密规定,从身份鉴别、访问控制、安全审计等几个方面进行安全功能的同步开发。涉密信息的保密性是涉密信息系统的一个关键属性,应用系统一旦投入使用,就有可能处理涉密信息。如果在开发应用系统时不同步开发安全功能,则存在重大安全隐患,如假冒身份、非授权获取信息等。

第二,开发环境分离。在开发、测试业务应用系统时,如果使用的网络环境和设备为涉密信息系统的实际环境、设备,则开发、测试应用系统的工作人员就很容易接触到涉密信息,因此在开发、测试应用系统时,应保证所使用的网络环境和设备与涉密信息系统的实际环境、设备物理分离。

第三,测试联调控制。在测试联调业务应用系统时,需要使用涉密信息系统。开发人员一般会接触到涉密信息系统,为防止涉密信息泄露,涉密信息系统使用单位需组织相关人员制定有针对性的方案,防止泄密。在对涉密信息系统进行测试联调时,涉密信息系统使用单位的工作人员应全程旁站陪同,避免开发人员单独接触涉密信息系统。

第四,后期维护管理。涉密信息系统维护的内容一般包括应用系统维护、数据维护、代码维护、硬件设备维护、机构和人员的变动。根据维护的内容,应制定相应的管理制度,防止开发、服务人员接触涉密信息。具体来讲,应有专人对进入现场进行后期维护或升级的服务人员全程陪同,禁止其将具有存储功能的自带设备接入涉密信息系统;同时应禁止后期维护或升级的外单位服务人员对涉密信息系统进行违规操作访问。

涉密信息系统的异常事件处理机制包括以下三点:

第一,响应预案的制定与管理,包括响应预案的保存与分发、更新管理和问题控制。

第二,事件监测处置,需要建立监测制度,监测涉密信息系统运行;建立报告制度,报告监测到的安全事件;建立详细的处理制度,保证安全事件按照相关制度进行处理。

第三,总结评估改进,在应急响应预案演练完成后,应及时进行总结和评估,如执行的情况、演练的效果等,以进一步改进和完善,保证在以后的应急响应中涉密信息系统的业务连续性。

涉密信息系统的备份与恢复包括以下两点:

第一,容灾备份。涉密信息系统容灾备份系统的建设必须考虑以下几个目标:持续数据保护、业务连续性管理、可信任及安全性保证等。

第二,灾难恢复。灾难恢复是在有限资源的条件下,根据单位的需求进行灾难恢复,减小灾难带来的影响。在进行灾难恢复时,应统筹规划、资源共享、分级管理,应由专人负责整个灾难现场和灾难恢复过程中的安全工作。

当涉密信息系统软硬件设备落后不能够满足应用需求进行系统升级时,需要进行新旧系统切换,旧系统应按照涉密信息系统废止管理要求进行管理。涉密信息系统废止管理要求如下:

第一,涉密信息系统不再使用时,其建设使用单位应向负责该系统审批的保密行政管理部门备案,并按照有关保密规定妥善处理涉及国家秘密信息的设备、产品、介质和文档资料。

第二,对需要报废处理的涉密设备和涉密介质,应进行信息消除和载体销毁处理。

当前,绝大多数单位的应用系统在设计开发过程中,仅仅考虑到了应用需求、系统的性能及技术路线的选择等问题,却忽视了应用系统自身的安全性。实际上,对涉密信息系统来说,应用系统是集中存储涉密信息的主要载体,应用系统的安全与否直接关系涉密信息系统的整体安全。

身份鉴别是应用系统安全的第一道屏障。在应用系统开发过程中,可以根据具体的安全需求选择基于"用户名+口令""智能卡+PIN码"或基于生理特征的身份鉴别方式。常见的应用系统身份鉴别方式是将用户身份标识符(用户名)和口令直接提交到服务器端进行验证,如果验证通过,主体即获取相应资源的访问权限。

涉密应用系统应对系统内资源采取强制访问控制策略,按照主体类别、客体类别或单一主体单一客体进行涉密信息和重要信息的访问控制。此外,对于部分应用系统在服务器端存储的文档,应进行非明文处理,防止服务器平台的管理员登录服务器非授权访问涉密数据。

应用系统中的权限包括管理员的权限及普通用户的权限。在应用系统设计过程中应避免超级用户,即该用户具有完全的资源访问权限。对于管理员的权限,应按照互相监督、权限分离的原则进行划分。具体来讲,系统管理员负责系统运行环境的参数等配置;安全保密管理员负责用户的增、删、改,用户权限的分配,用户审计日志以及安全审计员日志的查看;安全审计员负责系统管理员以及安全保密管理员的日志审计。对于普通用户的权限,应按照最小授权原则进行划分,将其权限设定在完成工作所需的最小授权范围内。

四、设备使用管理

随着网络信息化发展和高新技术设备应用,作为涉密信息系统重要组成部分的涉密设备与介质的安全保密问题凸显,成为当前保密管理工作中的重点和难点。

涉密信息系统中设备与介质的正确操作和使用,是设备与介质管理的重要环节。正所谓"没有脆弱的系统,只有脆弱的使用者",在使用过程中,应该创造适合设备与介质工作的环境条件,遵守正确合理的使用方法及工作规范,精心维护设备与介质。

这些措施都由操作者来执行,只有操作者正确使用设备与介质,才能保证设备与介质的良好使用。

涉密信息系统的安全不只是设备与介质的安全,更重要的是人员的安全意识和正确的操作规范。

设备与介质的操作使用规程是操作人员正确掌握操作技能的技术性规范,是指导操作人员正确使用和操作设备与介质的基本文件之一。其内容是根据设备与介质的结构和运行特点,以及安全运行要求等,对操作人员在其全部操作过程中提出必须遵守的事项,包括内容如下:

第一,设备与介质的正确操作步骤、方法以及安全运行要求,比如设备要求接入的安全电压;

第二,操作设备前对设备状态检查的内容和要求;

第三,操作设备必须使用的工作器具,比如读写使用大型数据存储磁带需要的机器有哪些；

第四，设备运行的主要参数，比如存有关键数据的移动硬盘大小和它的读写速度等；

第五，常见故障的原因和排除方法，比如移动硬盘上指示灯不同闪烁状态表示什么意义；

第六，设备与介质维护的具体要求，比如移动硬盘等闪存设备保存的时候需要避免碰撞，光碟类介质需要避免光面被摩擦等。

目前，涉密信息系统存在的诸多安全隐患中，相当一部分来自终端设备。随着办公自动化设备的更新换代，移动、便携的设备与介质应用越来越多，特别是笔记本电脑和移动存储介质等因其便携性和易用性的特点而得到广泛使用，经常因公外出携带，存在安全隐患。因此，涉密信息系统应该加强设备与介质的外出携带管理，防止出现被盗、被毁、失泄密等情况。

为达到这些目标，外出携带设备时应当做到以下几点：

第一，登记设备或介质的编号、型号、存储内容、携带人、带出时间和预计归还时间等内容，这样才能保证及时追还，责任到人，还能在安全事件之后审计安全策略漏洞，及时修改安全方案。

第二，对外出携带的设备或介质进行必要的信息消除处理，保证设备或介质上只存有与本次外出相关的资料，使得万一出现安全事件时受害范围最小化。

第三，笔记本电脑外出存放和携带可使用防盗锁和超距报警器；移动存储介质应随身携带，杜绝随意放置；对于采用硬件密钥身份认证的设备，应分开保管和携带，尽可能地保证设备安全。

第四，外出携带时应当避免在公共场所和其他无保护环境中使用涉密设备与介质，如必须使用应该十分谨慎，并采取一定的保护措施，避免存储和处理的信息遭到非法访问或泄密，注意防范安全保密风险。

现实中，部分涉密信息系统建设使用单位存在介质使用管理制度不严格、责任落实不到位的现象，比如没有针对涉密设备与介质制定专门的管理制度，或制定的规章制度不具体、可操作性差，以致日常管理中无章可循或管理松懈，因此应当加强涉密介质使用的安全保密管理工作。

第一，要严格限制从互联网将数据拷贝到涉密信息设备和涉密信息系统，这一行为很可能向涉密信息设备和涉密信息系统中引入黑客设计的攻击病毒,使得涉密信息被窃取甚至整个系统被黑客攻击瘫痪。若确因工作需要,经审查批准后,应使用非涉密移动存储介质进行拷贝,并采取有效的保密管理和技术防范措施(如进行恶意代码查杀、使用刻录光盘),严防被植入恶意代码程序。

第二,严禁使用私人介质,严格控制移动存储介质的使用。在涉密信息系统中应禁止使用私人移动存储介质、MP3、MP4、数码相机、智能手机等存储设备,而且要对移动存储介质进行有效的技术鉴别,防止非授权使用。这一要求不仅是防止私人设备中潜藏的病毒程序攻击涉密信息系统,也是为了防止间谍实施信息偷窃和私人设备接入外部网络导致信息泄露。

第三,介质的复制与制作需要在审查批准的单位进行,涉密信息存储介质的复制及制作应在经保密行政管理部门审查批准的相应资质单位进行,并标明密级和保密期限,注明发放范围及制作数量,编排顺序号。复制、制作过程中不需要归档的涉密材料应及时销毁。移动存储介质应只做临时存储介质使用,每次使用完毕后应及时进行信息消除处理。

第四,应加强设备接入管理,控制违规接入设备对系统资源的访问,并进行安全审计。也就是说规定不同等级的人员的可用信息资源,让较低保密等级的人员(例如外部客户)只能访问低等密级信息,且不可对系统做出任何修改,只给极少部分管理人员修改系统的权限,并且在每次修改前进行完整全面的审核。

在使用设备介质前后,设备都应被妥善保存保管,只有妥善保管与保存涉密设备与介质,才能保证设备与介质安全可靠的有效使用,防止其中存储的涉密信息被非法窃取、篡改、破坏或使用。

对于存储机密信息的设备,应当按照以下流程来进行存储管理:

第一,存储秘密信息的计算机,应按其中所存储信息的最高密级进行管理,也就是说不管该计算机中存有多少其他安全等级的信息,该计算机的安全存储都按照其中最高等级的要求进行。

第二,存储在计算机信息系统内的秘密信息应当采取保护措施,也就是说涉密文档不能单纯地以一个文档的形式被明文存储,需要完整的加密、权限管理、访问控制等一套安全保护措施。

第三,存储过高等级秘密的计算机不能降低密级使用。这一要求的原因是,我们的计算机设备删除信息的时候不是完全抹去信息,而是抹去计算机系统对该存储区块的链接,这就像是仅仅撕毁了书的目录部分,但是书的内容还完好地留在原地。如果我们将存过机密的设备降低密级使用,那么就会增大黑客恢复潜在的机密数据并盗窃的风险。

第四,计算机在维修时应保证所存储的秘密信息不被泄露。

第五,不再使用的计算机应当及时且彻底地销毁,防止恢复。

目前,部分涉密信息系统建设使用单位对设备与介质备案登记不详,归还技术检查不详细,对涉密计算机、移动硬盘、U盘、光盘等没有编号和登记或登记不详,有些仅对设备与介质的品牌和颜色登记,无法做到设备唯一性标志,以致设备或介质丢失或被恶意替换后也无法检查和发现。

针对上述情况,涉密信息系统建设使用单位应当建立涉密设备和涉密介质资产管理清单,清晰注明每项资产的使用人、安全责任人、安全分类以及资产所在的位置。根据对设备与介质运行周期进行闭环管理的要求,对设备与介质采取"户籍式"管理,即对每一个设备或介质建立一套档案,记录设备或介质的购置、发放、使用、变更、报废、销毁等环节内容。在设备与介质登记时应遵循唯一标志原则,如计算机应登记硬盘序列号和网卡 mac 地址、U 盘应记录设备 ID 号和人工编号等。

涉密信息系统中设备与介质的重要程度有所不同。重要设备(即关键设备)在整个涉密信息系统运行中起着十分重要的作用,如果发生故障,会使整个系统运行瘫痪,造成巨大损失;重要介质存储相对重要的涉密信息,如果损坏或丢失可能造成严重失泄密,或使有关涉密信息无法恢复。由此可见,对涉密信息系统中重要设备与介质进行划分界定,并采取相关措施重点管理十分必要。

涉密信息系统建设使用单位应根据所承载信息和软件的重要程度对设备与介质进行标志和分类,重要设备与介质应进行重点管理。对重要设备与介质应定期进行各类专业技术要求的检查维护,并组织人员定期对其提出处理设备故障和异常的措施并加以实施,以保障其安全、可靠、长期运行。

对于涉密信息系统的建设一定要明确责任主体和注重信息标识。涉密信息系统建设使用单位应对每个涉密设备和涉密介质指定安全责任人,并与涉密设备与介质使用人签订使用协议,落实安全责任,明确责任主体。当涉密设备和涉密介质需要维修时,应与维修单位或维修人员签订相应的安全保密协议,明确责任。

涉密信息系统建设使用单位应当使用标签对信息设备和存储介质进行标识管理。标签是标明各类信息设备和存储介质涉密属性、用途分类、责任主体等的标识，由单位统一制作和管理。设备与介质应按涉密属性分类管理，涉密属性或用途可分为绝密、机密、秘密、内部、非密、互联网使用、中间转换等。此外，还应包含设备使用人或责任人等信息。

设备与介质报废是设备与介质整个生命周期的最后一个阶段，涉密信息系统建设使用单位应该对不再使用或无法使用的设备与介质进行销毁，以保证其安全保密性，不发生失泄密问题。

整个维修报废流程总共分为四个阶段：

第一，对希望维修报废的设备进行申报审批，确定该设备的确有维修或者报废的需求。

第二，经过批准后对有关涉密信息采取安全保密技术防范措施，保证设备内含信息不泄露。

第三，涉密信息系统建设使用单位应对维修、报废的设备与介质进行日志记录，并按有关保密规定办理登记备案等手续。

第四，进行维修报废的实施。

设备与介质维修应注意以下几点：

第一，涉密计算机出现故障时，应及时向信息化管理部门提出申请，由单位设备维修人员进行维修，使用者不得擅自打开机箱。

第二，建立维修日志和档案，将所有涉密设备和介质维修情况记录在案。

第三，维修地点在内部则保证环境安全，维修地点在外部则保证签署对应的安全保密协议。

第四，设备或介质现场维修时，一般应当由本单位内部维修人员实施；需由外部人员到现场维修时，维修过程应当由有关人员全程旁站陪同；需要进入控制区域进行维修的外部人员，应签订安全保密协议。

第五，需要带离现场维修时，应拆除所有可能存储过涉密信息的硬件和固件，存储过涉密信息的硬件和固件应到有涉密信息系统数据恢复资质的单位进行维修。

第六，禁止维修人员恢复、读取和复制被维修设备和介质中的涉密信息，这一点就需要负责人全程监督维修人员，尽可能地保证维修人员不窃取信息。

第七,禁止在系统外对设备进行远程维护和远程监控,并严格控制系统内的设备远程维护和远程操作。

第八,维修过程中如需更换硬盘,必须办理重新安装操作系统审批手续。因为旧的硬盘可能会造成信息泄露,需要将该存储介质进行销毁,而且必须保证新的硬盘纯净无毒,所以需要重新进行审批,保证所有更改得到记录。

设备与介质的报废应注意以下几点:

第一,对退出使用的设备与介质,应及时销毁,并严格执行保密管理规定。

第二,不再使用或无法使用的涉密设备和存储介质需要报废时,应当将所有存储过涉密信息的硬件和固件、存储介质上交单位保密工作机构,单位保密工作机构应当建立销毁涉密设备和存储介质清单。设备报废的申请需要经保密部门和信息化管理部门的共同审批方可进行。

第三,报废处理的涉密信息存储介质禁止在其他信息系统内重复使用。

第三节 涉密信息系统安全保密管理人员

一、涉密信息系统"三员"

根据国家有关保密法规、标准,涉及国家秘密的信息系统应配备系统管理员、安全保密管理员和安全审计员三类安全保密管理人员(以下简称"三员"),实行"三员分立"制度,按照"相互独立,相互制约"原则共同承担安全保密管理职责。

系统的网络运行与隔离情况等对系统的安全保密性至关重要,系统管理员负责保证涉密信息系统的网络和各项安全保密措施正常运行。

安全保密管理员负责保证信息的最小授权访问,按照保密标准规定的身份鉴别和访问控制要求,创建用户和用户授权。这里所说的最小授权访问,核心思想在于仅为用户分配供其完成任务所需访问数据及系统的最小权限——恰恰够完成工作。

系统管理员和安全保密管理员的操作都会对身份鉴别相关事件、访问控制相关事件、涉密数据的输入输出操作、用户权限的更改以及其他与系统安全有关的事件产生影响,因此安全审计员负责对系统管理员和安全保密管理员的上述相关行为进行审计。

系统管理员、安全保密管理员和安全审计员在行使涉密信息系统安全保密管理职责时,都不得未经授权查看其知悉范围之外的涉密信息。

二、涉密信息系统"三员"的任职要求

根据相关标准和要求,涉密信息系统"三员"应拥有 A、B 角,互为备份,且应拥有独立的工作权限,遵守相应的保密管理责任制度,明确岗位职责;系统管理员、安全保密管理员和安全审计员不得兼任或者代替。应用系统"三员"职责的制定应与涉密信息系统的"三员"职责相一致。

配备人员时,"三员"应归属信息化管理部门管理,应用系统根据实际业务由相应的业务部门承担,但必须按照规定定期向信息化管理部门的安全保密管理员和安全审计员提交报告文档,由安全保密管理员和安全审计员分别汇总到各自报告中报给涉密信息系统保密管理机构。

此外,应针对信息保密管理制度的具体内容明确"三员"的职责分工,遵守"相互独立,相互制约"的原则,即在系统的运行维护管理过程中,如果可以从技术上实现配置变更两个人操作方可生效,则将该项的变更职责分属于两个人;如果从技术上不能实现,则要求一人完成配置变更,其操作日志由另一个人负责审计。

涉密信息系统建设使用单位对于不接入涉密信息系统的单台计算机应当配备安全保密管理员负责管理;只使用单台涉密计算机处理涉密信息的单位,应当配备安全保密管理员负责涉密计算机的安全保密管理工作。

涉密信息系统"三员"和涉密计算机安全保密管理员均为涉密人员并要求持证上岗,一、二级保密资格单位应按照重要涉密人员进行管理;未经专业培训和考核,不能从事涉密计算机及信息系统的运行维护和安全保密管理工作。

涉密信息系统"三员"应具备信息安全保密知识和业务技能,认真履行岗位职责,积极完成与岗位职责相关的工作,建立健全工作记录和日志文档,并妥善保管。

"三员"应掌握防火墙、入侵检测系统、漏洞扫描系统、病毒防护系统、终端监控与审计系统、身份认证系统等安全产品的使用方法和技术手段,熟悉数据库、操作

系统、网络设备和应用系统的安全知识和技术防护措施。"三员"应当定期接受管理和业务方面的集中培训,熟悉掌握国家保密法规和标准要求,不断提高技术技能和管理水平。

三、涉密信息系统"三员"的管理

涉密信息系统安全保密管理人员应当具备如下条件:

第一,涉密信息系统安全保密管理人员应当是忠于祖国、遵纪守法的中国好公民,思想稳定,政治可靠;

第二,涉密信息系统安全保密管理人员需要具有信息技术及安全保密方面的知识和综合应用能力,能够利用信息技术展开安全保密工作;

第三,涉密信息系统安全保密管理人员需要具有网络和系统操作及管理方面的实际经验,只有具备充分的经验与实操技能,完成任务才会熟练而具有底气;

第四,涉密信息系统安全保密管理人员必须熟悉涉密信息系统安全保密方面的标准、规范和政策;

第五,涉密信息系统安全保密管理人员应当明确自己的岗位和职责;

第六,涉密信息系统安全保密管理人员应当具有胜任本职工作的能力和水平。

只有满足了上述条件,涉密信息系统安全保密管理人员才能够成为是一名合格的工作人员。

涉密信息系统"三员"的管理主要分两类人员的管理,即内部工作人员和外部相关人员的管理。内部工作人员主要指涉密信息系统的使用、管理人员;外部相关人员主要指不在涉密信息系统工作的人员。系统管理员、安全保密管理员、安全审计员属于涉密信息系统的安全保密管理人员,除按照内部工作人员的要求对其进行管理外,还应在岗位职责、教育培训等方面加强管理。

对于内部工作人员,主要从录用管理、岗位职责、保密协议、教育培训、保密监管、人员奖惩以及人员离岗离职等方面进行管理。而对于外部相关人员,主要从安全控制区域隔离、携带物品限制以及旁站陪同控制三个方面进行管理。

第四节　涉密信息系统故障与安全事件处理

一、故障与安全事件的分类

信息安全事件是指由于人为原因、软硬件缺陷或故障、自然灾害等情况对网络和信息系统或者其中的数据造成危害，对社会造成负面影响的网络安全事件，主要包括网络攻击事件、有害程序事件、信息泄露事件、信息内容安全事件。

二、故障与安全事件的防范

为防范故障与安全事件，涉密信息系统管理方应建立响应预案管理，包括响应预案的保存与分发、更新管理和问题控制。

经过审核和批准的响应预案应作为文档保管，由专人负责保存与分发。响应预案的更新管理应考虑版本问题，每次修订后统一更新，保证保存在不同地方的响应预案版本一致，保证电子文档与纸质文档一致，保证执行的响应预案版本一致，防止出现响应各个环节和阶段执行的版本不统一的问题。

响应预案应定期或不定期地进行更新和审核，更新和审核应考虑在灾难发生、演习演练、年度审计或单位人员、目标、系统构架、外部环境发生变化等条件下进行。响应预案的每次演习、演练或实际进行的响应都会考验现有的制度、流程和技术等，应在事后总结，并对发现的问题和缺陷进行改进，据此更新完善响应预案。

响应预案管理应注意以下几点：

第一，应该集中管理响应预案的版本和发布。响应预案的具体内容涉及多个部门和多个工作人员，集中管理可防止版本冲突。

第二，设置确立预案问题的提交、解决、更新、跟踪、发布的渠道和流程。

第三，在内容管理方面应考虑内容的分布和粒度，可根据版本和内容的更新频率，将内容进行适当的分布。

第四，建立合理的响应预案保管制度，强调预案存放的安全保密性和易取得性，以保证需要使用预案时能很及时地获取预案。毕竟如果没有办法及时使用,再完备的机制方案都是一张白纸。

具体到异常事件的实际处理流程,主要分为:检测事件、发生事件处理和事件善后处理三个阶段。

在检测阶段,通常情况下,涉密信息系统发生病毒感染、系统入侵时都会有异常现象,如硬件故障或可疑的用户行为,为判断是否真正发生异常事件,可以考虑采用监测软件。如果确定发生某些事情或出现某些现象,应引起注意,如系统崩溃、新用户账号或低权限账号越权访问、出现新文件、存在自相矛盾的记录、文件长度和日期发生变化、数据被修改或删除、拒绝服务、系统性能无故降低、可疑的试探扫描等。

监测到异常现象后,应对此做出评估,初步判断是否属实,如果发生真正的安全事件,则确定涉密信息系统被破坏的严重程度以及涉密信息或敏感信息是否被窃取等。发生安全事件后,应及时通知响应小组,然后做出处理。

处理时应先保护人身安全,然后是涉密信息和敏感数据安全,保护硬件和软件免受攻击,力争将资源的破坏程度减到最小。如果涉密信息系统遭到恶意攻击,则尽力保存攻击证据,作为法律证据。最后,在安全事件发生后,应对相关责任人员进行追责处理,总结经验和教训,分析制度策略内含漏洞,并修改完善相关制度。

第十七章　涉密计算机设备及互联网管理

第一节　选购与系统管理

一、计算机的购买

计算机保密是为防止泄密、窃密和破坏，对计算机及其所存储的信息和数据、相关的环境和场所进行的安全保护，确保计算机内信息内容在运行过程中的安全。完善的保密管理制度，是计算机信息安全的重要保障。

涉密计算机须选购国产设备，如确需选购进口计算机及设备，要选购经国家有关主管部门检测认可和批准的。购买时要随机选购，选定后，要即买即提，以防被人设置、安装窃密装置。不得选购带有无线网卡和具有无线互联功能的计算机；如果已购买，使用前必须拆除具有无线互联功能的装置。计算机在使用前要由有关部门进行专门的安全保密技术检测，确认不存在泄密风险和安全隐患后再用于处理涉密信息。

计算机应当尽量选择正规厂家的品牌机，首选国产品牌（自主可控）；应当选择办公型计算机，不应当选择家庭（娱乐）型计算机。

涉密信息设备应当物理拆除具有无线联网功能的硬件模块（如无线发射、Wi-Fi、蓝牙、红外等），尤其关注便携式计算机、投影仪、电视显示器等。涉密信息设备禁止接入和使用无线键盘、无线鼠标以及其他具有无线通信功能的外部设备或部件。

二、操作系统的安装

操作系统种类繁多,可分为智能卡操作系统、实时操作系统、传感器节点操作系统、嵌入式操作系统、个人计算机操作系统、多处理器操作系统、网络操作系统和大型机操作系统。

操作系统按涉密信息系统的应用领域划分,主要有三种:桌面操作系统、服务器操作系统和嵌入式操作系统。

桌面操作系统主要用于涉密计算机单机,从软件上可分为两大类,即 UNIX 和类 UNIX 操作系统以及 Windows 操作系统。

服务器操作系统一般安装于涉密信息系统服务计算机,如应用服务器和数据库服务器等。服务器操作系统主要集中在三大类:UNIX 系列、Linux 系列和 Windows 系列。

嵌入式操作系统是应用在嵌入式系统的操作系统。嵌入式系统广泛应用于各类便携设备以及大型固定设施,如手机、平板电脑、电器、医疗设备、交通灯、航空电子设备、工厂控制设备等,越来越多的嵌入式系统安装有实时操作系统。

Windows 系统内置支持用户认证、访问控制、管理、审核的安全组件,例如访问控制的判断,包括允许对象的所有者可以控制"谁被允许访问该对象"以及访问的方式。对象重用——当资源(内存、磁盘等)被某应用访问时,Windows 禁止所有系统应用访问该资源。强制登录——要求所有的用户登录通过认证后才可以访问资源。审核——在控制用户访问资源的同时,对这些访问进行相应的记录。对象的访问控制——必须是资源允许被访问,然后用户或应用通过第一次认证后再访问。

UNIX 是一种多用户、多任务的操作系统,其基本功能就是防止使用同一台计算机的不同用户之间互相干扰。UNIX 的设计宗旨是关注用户的应用安全。UNIX 的系统结构由用户、内核和硬件三个层次组成,并借助系统调用、异常、中断等方式提供功能。UNIX 操作系统的策略包括标识、鉴别、存取控制、审计以及密码。当用户的账户创建时,系统管理员便为其分配一个唯一的标识号。用户名是个标识,告诉计算机该用户是谁,而口令是个确认证据。用户登录系统时,需要输入口令来鉴别身份。UNIX 文件系统控制文件和目录中的信息以何种方式被存在磁盘及其他辅助存储介质上,控制每个用户可以访问何种信息及如何访问。它表现为一组存取控制规则,用来确定一个主体是否可以存取一个指定客体。UNIX 系统的审计机制监控系统中发生的事件，以保证安全机制正确工作并及时对系统异常进行报警提示。UNIX 系统中还采用了加密系统。

新购计算机应重新安装操作系统，安装正版操作系统（Windows 10、Windows 11 等），或选择符合国家保密要求的安全增强操作系统。涉密服务器和涉密计算机重装操作系统、安装或者拆卸软硬件应当履行审批程序。涉密计算机硬盘上只允许安装一个操作系统，禁止在本机进行 GHOST 系统备份。系统管理员及其授权人员安装操作系统，安全保密管理员安装安全保密产品，配置安全策略。详细记录安装时间、操作系统名称和版本号、操作系统安全策略配置、应用软件安装、安全保密产品安装和策略设置、安装人员和策略设置人员等信息。安装完成后，变更台账信息，保证台账信息的唯一性。

单位年度经过审批对涉密信息设备进行格式化重装操作系统的设备数量，以及更换硬盘的设备数量，不得超过总数的 20%。现场审查前 6 个月内，更换涉密信息系统服务器、用户终端、涉密计算机硬盘，重装操作系统的数量，不得超过总数的 20%。导入导出专用计算机、中间机和涉密便携式计算机的数量，单独按其总数的 20% 计算。禁止修改计算机系统时间安装操作系统。

操作系统安装完毕后，安装操作系统补丁程序。操作系统补丁程序通过官方网站下载，并经过非涉密中间机查杀病毒和恶意代码后刻录成一次性光盘使用。运行维护机构应当及时安装涉密信息系统和涉密信息设备的操作系统、数据库系统和应用系统的补丁程序（补丁程序发布后 3 个月内）。用户未经审批不得擅自对涉密计算机和信息系统服务器、用户终端安装补丁程序。

三、软硬件安装卸载管理

涉密计算机系统不能随便安装卸载软硬件，对于软硬件的安装卸载有一些管理要求。

第一，涉密信息系统和涉密信息设备未履行审批程序，禁止任何软硬件的安装、扩展、缩减、拆卸。应当采取技术手段控制涉密信息系统和涉密信息设备擅自安装和卸载任何软件，或改变任何外部设备的状态。

第二,涉密信息系统中的服务器、网络设备等软硬件的安装与拆卸,应当由运行维护人员提出申请,经过运行维护机构和信息化管理部门批准后实施;涉密信息系统中的用户终端和单台涉密信息设备等,安装操作系统应当由责任人或使用人提出申请,经过业务部门和运行维护机构批准后实施。

第三,单位应当设置软件白名单,对工具软件和应用软件集中管理(操作系统、安全保密产品、检查检测工具、清除工具等不能放在白名单中)。需要经常安装的工具软件和应用软件,应当由系统运行维护人员进行安全检测后,列入软件白名单并放置在指定的服务器上,或者存储在固定的存储设备(介质)中,供涉密信息系统和涉密信息、设备用户自行安装使用,不用时可以自行卸载。

第四,涉密信息系统和涉密信息设备,因工作需要安装不在软件白名单中的软件,应当经过业务部门领导和运行维护机构批准,对其软件进行计算机病毒与恶意代码的查杀、查验后再安装。安装完成之后,应当对安装软件的设备、安装人、安装时间、安装介质进行记录。

第五,涉密信息系统和涉密信息设备因工作需要新增或拆除硬件设备或者部件,应当由责任人提出申请,经过业务部门和运行维护机构批准后实施,并保存相关记录。

第二节　运行与维护

一、计算机使用的安全保密

计算机常见的安全隐患包括病毒入侵、黑客攻击、人为因素、辐射泄密等几个方面。

病毒入侵属于较为常见的信息安全风险,由于病毒具有传播的潜伏性和高效性,一旦入侵系统将会破坏信息原有的状态,严重者甚至造成计算机无法启动运行。

黑客攻击从性质的角度讲可分为两种:一是破坏性攻击。破坏性攻击的目的是在不影响系统正常操作的情况下破坏数据信息、拦截破译等。二是非破坏性攻击。非破坏性攻击是针对系统展开攻击,目的并不是为了窃取文件资料。总之,无论哪种攻击类型都会对计算机系统造成严重的影响。

人为因素属于计算机信息风险的内部因素。操作人员是计算机的主要控制者,若计算机缺少安全防护措施,操作时方法不当,很可能出现系统漏洞,造成隐私信息的泄露。

辐射泄密指的是计算机连接的设备在使用过程中会发射信号波,不法分子可利用电磁信号将其转化成所需信息,窃取机密数据。

对于涉密计算机来说,不使用互联网是一个最基本的规定。涉密计算机和涉密网络必须与互联网及其他公共信息网络物理隔离。使用计算机和网络时必须遵守"涉密不上网(指互联网等公共网络),上网不涉密"的基本要求。

涉密计算机设置开机口令验证用户身份,区分和控制访问权限,是保证涉密计算机信息安全的首要环节。涉密计算机应严格按照国家保密规定和标准设置口令,并符合下列要求:①处理秘密级信息的计算机,口令长度不少于8位,更换周期不超过1个月。②处理机密级信息的计算机,应采用IC卡或USB Key与口令相结合的方式,且口令长度不少于4位;如仅使用口令方式,长度不少于10位,更换周期不超过1个星期。③处理绝密级信息的计算机,应采用生理特征(如指纹、虹膜)等强身份鉴别方式。④设置口令时,应采用大小写英文字母、数字、特殊字符混合编成。

涉密计算机不得连接无线设备。无线键盘、无线鼠标、无线网卡等都是具有无线互联功能的计算机外围设备。这些设备与计算机之间是通过无线方式连接的,非法用户可以通过相关计算设备接收这些信号,并作信号还原处理。因此,涉密计算机不能使用具有无线互联功能的计算机外围设备。

在办公软件使用方面,文档是人们平常办公最常用的记录格式,在使用文档时要注意它的保密。首先要防止Word文档泄密。避免在Word文档中的"最近使用文档"留下浏览痕迹。以Office 2019为例,双击打开Word,在"文件"中选择"Word选项",在"Word选项"中选择"高级",将"显示"中的"显示此数目的最近使用文档"修改为0,这样就不会留下浏览痕迹的记录。

其次也要注意防止剪切板泄密。"Ctrl+C"和"Ctrl+V"或许是我们平常最常用的快捷键,但几乎不会有人关注使用复制粘贴功能后在剪切板上留下的内容。那么如何清除剪贴板上的内容呢?打开Word,在"开始"菜单栏下有一个剪贴板,它的右侧有一个小箭头,点击它,就显示出剪贴板的内容,这时只需要点击全部清空即可。

有时因工作的需要我们也要将一些文档进行加密。打开Word,点击"文件",选择"信息",在右侧的菜单中会有"保护文档"这个选项,点击它,有几个选项供选择:始终以只读方式打开、用密码进行加密、限制编辑、添加数字签名、编辑为最终,这些都是对文档的保护方式。

在使用各种浏览器上网时,我们要对上网记录进行一定的保密。比如清除历史记录、清除浏览记录等。打开浏览器,在设置中查找历史记录和浏览记录,点击"清除浏览数据",即将历史记录里的内容删除。

在使用 QQ、微信、微博等社交软件时,更要注意它们存在的安全隐患。很多即时性社交软件和媒体软件,跟日常工作、生活息息相关,极大地方便了日常联系,但也产生了大量的工作隐私和秘密。对这类计算机应用软件,一是同电子邮件一样,要谨慎使用自动保存或自动记住密码功能。二是要定期清理聊天记录或聊天信息,不仅仅是指文字内容,还包括图片、视频。很多情况下,密码是容易被人破解的。删除工作隐私和秘密的最好的方式,就是直接粉碎程序中的相关文件,一般可在 C 盘或者安装盘中找到对应的信息。最后我们也要注意个人隐私的保护。

加强信息安全保密工作的具体措施包括:①以制度为保障。从制度上消除安全隐患,增强信息安全保密工作的有效性。②加强对涉密计算机及其设备的管理。严禁接入互联网或者其他设备,严禁在互联网计算机中存储、处理涉密信息。③对涉密人员进行培训。定期对涉密人员进行培训,不断强化其保密意识以及思维观念。④提高检查和监督力度。相关管理部门要对信息安全保密工作实施切实监督和检查。

网络空间中的安全保密防护的具体做法如下:

第一,安装主流的杀毒软件,并且及时更新病毒库。

第二,不访问不明网站,一些不明网站可能专为传播病毒而生。

第三,不打开陌生人的邮件链接和附件,不接来源不明身份的人传来的文件。

第四,禁止 U 盘和光盘自动运行功能。

第五,对接收和下载的文件在打开前先用杀毒软件进行检测。

第六,采用匿名方式浏览网站。

我们在使用手机的过程中常常会有这样的困惑:手机常常跳出"内存垃圾过多"的提示,引导自己清理手机垃圾,但在下载了无数个"清理软件"后,手机反而运行得越来越慢。表面上,这些软件是在清理手机垃圾,实则是在获取用户信息。成功获取这些信息后,手机清理软件会在后台不断上传信息,然后一次又一次地诱导下载、获取信息，再卖给广告商获取分成。

使用计算机时要学会清除数据。很多人平时删除文件的方式就是使用回收站清除，最多也就是清空回收站。但是这么做真的能彻底删除文件吗？当然不能，仅仅送进回收站并没有让数据真正从硬盘上被清除，这只是表面上的删除操作。操作系统在删除文件的时候，并不是将所有与这个文件相关的信息全部删除，而是将这个文件标记为已删除，将该文件占用的磁盘空间标记为空闲。因此，当一个文件被删除后，只有"文件头信息"里面的一小部分数据受到影响，文件数据都依然被保留在硬盘上。由于数据被标记为删除，用户是看不到被回收站清空的数据的。

那么该如何彻底清除数据呢？首先是慢速格式化。使用电脑对分区或是 U 盘等存储设备进行格式化的时候，将"快速格式化"选项前面的勾去掉，整个过程需要的时间比较长，但是可以达到清零的效果，这样操作后，一般的数据恢复软件只能搜索到一些系统文件。

其次可以使用彻底删除软件，例如 360 安全卫士提供的"文件粉碎机"工具，在删除数据的时候可以勾选上"防止恢复"选项，这样被删除的文件会有覆盖重写的操作，以防数据被恢复。

最后可以使用工具彻底覆写空间，比如使用 DiskGenius 软件的"清除空闲空间"功能对分区进行操作，用户可以选择用于覆盖填充的数据内容，比如 0、随机数等，这样就把删除的文件空间用其他内容覆写，彻底消除了以前内容的痕迹。

要避免被钓鱼邮件欺骗，就必须认识到钓鱼邮件有哪些特征。首先，钓鱼邮件会冒充。冒充就是骗取用户的信任的过程，这是最核心的一个点，比如上级领导回信、官方管理员通知、邮箱系统警告、客户回信和退信信息等。其次，钓鱼邮件常带有附件骗取用户下载，例如冒充公司通知，附上一个"xx 通知.pdf"的附件，实则是一个伪装成 pdf 的病毒程序。最后，钓鱼邮件带有一串链接引导用户点击。例如声称自己是某某网站的邮箱验证信息，让受害者点击下方链接确认。

 案例

可疑网站的攻击思路和钓鱼邮件是大同小异的，都是伪装成一些官方网站或者本身就是一个赌博网站或者色情网页。2020 年东京奥运会时期，据媒体报道出现了 1753 个与东京奥运会和残奥会官方网站相类似的域名，调

查组调查了截至举办开幕式的 23 日获取的含有"tokyo""2020""olympic"等多个单词的可能会被误认为官方网站的域名。在 1753 个域名中,有 148 个域名很可能是浏览后会感染电脑病毒或被盗走个人信息的虚假网站。报道称有东京奥运门票购票者及志愿者的 ID 和密码在网络上泄露。黑客通过此类虚假网站盗取信息,奥组委为此呼吁提高警惕。

涉密计算机应当在明显位置粘贴专用标签,标明密级、使用人、启用时间、本机序列号等。涉密计算机应当按照所存储、处理信息的最高密级标注密级标志。涉密计算机应当专机专用,不得处理与工作无关的事务。

二、补丁与病毒管理

2017 年 5 月爆发的勒索病毒 WannaCry 利用 NSA 泄露的危险漏洞"永恒之蓝"(Eternal Blue),在短时间内袭击了全球 150 多个国家和地区,影响政府部门以及教育、医疗、公共交通、通信等领域。病毒版本快速迭代,变种层出不穷,在世界范围内造成了巨大的损失。其中,苹果和高通芯片代工厂台湾积体电路制造(台积电)生产园区的计算机也遭病毒入侵,导致台积电三大生产基地全线停摆,损失上亿元。

计算机所使用的操作系统以及各种应用软件都可能存在漏洞,黑客可以利用漏洞入侵操作系统。系统被入侵后,计算机存储处理的信息很容易被黑客窃取和控制。补丁是用来修复漏洞的计算机代码。打补丁能堵住相应的系统漏洞,及时保护计算机的安全。

涉密计算机的运行维护机构应当及时安装涉密信息系统和涉密信息设备的操作系统、数据库系统和应用系统的补丁程序(补丁程序发布后 3 个月内)。用户未经审批不得擅自对涉密计算机和信息系统服务器、用户终端安装补丁程序。

熊猫烧香在 2006 年年底开始大规模爆发。熊猫烧香是由李俊制作,并肆虐网络的一款电脑病毒,是一款拥有自动播放自动感染硬盘能力和强大破坏能力的病毒。它不但能感染系统中 exe、com、pif、src、html、asp 等文件,还能终止大量的反病毒软件进程,并且会删除扩展名为 gho 的文件,该类文件是一系列备份工具"GHOST"的备份文件,删除后会使用户的系统备份文件丢失,被感染的用户系统中所有的.exe 可执行文件全部被改成熊猫举三根香的模样,主要通过下载的文件传染。病毒的危害作用是极强的,如果计算机未定期清理病毒,那么被感染的风险会更大。

涉密计算机的运行维护机构应当及时更新病毒与恶意代码防护产品特征库,涉密信息系统至少每周更新一次,单台涉密计算机至少每两周更新一次。应当定期对病毒和恶意代码进行查杀(每个月不少于一次,全系统或全盘查杀),并及时清除病毒隔离区。归库、维修、待报废等涉密计算机和信息系统用户终端,以及集中管理的便携式计算机,长期不使用的,应当在重新启用或者借用时更新特征库,并在病毒与恶意代码查杀后再启用或者借用。

移动存储设备也是一大病毒传播途径。那么如何安全地使用移动存储设备?

第一,关闭应用软件的自动播放功能。虽然这会造成一定程度上的不便,但为了安全起见,我们还是要优先阻断病毒传播的这一路径。

第二,不要双击打开 U 盘。双击会在你的计算机没有关掉自动播放的时候默认启动自动播放功能。以防万一,我们可以选择右键,然后再点击"打开"来打开 U 盘。

第三,保持杀毒软件开启。杀毒软件开启的意义就在于,在既没有关闭自动播放,又同时双击打开了而且正好启动了病毒的情况下,杀毒软件就可以在第一时间检测到病毒的启动,阻止对计算机造成不可逆的伤害。

第四,定期扫描 U 盘和移动硬盘。定期的意义就在于保证这一段时间内设备是安全的,没有病毒留存的。

许多病毒爆发事件证明,共享文件网络是病毒传播的重要途径,因此要保证共享文件传播的安全纯净。首先要保证所有上传到共享空间当中的文件都是安全的,所以在上传文件之前要对每个文件进行检测查杀。

此外要限制共享组当中的某些用户的共享权限,一般权限的用户只被允许浏览文件或者下载文件,而不能上传文件。

还要禁用管理员账户。系统里面权限最高的就是管理员,把管理员的账户给禁用,能防止病毒通过先入侵比如说低权限低安全防护等级的设备,然后一步一步地提升自己的权限,最后获得控制整个系统的能力。

病毒入侵的一个根本条件就是系统中存在漏洞。黑客首先会开发出利用系统漏洞的程序,然后广泛搜索存在漏洞的系统,对漏洞系统进行注入,这些计算机就会被勒索攻击。软件及时更新意味着能够及时补上先前旧版本系统或者软件内含的安全漏洞,使黑客无法利用相应漏洞作为突破口。

三、维修管理

应当建立涉密信息设备和涉密存储设备维修管理制度、安全策略和控制流程,确保设备维修的各个环节安全可控。

涉密信息设备或涉密存储设备发生故障时,责任人应当填写维修申请单,经业务部门主管领导批准后,向运行维护机构提出维修申请。单位没有内部维修机构的,应当选择本系统涉密单位或者保密行政管理部门批准或授权的维修机构,并由信息化管理部门与维修单位签订维修合同和保密协议。

维修单位人员到单位内部进行现场维修时,应当记录维修人员的身份信息和联系方式,告知保密要求,并对其进行保密提醒。维修人员应当签订保密承诺书。工作现场维修,一般应当由本单位内部维修人员实施,且维修人员应当是涉密人员。

如在本单位维修,维修人员应当与责任人办理涉密信息设备和涉密存储设备的交接手续,明确保密责任。如送外单位维修,应当由单位运行维护机构或设备维修主管部门统一送修。

涉密信息设备中存储过涉密信息的硬件和固件、涉密存储设备发生故障确需维修的,应当选择具有保密行政管理部门颁发的涉密信息数据恢复资质的单位进行维修,并由专人负责送取。单位运行维护机构或设备维修主管部门应当建立维修日志和档案,对涉密信息设备和涉密存储设备的维修情况进行记录。

四、报废管理

涉密计算机报废管理有一定的要求。涉密信息存储设备需要退出使用或者报废时,应当向业务部门主管领导提出申请,并经信息消除后,将所有存储过涉密信息的硬件和固件上缴单位保密工作机构。存放退出使用或者报废待销毁的涉密信息存储设备,应当符合国家保密标准对涉密载体保存的相关要求。

单位保密工作机构应当建立销毁涉密信息存储设备的清单,按照涉及国家秘密的载体销毁与信息消除安全保密要求的规定,对涉密信息存储设备定期进行销毁。单位自行销毁的,应当保存销毁清单和相关记录。自行销毁应确保涉密信息不可恢复。

五、中间机管理

中间机是与任何计算机都不连接、独立运行的专用计算机,可以被看作单向导入计算机,主要用于将信息导入单位涉密计算机。应当在中间机上采取计算机病毒与恶意代码防护措施,安装与涉密计算机不同品牌的病毒和恶意代码查杀软件。对每次导入的信息进行计算机病毒和恶意代码、木马程序查杀,并及时清除隔离区和未被删除的病毒。应当及时更新计算机病毒与恶意代码样本库,保证其防护的有效性,更新时间不得超过 15 天。

将 USB 接口的非涉密移动存储设备接入"三合一"单向导入装置绿口(非涉密导入口),将信息导入涉密信息系统和涉密信息设备。记录导入过程,审批单和操作记录应当存档备案。将非涉密移动存储设备接入非涉密中间机,进行计算机病毒、木马程序、恶意代码和间谍软件的查杀,然后在非涉密中间机上将信息刻录到一次性写入光盘中,使用光盘将信息导入涉密信息系统和涉密信息设备。记录导入过程,审批单和操作记录应当存档备案。

导入使用的光盘应当进行标志记录,禁止重复刻录,光盘使用后不得再次在非涉密中间机、非涉密信息系统或非涉密信息设备中查看或使用。

应当采取可控的单向导入方式(如"三合一"单向导入装置、涉密中间机等)将涉密信息导入涉密信息系统或者涉密信息设备。涉密信息被导入前,应当履行审批程序,审批单上应当注明信息的名称、密级、来源、用途、承载的移动存储设备(包括移动存储设备的名称、型号、容量、序列号)等。

单位内部单台涉密信息设备之间,或与涉密信息系统进行信息交换时,应当经本业务部门有审批权限的负责人批准后,通过"三合一"单向导入装置,使用"三合一"特种涉密移动存储设备,或者使用具备技术控制措施的涉密移动存储设备进行信息交换。涉密信息系统内部进行涉密信息交换时,应当经本业务部门有审批权限的负责人批准后,采用涉密信息系统内提供的信息交换方式进行。

涉密信息系统和涉密信息设备确定的信息导出点,应当采取符合国家保密要求的技术控制措施,对信息导出进行监控审计,防止涉密信息的非授权导出。

没有被确定为信息导出点的涉密信息系统服务器、用户终端和涉密计算机等信息设备,禁止连接具有导出功能的信息设备。涉密信息系统和涉密信息设备中的信息导出应履行审批手续,一般应当由业务部门负责人进行审批。应当建立管理和技术控制措施,保证导出信息在审批和导出过程中的完整性和唯一性,并采取控制措施禁止变更信息内容或者增加附件。

涉密信息系统和涉密信息设备导出涉密信息到涉密载体时,涉密载体的领取、保存、使用等应当符合国家相关保密标准。导出的纸质涉密文件应当有不可篡改的标志,导出的涉密光盘应当制作光盘封面,封面上应当有不可篡改的标志,保证导出信息的唯一可核查性。

未建立导出信息监控审计的单位,应当建立严格的导出信息记录和领取载体登记制度。涉密信息系统和涉密信息设备中的非涉密信息导出时,一般应当导出到纸质介质。确因工作需要将信息导出到存储设备时,应当采取刻录一次性光盘的方式,不得导出到其他移动存储设备(如果非涉密信息仅在涉密信息系统和涉密信息设备中使用,则可以导出到"三合一"特种涉密移动存储设备中)。

应当在导出点配备具有光盘刻录功能的信息设备,或配置移动光盘刻录设备,并指定专人负责管理和使用。导出完成后应当做好记录,并卸载移动光盘刻录装置,或关闭数据接口。非涉密信息导出后,单位应当指定专人对信息内容进行非涉密审查,确认无涉密信息后,方可领用以及对外传递和发布。

六、便携计算机管理

便携式电脑就是便于携带的电脑,人们习惯称之为"笔记本电脑"。它体积小、重量轻、功能全、一机多能,打开就可进行各种计算机操作。便携式电脑还包括能在膝盖上操作的膝上型电脑、可在手掌上使用的掌上型电脑等种类。

涉密单位根据工作需要,配备专供外出携带的涉密信息设备和涉密存储设备,并由专人集中进行管理和维护。专供外出携带的涉密信息设备和涉密存储设备,一般不得在单位内部使用。

单位内部使用的涉密信息设备和存储设备,一般不应当带出使用,如果有特殊使用需求,或设备不够用时,经业务主管负责人和信息化管理部门批准,可以相互借用,但年度不应当超过3次。

携带涉密信息设备和涉密存储设备外出前,应当填写外出携带审批单,经业务部门领导审批后,向负责集中管理的部门借出使用。审批单至少应当包括外出的时间、地点、事由、从事的涉密工作或事项的名称和密级,携带的涉密信息设备和涉密存储设备的名称、密级和编号,设备中存储的涉密电子文档信息的名称和密级,接口和端口的开放需求,外部设备接入的需求,接入外单位涉密信息系统或者与其他涉密信息设备连接的需求,是否允许导入或导出操作,外出期间使用涉密信息设备和涉密存储设备的人员名单,外出前的保密检查情况,领用和预计返还时间等。

此外,携带外出的涉密信息设备和涉密存储设备,带出前应当进行必要的信息消除,以确保外出时涉密信息设备和涉密存储设备中仅存有与本次外出工作有关的涉密信息。

外出后归还的涉密信息设备和涉密存储设备,应当由借用人员负责信息消除,所采用的技术、设备和措施应当符合国家有关保密标准要求。信息消除只允许对硬盘的数据区进行操作,禁止清除系统区以及各类系统日志和安全产品日志文件。返回后,应当及时将涉密信息设备和涉密存储设备交还管理人员。交还时,管理人员和借用人共同进行安全保密检查并建立完整的检查记录,两人应同时在检查记录表上签字确认。

第三节 操作系统安全配置

一、操作系统类型

桌面操作系统主要用于涉密计算机单机。从软件上可分为两大类,即 UNIX 和类 UNIX 操作系统以及 Windows 操作系统。截至 2018 年 6 月,Windows 各版本在全球和国内的使用率都在 90% 左右,而 MacOS、Linux 等其他操作系统使用率较低。

桌面操作系统用于台式机、笔记本、一体机等办公终端,微软的 Windows 在中国处于绝对垄断地位。虽然微软号称对中国政府开放产品源码进行安全审查,但实际上无法真正验证其源码的完整性和编译过程的安全,因此其中的安全风险和供应风险一直无法解决。从国家信息安全角度来看,当前各级政府和行业覆盖所有关键领域的近

3000万台办公终端，均使用微软产品，因此正在紧迫开展的是桌面操作系统替换工作。

微软产品主要存在两个方面的问题。一是安全不透明。微软的操作系统产品，不对用户开放代码，也不开放生产环节，所谓提供审查的中国政府版本，并不能确保其完整性，而且在很多环节上可以逃避审查来插入后门。二是历史包袱沉重。微软经过多年发展，积累了很多用户，不得不考虑为老的应用和硬件进行兼容，这为系统带来了很多稳定性和安全方面的隐患。

由于这几个操作系统中只有Linux源码开放，虽然其只有2%的市场份额，但也足以吸引全球各大软硬厂商支持，从而具备初步的应用生态。因此，非微软的桌面操作系统产品，也包括中国各厂商的产品，绝大多部分都选择了Linux内核技术作为基础。

在当前阶段，为了摆脱美国微软和苹果公司的安全隐患，尽快实现操作系统自主可控的目标，采用Linux技术作为基础，是目前技术发展和生态环境中的必然选择。国产操作系统多为以Linux为基础二次开发的操作系统，如普华Linux、中兴新支点操作系统NewStart、红旗Linux、深度操作系统deepin，都是国内开发的水准较高的操作系统。为了进一步推动国产操作系统的发展，必须大力提倡独立的第三方测试认证，从客观、科学的角度去度量国产操作系统的真实质量。

服务器操作系统一般被安装于涉密信息系统服务计算机，如应用服务器和数据库服务器等。服务器操作系统主要集中在三大类：UNIX系列、Linux系列、Windows系列。相对于UNIX，Windows和Linux是大家更熟悉的服务器操作系统。在可操作性方面，美国服务器用户更熟悉Windows系统及其图形界面。Linux系统，包括其CentOS、Ubuntu、Debian等版本，纯粹是命令行控制模式，需要一系列命令来执行各种操作。而对于安全性来说，与美国服务器安全漏洞的数量相比，Linux开发模式可以帮助发现错误，及时解决问题，快速更新系统补丁，这是Windows系统不具备的优势。

嵌入式操作系统是应用在嵌入式系统的操作系统。嵌入式系统广泛应用于各类便携设备以及大型固定设施，如手机、平板电脑、电器、医疗设备、交通灯、航空电子设备、工厂控制设备等，越来越多的嵌入式系统安装有实时操作系统。在嵌入式领域常用的操作系统有嵌入式Linux、Windows Embedded、VxWorks等，以及广泛应用于智能手机或平板电脑等电子产品的操作系统，如Android、iOS、Symbian(诺基亚手机上的移动操作系统)。

操作系统类型多样,且都有着各自的优缺点。在实际应用中,我们应根据不同的条件和要求,选择相应的操作系统,简化开发程序,研发出更好的嵌入式系统。

二、Windows 操作系统加固措施及手段

自 1985 年 Windows 操作系统问世以来,其版本随着计算机硬件和软件发展不断升级,架构从 16 位、32 位到 64 位,其功能在持续更新过程中不断完善。Windows 操作系统主要通过系统安全要素、系统安全组件、用户权限以及安全子系统几个方面提高系统安全性。通过设定一些安全策略和加固技术手段,可以进一步提高操作系统应用的安全性。

Windows 操作系统安全元素包括审计、管理员、加密、访问控制、操作权限和全局安全策略。Windows 系统内置支持用户认证、访问控制、管理、审核的安全组件。系统安全关键组件包括安全标识符、访问令牌、安全描述符、访问控制列表和访问控制项。

用户权限通常被用来授权用户执行某些系统任务。当用户登录一个具有某种权利的账户时,该用户就可以执行与该权利相关的任务。权限分为目录权限和文件权限,每一个权限级别都确定了一个执行特定的任务组合的能力。安全子系统包括用户登录、交互式认证接口、本地安全认证、安全服务支持接口、认证数据包、安全支持提供者、网络登录服务、安全账号管理、密码系统、SAM 和活动目录以及 SYSKEY 机制。

三、Linux 操作系统加固措施及手段

Linux 可以分为内核层和用户层。用户层通过内核层提供的操作接口来执行各类任务。内核层提供的权限划分、进程隔离和内存保护的安全功能,是用户层的安全基础。一旦内核安全被突破(比如黑客能够修改内核逻辑),黑客就可以任意变更权限、操作进程和获取内存了。这个时候,任何用户层的安全措施都是没有意义的。

既然 Linux 的内核安全这么重要,那我们是不是要在防护上付出大量的精力呢?正如我们不需要在开发应用时过多地关心操作系统相关的内容一样,在考虑 Linux 安全时也无须过多地考虑内核的安全,更多的是要考虑用户层的安全。

首先,可以通过删除多余用户和用户组来提高系统安全。Linux 本身属于一种多

用户的操作系统,系统中存在多种角色账户,系统在安装后默认未添加许多用途和用户,如果在不需要其中一部分用户和用途的情况下可以及时进行删除,就能够避免黑客利用这些账户实施服务器攻击。在具体使用过程中,可以结合服务器的具体用途来选择保留哪些账户。

其次,应该关闭不需要的系统服务。在安装过程中系统会对各类服务程序内容进行自主选择,如果服务器需要长时间运行,服务程序运行数量越多就会对系统的安全性产生越大的影响。针对这些问题,用户或者用户的需求需要一直关闭应用不到的程序,这样就能够极大地提升系统整体的安全性能。

最后,可以采取密码安全策略保护操作系统安全。Linux 操作系统主要配备了密钥和密码认证两种远程系统登录认证模式。其中,密钥认证主要是通过在远程服务器上存储公钥,而在本地存储私钥。用户可以充分利用本地私钥与远程服务器公钥配对认证,如果实现匹配一致则可以顺利登录系统。这种认知方式下暴力破解无效。而且,在充分保证本地私钥安全性的情况下,也可以有效避免黑客盗取,这样攻击者就无法通过破解认知方式实现攻击。因此,在登录系统的过程中推荐使用密钥方法。

在 Linux 系统应用过程中,如果超级权限被黑客获取,那么黑客就可以在登录系统之后进行任何操作。针对这一问题,利用文件加固系统能够为系统提供最后一道安全防线。管理员可以针对系统中的一些重要文件和目录利用 chattr 命令进行锁定。在系统中保存的一些重要文件,如果没有相应的设置合理的权限,系统操作的安全性将受到影响。鉴于此,作为系统维护人员,要对文件和目录权限不匹配的问题及时发现并给予更正,避免安全事件发生。

Linux 可以分为内核层和用户层。用户层通过内核层提供的操作接口来执行各类任务。内核层提供的权限划分、进程隔离和内存保护的安全功能,是用户层的安全基础。我们可以通过删除多余用户和用户组、关闭不需要的系统服务、密码安全策略以及有效应用 su、sudo 命令来保障操作系统安全。可以通过加固系统重要文件、检查与修改文件权限以及安全设定/Imp、/var/lmp、/dev/shm 来保障操作系统安全。

第四节 BIOS 安全配置

一、BIOS 内涵与外延

BIOS 是英文 Basic Input Output System 的缩略词,中文名称就是"基本输入输出系统"。它是一组固化到计算机主板上一个 ROM 芯片上的程序,保存着计算机最重要的基本输入输出的程序、开机后自检程序和系统自启动程序。它可从 CMOS 中读写系统设置的具体信息,为计算机提供最底层的、最直接的硬件设置和控制。此外,BIOS 还向作业系统提供一些系统参数。

计算机在运行时,首先会进入 BIOS,它在计算机系统中起着非常重要的作用。一块主板性能优越与否,很大程度上取决于主板上的 BIOS 管理功能是否先进。

BIOS 的主要功能有四点,分别是"自检及初始化""程序服务处理""程序中断处理"以及"其他功能"。

第一个部分用于电脑刚接通电源时对硬件部分的检测,也叫加电自检(Power On Self Test,简称 POST),功能是检查电脑是否良好。通常完整的 POST 自检将包括对 CPU、640K 基本内存、1M 以上的扩展内存、ROM、主板、CMOS 存储器、串并口、显示卡、软硬盘子系统及键盘进行测试,一旦在自检中发现问题,系统将给出提示信息或鸣笛警告。自检中如发现错误,将按两种情况处理:对于严重故障(致命性故障)则停机,此时由于各种初始化操作还没完成,不能给出任何提示或信号;对于非严重故障则给出提示或声音报警信号,等待用户处理。

第二个部分是初始化,包括创建中断向量、设置寄存器、对一些外部设备进行初始化和检测等,其中很重要的一部分是 BIOS 设置,主要是对硬件设置的一些参数,电脑启动时会读取这些参数,并和实际硬件设置进行比较,如果不符合,会影响系统的启动。

第三个部分是引导程序,功能是引导 DOS 或其他操作系统。BIOS 先从软盘或硬盘的开始扇区读取引导记录,如果没有找到,则会在显示器上显示没有引导设备,如果找到引导记录会把电脑的控制权转给引导记录,由引导记录把操作系统装入电脑,电脑启动成功后,BIOS 的这部分任务就完成了。

程序服务处理程序主要是为应用程序和操作系统服务,这些服务主要与输入输出设备有关,例如读磁盘、文件输出到打印机等。为了完成这些操作,BIOS 必须直接与计算机的 I/O 设备打交道,它通过端口发出命令,向各种外部设备传送数据以及从它们那儿接收数据,使程序能够脱离具体的硬件操作。

另外需注意,BIOS 设置不当会直接损坏计算机的硬件,甚至烧毁主板,建议不熟悉者慎重修改设置。用户可以通过设置 BIOS 来改变各种不同的设置,比如 onboard 显卡的内存大小。用户手上所有的操作系统都是由 BIOS 转交给引导扇区,再由引导扇区转到各分区激活相应的操作系统。

BIOS 设置程序主要对计算机的基本输入输出系统进行管理和设置,使系统在最好的状态下运行,使用 BIOS 设置程序还可以排除系统故障或者诊断系统问题。有人认为既然 BIOS 是"程序",那么就应该属于软件,就像自己常用的 Word 或 Excel。但也有很多人不这么认为,因为它与一般的软件还有一些区别,而且它与硬件的联系也相当紧密。形象地说,BIOS 应该是连接软件程序与硬件设备的一座"桥梁",负责解决硬件的即时要求。主板上的 BIOS 芯片或许是主板上唯一贴有标签的芯片,一般是一块 32 针的双列直插式的集成电路,上面印有"BIOS"字样。

二、BIOS 升级及进入故障

BIOS 的设置包括以下十点:①标准 CMOS;②高级设定;③属性设置;④芯片组功能;⑤电源管理;⑥即插即用 PCI;⑦加载预设值;⑧端口综合;⑨激活过程;⑩声音提示。

BIOS 既然也是程序,就必然存在着 bug(程序错误),而且硬件技术发展日新月异,随着市场竞争的加剧,主板厂商推出产品的周期也越来越短,在 BIOS 编写上必然也有不尽如人意的地方。这些 bug 常会导致莫名其妙的故障,例如无故重启、经常死机、系统效能低下、设备冲突、硬件设备无故"丢失"等。在用户反馈以及厂商自己发现后,负责任的厂商都会及时推出新版的 BIOS 以修正这些已知的 bug,从而解决那些莫名其妙的故障。

新型计算机主板都采用 Flash BIOS,使用相应的升级软件就可以进行升级。

FlashBIOS 升级需要两个软件：一个是新版本 BIOS 的数据文件（需要到 Internet 上去下载）；另一个是 BIOS 刷新程序（一般在主板的配套光盘上可以找到，也可到 Internet 上去下载）。

三、涉密计算机 BIOS 安全配置

涉密计算机硬件防护工作完成后，可以对其进行设置防护。首先，信息化管理部门根据使用部门业务需求和设备所确定的秘密等级，可以对设备进行操作系统重装（应当选用非家庭版操作系统）。这是因为刚刚购买的计算机已经安装的操作系统会附带一些不必要的应用软件甚至有可能被不法分子植入窃密程序，因而被定为涉密计算机的新机，有条件的均需要重装操作系统。

操作系统重装后，每台涉密计算机都需要设置 BIOS 口令，其口令长度（不少于 10 个字符）、复杂性也应该符合国家保密标准规定。如果所使用的涉密计算机支持设置系统管理员 BIOS 口令，还需要分别设置系统管理员和用户登录的 BIOS 口令，并且系统管理员口令由信息化管理部门统一管控。

在日常使用过程中，禁止以任何方式停止、复原或绕过 BIOS 直接引导操作系统，以防给涉密计算机带来系统层面的风险隐患。

第一，强化保密教育培训，增强保密意识。为进一步提高涉密计算机相关使用人员的保密能力，应多开展技术防护方面的实操培训，并在培训中增加考试、考察环节，充分运用评价考核结果，倒逼有关人员真学真用。此外，还应充分利用典型泄密案例开展警示教育，以案示警、以案为戒、以案促改，讲清危害、敲响警钟，不断增强涉密人员的敌情意识和保密意识，帮助其克服侥幸心理，绷紧保密之弦，常怀谨慎之心。

第二，加强信息设备管理，完善保密措施。要加强对信息设备的全生命周期管理和动态管理，尤其是对涉密计算机的保密管理，重点在安全审计上下功夫。在对主机进行安全审计的同时，加强对涉密计算机 BIOS 操作日志的记录和审计。还要建立健全相关制度，明确涉密计算机使用人员和管理人员的不同职责，坚决杜绝偷看、偷听、偷记相关口令的行为，对越权操作严惩不贷。

第三，加大保密检查力度，消除失泄密隐患。涉密单位在开展针对信息设备的专项保密检查时，不仅要检查本单位的信息设备，还应重点关注涉密人员平时用于工作

的个人互联网计算机。同时加大对"三员"履职情况的监督检查,重点核查"三员"口令是否定期更换、是否定期开展安全审计、安全策略是否有效等问题。发现问题和隐患后,要及时调整、堵塞漏洞,以查促改、以查促学、以查促管,切实提升保密管理水平。

第四,加快新技术应用,提升防护能力。随着信息技术的飞速发展,新的攻防手段不断涌现,涉密单位应加快推进新技术应用,有效提升涉密计算机技术防护能力。比如,可使用安全增强的国产计算机,从根源上解决"后门"、恶意漏洞等问题。如因实际工作需要,确需使用非国产计算机,应优先选择具有 BIOS 日志记录功能的计算机,并加强相关审计。此外,涉密计算机中的电子文档还可应用隐写溯源等技术,通过将隐藏水印嵌入电子文件的方式,帮助事后定位泄密源头。

第五节 存储设备与介质管理

一、移动存储介质使用的安全保密

我们平常经常使用的移动硬盘、固态硬盘、刻录光盘和 U 盘等,都属于移动存储设备。移动存储设备可以分为三类,其中,磁存储介质包括软盘和移动硬盘,半导体存储介质包括 U 盘、固态硬盘、SD/TF 等各种存储卡,光存储介质指的是刻录光盘。

移动存储介质的安全隐患主要包括数据易恢复、交叉使用、无操作行为记录、管理困难等,涉密移动存储介质应受到统一管理并按照密级存储。涉密移动存储介质由单位保密工作机构统一购置,统一标识密级,统一编号,统一配发。使用部门应专人负责领取、登记、配发和管理。绝密级移动存储介质只能存储绝密级信息,机密级、秘密级信息应存储在对应密级的移动存储介质内。

涉密移动存储介质应按需求进行加密,而对于硬件的加密方式又可以分为三种:一是内置加密芯片。它的特点是不需要在电脑上安装加密程序,可选云存储,多次密码错误直接格式化 U 盘。二是外部数字密码输入。配备物理字母数字键盘,系统无法留存密码,且使用高强度的加密算法。三是指纹锁。使用生物特征保证加密,同时具备密码功能以防生物特征识别失效,可区分公区私区,方便使用。

移动存储介质不得交叉使用。交叉使用指的是,非涉密移动存储介质在涉密计算机上使用，涉密移动存储介质在非涉密计算机上使用，涉密移动存储介质在不同密级的涉密计算机上使用，这些都可能受到摆渡木马的威胁。

《保密法》第三十一条规定："机关、单位应当加强对信息系统、信息设备的保密管理，建设保密自监管设施，及时发现并处置安全保密风险隐患。任何组织和个人不得有下列行为：（一）未按照国家保密规定和标准采取有效保密措施，将涉密信息系统、涉密信息设备接入互联网及其他公共信息网络；（二）未按照国家保密规定和标准采取有效保密措施，在涉密信息系统、涉密信息设备与互联网及其他公共信息网络之间进行信息交换……"第五十七条规定："违反本法规定，有下列情形之一，根据情节轻重，依法给予处分；有违法所得的，没收违法所得：……（八）未按照国家保密规定和标准采取有效保密措施，将涉密信息系统、涉密信息设备接入互联网及其他公共信息网络的；（九）未按照国家保密规定和标准采取有效保密措施，在涉密信息系统、涉密信息设备与互联网及其他公共信息网络之间进行信息交换的……"

移动存储介质的泄密防范概括来说可以分为四点，分别为统一管理、信息加密、技术控制和信息清除。统一管理指建立和执行严格的优盘等移动存储介质保密管理制度，优盘等移动存储介质由单位保密室统一管理、统一登记。信息加密指可进行文件名加密、目录加密、程序加密、数据库加密和整盘数据加密。技术控制指从技术层面对优盘等移动存储介质进行分级安全管理。信息清除指采取直流消磁法和交流消磁法将优盘等移动存储介质原记载的秘密信息彻底清除。直流消磁法是使用直流磁头将优盘等移动存储介质中原先记录信息的剩余磁通全部以一种形式的恒定值代替；交流消磁法是使用交流磁头将优盘等移动存储介质中原先记录信息的剩余磁通变得极小。

移动存储设备应保证能进行数据加密、身份认证、访问控制和审计管理：

第一，对本单位所有涉密移动存储介质进行注册登记，加强涉密移动存储介质台账管理；

第二，控制非涉密移动存储介质无法在涉密计算机上使用，避免信息被非法拷贝；

第三，经过注册的涉密移动存储介质应采取特殊处理，使其在非涉密计算机上无法被识别；

第四，由管理员指定涉密移动存储介质密级、使用范围，控制涉密 U 盘在不同密级涉密计算机上的读写权限；

第五，支持配套使用带有数据加密技术的安全 U 盘，防范保管不善造成的泄密；

第六,可对涉密移动存储介质中存储的数据进行彻底销毁,防范数据恢复造成的泄密;

第七,提供审计信息,可以查询所有涉密移动存储介质的使用情况。

目前,部分涉密信息系统建设使用单位对设备与介质备案登记不详,归还技术检查不详细,对涉密计算机、移动硬盘、U盘、光盘等没有编号和登记或登记不详,有些仅对设备与介质的品牌和颜色登记,无法做到设备唯一性标志,以致设备或介质丢失或被恶意替换后也无法检查和发现。

针对上述情况,涉密信息系统建设使用单位应当建立涉密设备和涉密介质资产管理清单,清晰注明每项资产的使用人、安全责任人、安全分类以及资产所在的位置。

根据对设备与介质运行周期进行闭环管理的要求,要对设备与介质采取"户籍式"管理,即对每一个设备或介质建立一套档案,记录设备或介质的购置、发放、使用、变更、报废、销毁等环节内容。在设备与介质登记时应遵循唯一标志原则,如计算机应登记硬盘序列号和网卡MAC地址、U盘应记录设备ID号和人工编号等。

涉密信息系统中设备与介质的重要程度有所不同。重要设备(即关键设备)在整个涉密信息系统运行中起着十分重要的作用,如果发生故障,会使整个系统运行瘫痪,造成巨大损失;重要介质存储相对重要的涉密信息,如果损坏或丢失可能造成严重失泄密,或使有关涉密信息无法恢复。

涉密信息系统建设使用单位应根据所承载信息和软件的重要程度对设备与介质进行标志和分类,重要设备与介质应进行重点管理。对重要设备与介质应定期进行各类专业技术要求的检查维护,并组织人员定期对其提出处理设备故障和异常的措施并加以实施,以保障其安全、可靠、长期运行。

当涉密设备和涉密介质需要维修时,应与维修单位或维修人员签订相应的安全保密协议,明确责任。严禁移动存储介质在内外网交叉共用。严禁公私不分甚至混用移动存储介质。注重病毒防范,切断病毒传播源。建立健全移动存储介质管理体制。从标识识别、认证授权、访问控制、自身防护、违规监控、数据加密、安全审计等方面对移动存储介质进行泄密防护管理。

在使用介质时,还应注意以下几点:

第一,国家秘密载体及其过程文件资料的制作、收发、传递、使用、复制、保存、维修和销毁都应该严格执行国家保密管理规定,对涉密载体的制作与复制情况进行审批。

第二，存储介质的使用应当标识限定的涉密计算机和信息系统，外来存储介质接入涉密计算机和信息系统应当采取安全准入许可制度。

第三，为严格移动存储介质的使用，要求对移动存储介质采取绑定措施，绑定是指移动存储介质采用技术措施控制数据接口，使之仅能在授权注册的涉密计算机和信息系统中使用，实现数据接口和存储介质的对应关系。

第四，涉密移动存储介质应当采取格式转换技术措施，确保不能够在非密计算机上使用。

第五，应对涉密信息系统内的所有硬盘记录硬盘序列号、处理信息最高密级、硬盘的使用情况、硬盘使用人变更情况、硬盘维修报废情况等。

第六，从单台涉密计算机以电子文件输出非密信息时，应当采取刻录一次性写入光盘的方式。

外出携带介质需要执行如下规定：

第一，分级保护，重点防范。为妥善保管涉密载体，机关、单位原则上不提倡携带涉密载体外出。确因工作需要的，依照法律相关规定，需采取可靠的保密措施。其中，携带绝密级涉密载体外出不仅要经机关、单位主管领导批准，严密封装，还应指定专人负责，两人同行。

第二，涉外活动，严格管控。参加涉外活动，一般不得携带涉密载体，确因工作需要携带机密级、秘密级涉密载体的，应经机关、单位负责人批准。禁止携带绝密级涉密载体参加涉外活动，禁止在境外人员面前展示涉密载体。

第三，遭遇危险，紧急处理。携带涉密载体外出途中，如遇涉密载体安全受到威胁的情况，应当立即就近请求保密、公安、国家安全部门或其他机关、单位帮助处理，并尽快与本机关、单位取得联系，如实报告情况。

除了严格执行法律相关规定外，机关、单位在日常工作中，若想针对"携密外出"加强管理，还可以从内部制度出发，在外出业务审批流程中，做好以下工作：

第一，必要性评判。机关、单位应根据工作需要，确保外出活动中，非必要情况或能以其他方式完成工作任务的，尽量不携带涉密载体，以此减少涉密载体外出频次，从源头降低泄密事件发生的可能性。

第二，最小化限缩。确需携带涉密载体外出的，机关、单位在做出批准的同时，应将外出携带的涉密载体及其密级限定在本次工作需要的最小范围和数量。如严禁携带与本次工作任务无关的涉密载体外出；低密级涉密载体能够满足工作需求的，坚决不携带高密级涉密载体外出；等等。

第三，严于律己。要将严禁携带涉密载体出入娱乐游玩场所、严禁携带涉密载体探亲访友等保密要求"无缝衔接"到业务审批流程的各个环节，以此督促携带人严于律己，守护好国家秘密安全。此外，按照集中管理的要求，机关、单位信息化管理部门还应对每次自外归来的涉密载体进行安全检查，确保其"安然无恙"。

二、保管

移动存储介质的保管都有哪些要求？

第一，涉密移动存储介质必须登记、编号、对密级进行标识等。内容包括登记造册（编号、使用人、密级）和标识（编号、密级）。检查方法为查看登记本，查看存储介质。定期查杀病毒，涉密存储介质的查杀病毒工作必须在涉密计算机上进行，非涉密存储介质的查杀病毒工作必须在非涉密计算机上进行。

移动存储介质必须及时查杀病毒、木马等恶意代码，防止其蔓延传播。对涉密移动存储介质，建议由专人保管。对非涉密移动存储介质，清查时也要注意登记（特别是个人购买的U盘）。非涉密移动存储介质存有国家秘密的，按非法持有国家秘密罪论处。

第二，涉密移动存储介质外出携带需审批。按照国家保密规定，涉密移动存储介质外出携带时需有相关审批记录。移动存储设备实行登记管理；移动存储设备不得在涉密系统与非涉密系统之间交叉使用；严禁将涉密存储设备带到与工作无关的场所。涉密移动存储介质在配发、领取、制作、使用、保管、维护和销毁过程中，应遵循"统一购置、集中管理、严密防范、确保安全"的原则。

配发涉密移动存储介质时必须进行登记、编号、贴注密级标识，对领取、发放、外带、报废、归档、维修等实行全过程的管理，每个环节都要填写申请并经保密部门审批同意后方可执行。由负责保密管理工作的部门建立台账，逐一记录各个移动存储介质的不同环节的变动情况；外带时要确保涉密移动存储介质始终处于携带人的有效控制之下；严禁将涉密移动存储介质转借给外单位或他人使用；严禁将已报废的涉密移动存储介质转为非涉密载体继续使用。

涉密信息系统建设使用单位应当使用标签对信息设备和存储介质进行标识管理。标签是标明各类信息设备和存储介质涉密属性、用途分类、责任主体等的标识，由单位统一制作和管理。设备与介质应按涉密属性分类管理，涉密属性或用途可分为绝密、机密、秘密、内部、非密、互联网使用、中间转换等。

放置涉密设备与介质时，涉密信息系统内显示器、投影仪等显示设备不应面对门窗摆放，防止显示输出内容被非授权获取。要做到间隔距离，涉密设备与非密设备不得放置在同一机柜内，至少应间隔一米的距离。

三、安全销毁

存储介质的数据销毁远比纸介质文件销毁难度大得多，也复杂得多，这是由介质存储特征中的安全隐患所决定的。

第一，存储容量大、存储数据带有隐藏功能。现代存储技术的发展导致存储介质容量越来越大，数据的复制和转移相对于纸介质更加方便和隐蔽。文件系统自带的隐藏功能使存储介质中的隐藏数据不易被发现，容易被木马窃取。这些特点导致了存储介质数据销毁更为严格。

第二，删除操作不会清空数据。文件删除命令并不会让数据从存储介质的物理数据区中消失，事实上，删除文件系统只是将文件的文件目录项的第一个字节改成一个特殊字符"ES H"（或小写的希格玛），做一个删除标记，把它们在 FAT 表中所占用的簇标记为空簇，在文件系统中去除目录区的文件名和数据区的文件数据之间的索引链接。这样仅仅破坏了文件的 FAT 或者 FDT 表，而数据区没有任何变化。

文件删除只是对文件分配表进行了重新设置，当文件被删除时，该文件所占数据区在分配表中置零，系统认为数据区可以写入新文件。所以删除操作是最不安全的，在新数据写入之前，原有数据仍然存储在数据区中，利用简单的数据恢复工具就可以直接操作磁盘，恢复被删除的文件。

第三，格式化不会让数据彻底消失。与删除操作类似，格式化也不会让数据从数据区中消失。格式化分为低级格式化和高级格式化两种。低级格式化后的数据是可恢复的。低级格式化仅仅是一个简单的写标记过程，并不是对物理的磁头和磁道进行操作，因此不安全。

高级格式化操作不能彻底删除数据。高级格式化仅仅是为操作系统创建一个全新的空文件索引,将所有的扇区标记为"未使用"状态,让操作系统认为硬盘上没有文件,但文件的数据仍然存储在数据区中,利用数据恢复工具可直接访问介质的物理数据区,同样可以恢复文件。

第四,磁介质的保留空间成为窃取数据的后门。磁介质在出厂时其存储扇区上都会保留一小部分存储空间,被称为替换扇区,处于隐藏状态,所以操作系统无法访问该区域,而持有固件区密码的厂家却能访问。因此,磁介质在出厂时就可能被预留后门,在工作过程中将数据转存到替换扇区,成为数据销毁的死角。

第五,剩磁效应导致磁盘数据无法清除干净。所有磁介质都存在剩磁效应问题,磁介质会不同程度地永久性磁化,所以磁介质上记载的信息在一定程度上抹除不净。同时,由于每次写入数据时磁场强度并不完全一致,这种不一致性会导致新旧数据之间产生"层次"差。剩余磁化及"层次"差都可能通过高灵敏的显微镜探测方法被探测到,经过分析与计算,对原始数据进行"深层信号还原"可以恢复以前的影子数据。

第六,移动存储介质的易丢失性。移动存储介质无论是采用闪存还是硬盘作为存储介质,其文件系统都和硬盘相同。同时,当移动存储介质出现问题(如系统不认、不能读取数据、进水)时,大多是控制电路的问题,只要更换电路板就可以读取其中的数据。

介质数据销毁的技术有如下几种:

第一,数据覆盖技术。数据覆写法是目前比较通用的数据销毁方法,应用于可重复写入数据的存储介质,操作方法是用无意义、无规律的数据反复写入介质,对原有数据进行覆盖,随着覆写次数的增多,原有数据被恢复的概率趋近于零。

覆写法的参考标准可见美国国防部 DoD5220.22M 标准,该标准规定销毁存储介质上的信息时,要往存储介质可寻址单元写入 7 次以上字符,第一次写入固定值 0xff,第二次写入固定值 0x77,最后多次写入随机数值,通过 7 次以上数据覆盖,达到无法恢复存储介质上的原有数据的目的。

采用不同类型的数据,对要删除的数据的存储位置进行多次覆写的方法,是数据销毁的有效途径。处理后的硬盘可以循环使用,适用于密级要求不是很高的场合,是一种安全、经济的销毁数据的方法。但是,国家保密局 2007 年颁布的 BMB21-2007《涉及国家秘密的载体销毁与信息清除安全保密要求》,未将数据覆写法作为涉密存储介质的数据销毁方法。因此,在我国涉密存储介质利用该技术手段被处理后,不得放入非涉密环境或低密级环境中使用。

第二,强力消磁技术。强力消磁法应用于磁盘(硬盘、软盘)、磁带等磁性存储介质。操作时,将磁性存储介质放入强力消磁机,利用消磁机的电磁线圈通电瞬间产生的强大磁场,对介质的磁性结构进行破坏,从而不加选择地将磁性存储介质上的数据全部销毁。具体的消磁办法和技术有很多种,但实质上可分为直流消磁法和交流消磁法两种。

直流消磁法是使用直流磁头将磁盘上原先记录信息的剩余磁通,全部以一种形式的恒定值来代替。交流消磁法是使用交流磁头将磁盘上原先记录信息的剩余磁通变得极小。这种方法的消磁效果比直流消磁法好得多,消磁后磁盘上的残留信息强度可比消磁前下降90db,即消磁后能将测试信号减小到初始强度的十亿分之一。

介质数据销毁的方法有如下几种:

一是物理破坏法。物理破坏是指借助外力将介质的存储部件损坏,使数据无法恢复。对于普通的非涉密存储介质破坏程序较简单,用小型冲床(冲压压力机)将介质打烂即可;涉密存储介质的破坏需要利用专业设备对其进行切割和粉碎,而且粉碎后残渣的颗粒度需符合国家保密标准 BMB21-2007 中的相关规定。

二是焚烧、高温销毁法。焚烧是将存储介质用机器打碎后,对其碎片进行直接燃烧。由于焚烧过程中会释放大量有害气体,此方法一般不提倡使用。高温销毁可以购置通过国家保密测评的高温销毁炉,此类设备利用微波加热或其他方法在炉内产生300~1800摄氏度的高温,一般情况下光盘、软盘、磁带将在150~300摄氏度左右融化裂解,硬盘中最不易融化的铝制材料将在700摄氏度左右开始融化,将存储介质完全融化后就能达到彻底销毁数据的目的。由于高温销毁炉会产生较高的热量排放,不宜放置在普通办公室内,需要放置在空气流通良好的专业销毁场地使用。

三是化学腐蚀法。化学腐蚀法是利用酸性试剂对存储介质的盘面进行腐蚀,通过破坏盘面的方法避免数据还原。这种方法在过去还比较奏效,但随着现代电子技术的发展,存储介质的质量得到了很大提升,不少生产厂家为了提高介质盘片的耐磨性,在盘面表面会镀上一层合金薄膜(其成分为50%~54%的镍、44%~40%的铜、6%的磷),合金薄膜在提高介质盘片耐磨性的同时也提高了抗腐蚀性,导致化学腐蚀法的效果越来越差。

通过对以上各种销毁技术的对比,可以对其优劣得出一些结论。从销毁的效果来看,焚烧、高温、物理破坏效果最好,强力消磁法的效果次之,化学腐蚀法的效果在逐渐减弱。从工作效率来看,强力消磁法效率最高,最节省时间和人力,高温销毁法次之,焚烧、物理破坏和化学腐蚀比较费时费力。

从投入成本来看,强力消磁法只需一次性投入购买设备的资金,对场地和工作人员无太高要求,焚烧、高温、物理破坏、化学腐蚀不仅需要专业设备,而且需要专门的销毁场地。综上所述,强力消磁法性价比较高,可操作性、可行性也较强。

第六节　互联网管理

一、互联办公的安全隐患

生活中常见的办公设备可分为办公自动化设备和办公通信设备。例如,打印机、扫描仪、复印机等属于办公自动化设备,办公电话、传真机、手机等就属于办公通信设备。

在信息化时代,移动互联办公已经成为人们的习惯,然而却很少有人在意它是否安全。移动互联办公安全隐患主要分为以下几点:

一是移动设备易丢失。移动设备的便携性使其极易丢失。据统计,我国每年有700万部手机丢失,其中60%的手机包含敏感信息。而设备丢失不但意味着敏感信息泄露,更可能为黑客攻击机关企事业单位网络提供跳板。

二是黑客入侵窃密。手机病毒数量和类型急速增加的同时,Root权限滥用和黑客攻击技术更新,使移动设备更容易被病毒和恶意软件等劫持。利用技术手段,黑客不仅能够窥视和窃取用户短信、通讯录、个人邮箱以及手机中存储的照片、私密文件、账户账号、密码信息等,还能监听用户通话,使用户隐私暴露无遗。

三是App应用程序泄露信息。近年来,移动互联网恶意程序数量大幅增长,尤其体现在应用下载渠道分散且不易管理的安卓平台中。有人甚至指出,安卓系统已经成为恶意软件的重点感染对象,国内市场约有1/4的安卓用户隐私遭到威胁。而360近期发布的数据显示,78%的知名应用曾遭"盗版",第三方应用市场及论坛正是恶意程序传播的主要途径,应用市场的安全性堪忧,移动应用程序正成为新的数据泄露源头。

四是无线 Wi-Fi 信息泄露。移动终端传输个人信息必然要经过路由设备,如果路由设备被控制,那么用户数据自然也就泄露了。特别是在连接公共 Wi-Fi 时,用户更容易遭遇 ARP 欺骗和中间人攻击。一旦"中枪",不法分子非但可以窃取用户信息,实时监听、监视用户,更能埋下为用户量身定做的"蠕虫",长期在用户身上"吸血"——不少网络诈骗都起源于接入不安全无线网络。

五是移动互联信号被侦测窃密。侦听设备只要对截获的手机信号进行相应的技术处理,就能轻而易举地获取手机信号的语音和数据信息。另外,手机的定位功能也隐藏着不少信息安全隐患。例如,俄罗斯军队成功击毙车臣反叛武装分子头目杜达耶夫、美军击毙阿富汗塔利班头目奥马尔,都是利用了手机的定位技术。

由此可见,各种各样的安全威胁长期存在于移动互联办公中,大家应该提高自己的安全意识,做好相应的防护工作。例如对办公系统的 Root 权限进行限制、不在非官方的渠道下载 App 或下载盗版软件、不随意连接公共 Wi-Fi 等。

首先要明确安全保密责任,落实网络安全保密管理机构。要明确分管领导,该领导应当了解系统中的涉密信息及处理性质,了解保护系统所需要的管理、人事、运行和技术等方面的措施。职工需要明确安全保密责任,明确网络安全、社交媒体、聊天交友、咨询服务、智能设备使用等方面的职责和义务,将安全保密责任层层分解、逐级传导,切实推进国家安全暨保密责任的落实,共同携手筑牢反间防谍底线思维,切实增强政治意识、大局意识以及责任意识。

涉密网络建成后要对其进行安全保密性能的测评。安全保密性指的是软件产品保护信息和数据的能力,防止未授权的人员或者系统阅读或修改这些信息和数据,并接受授权人员或者系统的访问。例如防止安全保密输出信息或者数据的泄漏、重要数据的丢失和非法的访问或者非法的操作。

安全保密性能测试在两个重要方面不同于其他质量特性的测试:一是选择测试输入数据的标准技术可能遗漏重要的安全性问题;二是安全保密性故障的现象完全有别于其他特性测试中发现的现象。

当系统不仅实现设计中的功能,还执行许多非预期的额外操作时,将存在许多安全保密性能漏洞,这些副作用代表了软件安全保密性能的最大威胁。例如,一个媒体播放器可以正确播放音频,但同时会在未加密的临时存储中写入文件,从而为软件盗版商留下可乘之机。

防止信息被未授权者非法使用是安全保密性最为关注的问题,安全保密性能测试就是评估系统应对威胁的弱点及试图破坏系统的安全性策略等。由于网络系统的安全性将随着时间的推移而发生变化,因此在对该网络系统进行重大修改时,要重新进行测评;即使没有重大修改,至少每三年也要测评一次。

涉密网络系统的安全关系国家的安全和利益,因此,该系统必须经保密工作部门审批合格并授权,方能投入运行。如该系统做重大修改,须经保密工作部门重新审批、授权;涉密网络系统的使用至少每三年要重新授权。

涉密网络系统不得直接或间接与国际互联网或其他公共信息网相连接,必须实行物理隔离。涉及国家秘密的信息,包括在对外交往与合作中经审查批准与境外特定对象合法交换的国家秘密信息,不得在国际联网的计算机系统中存储、处理、传递。

为什么需要物理隔离?在实行物理隔离之前,我们对网络的信息安全也有许多其他的措施,如在网络中加入防火墙、防病毒系统,对网络进行入侵检测和漏洞扫描等。但最近的统计数据表明,有接近半数的防火墙被攻破过,并且不排除在恶意攻击者的不断尝试下会有更多的防火墙被攻破。

正因为如此,涉密网不能把机密数据的安全完全寄托在用概率来作判断的防护上,必须有一道绝对安全的大门,来保证涉密网的信息不被泄漏和破坏,这就是在涉密网上进行物理隔离所起到的作用。

二、互联网安全保密防范技术措施

在未采取防护措施的情况下,任何组织和个人不得在涉密网络系统与互联网及其他公共信息网络之间进行信息交换。在未采取防护措施的情况下,在涉密信息系统与互联网及其他公共信息网络之间进行信息交换,容易被植入"木马"等窃密程序,使涉密信息系统受远程控制,导致国家秘密被窃取。

如果确需将互联网及其他公共信息网络上的数据复制到涉密计算机及网络中,应采取必要的防护措施,如使用一次性光盘刻录下载、设置中间机,或者使用经国家保密行政管理部门批准的信息单向导入设备等。此外,不得擅自卸载、修改涉密网络系统的安全技术程序、管理程序。

所谓"安全技术程序、管理程序",是指为确保涉密信息系统的运行安全、信息安全而安装在涉密信息系统中,对系统进行安全保密防护的应用程序。安全技术程序主要包括身份鉴别程序、访问控制程序、主机监控程序、防病毒程序等。安全管理程序主要包括权限管理程序、审计管理程序、安全策略管理程序等。

擅自卸载、修改涉密信息系统的安全技术程序、管理程序,将造成涉密信息系统技术防护措施部分或全部失效,导致技术防护和管控能力下降或丧失,大大增加泄密风险。

上网信息的保密管理实行"谁上网谁负责"的原则。凡向国际联网的站点提供或发布信息,必须经过保密审查批准。保密审查实行部门管理,有关单位应当根据保密法规,建立信息保密审查领导责任制。提供信息的单位应当按照一定的工作程序,健全信息保密审查制度。

上网发布前应当征得提供信息单位的同意。凡以提供网上信息服务为目的而采集的信息,除在其他新闻媒体上已公开发表的,组织者在上网发布前,应当征得提供信息单位的同意;凡对网上信息进行扩充或更新,应当认真执行信息保密审查制度。

任何单位和个人不得在互联网上发布、谈论国家秘密信息。发现有涉密信息,应及时采取措施,并报告当地保密工作部门。为有效防范和打击互联网泄密行为,切实保障国家秘密安全,维护国家安全和利益,国家保密局特设立互联网泄密举报电话。凡发现在互联网上刊登、传递、存储国家秘密信息的,均可进行举报。经查证属实的,国家保密局将对举报人予以奖励。

用户进行网上信息交流应当遵守国家有关保密规定,不得利用互联网传递、转发或抄送国家秘密信息。互联网单位、接入单位对其管理的服务器用户,应当明确保密要求,完善管理制度。互联网单位与接入单位,应当把保密教育作为国际联网技术培训的主要内容。互联网单位与接入单位、接入单位与用户所签订的协议和用户守则中,应当明确规定遵守国家保密法律、不得泄露国家秘密信息的条款。

在互联网上防火墙是一种非常有效的网络安全模型,通过它可以隔离风险区域(即 Internet 或有一定风险的网络)与安全区域(局域网)的连接,同时不会妨碍人们对风险区域的访问,所以它一般连接在核心交换机与外网之间,起到一个把关的作用。

防火墙的作用是防止不希望的、未授权的通信进出被保护的网络,迫使单位强化自己的网络安全政策。一般的防火墙都可以达到以下目的:一是可以限制他人进入内部网络,过滤掉不安全服务和非法用户;二是防止入侵者接近你的防御设施;三是限定用户访问特殊站点;四是为监视 Internet 安全提供方便。

我们可以应用防火墙技术进行互联网的安全保密防范。使用具有更多层级的统一安全网关实现智能化防护,每层都实施策略防御,改变传统单一协议端口防护方式,将行为审计、防病毒网关、入侵检测系统以及防火墙综合到一起产生联动作用。在防火墙保护下,计算机的 IP 地址、网卡地址、交换机端口、硬盘序列号等均会被多元认证,最大限度地保障信息安全。

数据加密是指以某种算法对原本的数据信息进行改变,未经授权的用户获取加密信息后,由于并不知道解密的方法,所以无法对信息的内容进行了解。简而言之,加密就是对数据信息的表征形式进行转换,使其从所有人可见的明文,转换为指定人可见的密文。信息的发送者通过加密技术对数据进行加密处理后,发给接收方,接收方收到数据后,需要通过解密才能使数据变为可读的信息。如果在这一过程中,数据被网络黑客截获,因黑客并不知道解密方法,所以无法对其中的内容进行获取,数据的安全性由此得到保障。

数据加密主要用于数据传输过程中的保护,通过密钥实现对口令、文件、控制信息以及数据等方面的保护。目前使用的加密技术主要有节点加密、端点加密以及链路加密三种,即使存在载体流失或是网络窃取问题,仍旧可通过密钥避免对方读取到数据,守住最后一道防线。在办公过程中,文件的传输也应注意安全性,重要信息经加密后再传输,接收文件时也应先确认对方信息,避免接收到病毒文件。

计算机病毒就是能够通过某种途径潜伏在计算机存储介质(或程序)里,当达到某种条件时即被激活的具有对计算机资源进行破坏作用的一组程序或指令集合。广义的计算机病毒还包括逻辑炸弹、特洛伊木马和系统陷阱入口等。计算机病毒虽然是一个小小的程序,但它和通常的计算机程序不同,具有可执行性、传染性、潜伏性、可触发性、破坏性以及攻击的主动性等特点。

通常针对涉密信息的病毒会被制作成繁殖能力强、传播途径广、隐藏时间长、攻击隐藏性强且具有针对性的状态,以达到对涉密信息的强力破坏。只有对计算机实施全方位的保护,才能够避免出现涉密信息泄露问题。同时,计算机操作者应尽可能固定,避免存有涉密信息的计算机被多人使用或是经常插拔存储性硬件设备。在日常使用中还应对计算机以及服务器的病毒库定期升级,以实现对病毒的定期查杀。

入侵检测技术，顾名思义是一种主动对入侵行为进行检测，以保护自己免受攻击的安全技术。入侵检测技术通常会作为防火墙的补充，帮助系统应对网络攻击，提高系统的防御能力，保障系统的安全。随着技术的发展，网络攻击事件层出不穷，新的攻击手段也在不断变化，利用入侵检测技术可以了解网络的安全状况，并根据攻击事件来调整安全策略和防护手段，同时改进实时响应和事后恢复的有效性，为定期的安全评估和分析提供依据，从而提高网络安全的整体水平。

利用入侵检测技术可以做到互联网的安全保密防范。在病毒侵入方面，存在后门攻击、数据控制链攻击等多种方式。在防范方面，可通过对来自磁介质有害信息的过滤、对存在病毒的客户端的管理、对邮件传播的控制、建立高级别防病毒系统等方式来实现。入侵检测技术的使用能够对存有涉密信息的计算机实现实时监控，不仅可检测出存在的漏洞，还能够自动下载补丁，提醒操作人员修补。这样一来，入侵行为就能够被最大限度地阻止，保障涉密信息安全。

三、互联网的物理安全防范措施

物理安全是整个计算机信息系统安全的前提，是以一定的技术手段保护计算机网络设备、设施以及其他媒体免遭地震、水灾、火灾等环境事故（如电磁污染等）以及人为操作失误或错误及各种计算机犯罪行为导致的破坏。为了获得完全的保护，物理安全措施总是必需的。物理层安全设计应从环境安全、设备安全、线路安全三方面考虑。

环境安全是指系统所在环境的安全，主要是场地与机房的安全。设备安全主要指设备的防盗、防毁、防电磁信息辐射泄漏、防止线路截获、抗电磁干扰及电源保护等。线路安全主要指保护物理线路的安全，如保护物理线路不被损坏、防止线路的搭线窃听、减少或避免对物理线路的干扰等。

物理安全的风险主要来源于自然环境灾害，人员访问控制失效，机房基础设施缺失导致的火灾、漏水、雷击和静电对设备电路的破坏，温湿度失调、设备失窃等安全事件，会影响网络、主机和业务的连续性，甚至导致业务数据丢失等。

物理安全的目标是为机房选择一个合理的物理位置，最大限度避开雷击多发区、爆炸、火灾、水灾隐患地点；在此基础上，为机房配置完善的基础设施，包括通过电子门禁控制人员的出入、配置自动报警和灭火的消防系统来确保火情可以及时被发现和消除;机房环境控制要具备温湿度检测、漏水检测以及报警功能来保证运维人员可以及时发现机房温湿度失衡和空调漏水,配置双路冗余电路、UPS 电源以及柴油发电机等备用电力输出系统来保证机房电力供应的持续性,使机房内的设备可以在稳定的环境中运行,降低设备故障的概率,保障信息系统的业务连续性。

物理安全策略的目的是保护计算机系统、网络服务器、打印机等硬件实体和通信链路免受自然灾害、人为破坏和搭线攻击。应验证用户的身份和使用权限,防止用户越权操作;确保计算机系统有一个良好的电磁兼容工作环境;建立完备的安全管理制度,防止非法进入计算机控制室和各种偷窃、破坏活动的发生。

保障互联网安全保密采取的物理措施包括机房屏蔽、电源接地、布线隐蔽、数据传输加密、数据安全存储等。凡是计算机同时具有内网和外网应用需求的,必须采取网络安全隔离技术,如在计算机终端安装隔离卡,使内网与外网之间从根本上实现物理隔离,防止涉密信息通过外网泄露。通过物理隔离的方法,从根本上阻断内网与外网之间的联系,确保内网运行的涉密或敏感信息不外泄。

此外,计算机房应该不在现代交通工具繁忙和人多拥挤的闹市、远离使馆或其他外国驻华机构的所在地,要便于警卫和巡逻。计算机房最好设置在电梯或楼梯不能直接进入的场所、应与外部人员频繁出入的场所隔离,机房周围应有围墙或栅栏等防止非法进入的设施,建筑物周围应有足够照明度的照明设施,以防夜间非法侵入,外部容易接近的窗口应采取防范措施,如使用钢化玻璃、铁窗等,无人值守的地方应有报警设备。机房内部的设计应有利于出入控制和分区控制,计算中心机要部门的外部不应设置标明系统及有关设备所在位置的标志。

四、互联网安全保密防范制度措施

一是切实加强对本部门、本单位上网信息保密工作的组织领导,落实领导责任制,明确一名领导分管,建立健全网络安全保密领导小组,指定专人负责上网信息安全保密工作,加强对上网信息的安全保密检查。

二是坚持"谁上网谁负责"的原则,严格上网信息登记制度和保密审查制度,确保涉密信息不上网。只要是向国际联网的站点提供或发布信息,必须经过保密审查批准。只要是以提供网上信息服务为目的采集的信息,在上网发布前,应经过提供信息者同意；凡对网上信息进行扩充或更新，需遵守信息保密审核制度。只要是在网上开设电子公告系统、聊天室、网络新闻组的单位和用户，经保密工作机构审批后，才能开设，禁止传播国家秘密信息。业务部门要加强对信息公开保密审查人员和定密责任人进行专业培训，经考试合格后颁发资格证书，持证上岗。

三是严格落实"涉密不上网，上网不涉密"的规定，涉密信息网络与外网实行物理隔离。"上网不涉密"指的是严禁在接入国际互联网的计算机上处理、存储、传输涉密信息。"涉密不上网"指的是处理涉密信息的计算机在任何时候都不得直接或间接接入任何公共网络或国际互联网。需要特别指出的是，不能理解为"上网的时候不涉密，涉密的时候不上网"。

四是加强有效督查。同级业务部门要与政府上网信息主管部门和网络管理部门协调配合，指导上网部门、单位制定上网信息保密管理规定，落实安全保密措施。同时，加强对上网信息的保密检查，发现涉密信息，及时采取补救措施，查清泄密渠道和原因。

所谓"三分技术，七分管理"。各部门、单位要普遍建立健全安全保密管理机构和保密管理长效机制，配备专职、专业的信息网络安全保密管理人员，经常性地开展安全保密形势教育，宣传和贯彻安全保密法规政策，增强安全保密意识。

部门、单位要培养一支专业化队伍，始终把"两个维护"作为保密战线的首要政治任务抓实抓好。要切实增强做好新形势下保密工作的责任感使命感，保持清醒头脑，坚持底线思维，应对风险挑战，做到严丝合缝、一丝不苟、万无一失。根据网站和专报系统的特点以及涉密信息特征制定针对性数据信息防控方案。

保密检查要做到思路明确、流程清晰。在单位内部保密检查工作过程中要做到心中有谱，明确查什么、如何查、达到什么效果；采用条线检查法，还是全面撒网法；发现问题时要找出问题源头，做到有据可查（记录、日志、审计系统），环节可控（节点明晰、环环相扣）和闭环到位（有始有终）。只有心中思路明晰才能做到百密无一疏，真正发现问题，解决问题。

保密检查要做到方法得当、工具到位。工欲善其事，必先利其器，保密检查过程中专业工具配置必不可少，既要运用常规的技术方法检查是否存在违规现象，也要运用专业技术工具方法检查，提高检查的效率和质量。

保密检查要做到不断学习，适应发展趋势。随着信息技术、信息设备的迅猛发展，从操作系统到终端设备无不在发生着技术变革,作为保密检查人员要时刻保持"空杯"心态,虚心学习,及时掌握在新形势下保密检查的技能。要加强专业技术人员的网络安全教育,注重定期安排新知识的教学,保障专业技术人员网络安全意识和知识储备的与时俱进。

在单位内部保密检查工作中,保密检查人员要提高工作站位,要有强烈的担当意识、原则意识,时刻铭记自己身上担负的重大责任,做保护国家秘密安全的"保密卫士"。要练就"火眼金睛",成为保密检查工作中的行家里手,做到有问题不放过,不闭环不结束。业务部门还要利用多种渠道对有关领导和安全保密管理人员进行安全保密法规、国家保密标准和专业知识的培训,增强其安全保密管理能力,提高其安全保密业务工作水平。

第十八章 手机及办公设备管理

第一节 手机安全保密技术

一、手机安全防范常识

如今手机几乎是每个人的标配,我们在使用普通手机时应当注意:

(1)不得在手机通信中涉及国家秘密。

(2)不得在手机上存储、处理、传输国家秘密信息。

(3)不得将手机连接涉密信息系统、信息设备或者载体。

(4)不得在手机上存储核心涉密人员的工作单位、职务、电话号码等敏感信息。

(5)不得在涉密公务活动中开启和使用手机位置服务功能。

(6)在申请手机号码、注册手机邮箱或者开通其他功能时,不得填写禁止公开的涉密单位名称和地址等信息。

(7)不得使用未经国家电信管理部门进网许可的手机。

(8)不得使用境外机构、境外人员赠送的手机。

(9)不得将手机带入保密要害部位、涉密会议和活动场所。

(10)不得在保密要害部门使用手机。

(11)不得在使用涉密信息设备的场所使用手机进行视频通话、拍照、上网、录音和录像。

（12）不得使用商用加密手机谈论以及存储、处理、传输国家秘密信息。

涉密手机的保密要求是对普通手机保密要求的延伸：不得在涉密手机上储存、处理、传输高于规定密级的信息；不得在人员情况复杂或不具备安全保密条件的场所使用涉密手机；未经批准不得将涉密手机提供给他人使用；不得擅自更改涉密手机的软硬件；不得在指定单位之外的场所维修维护涉密手机；等等。

在涉密场所中，保密要害部位、绝密级或者机密级会议和活动场所禁止带入手机，应当设置显著的禁止带入标志。保密要害部门、秘密级会议和活动场所，禁止使用普通手机，应当设置显著的禁止使用标志，必要时安装和使用手机信号干扰设备。保密要害部位、绝密级或者机密级会议和活动场所外应配备手机存放柜，集中存放进入人员的手机。

我们平常使用的智能手机也要注意以下方面：非必要时，不开启 GPS 定位功能，不使用地理信息服务软件；关闭蓝牙、红外等功能，不接受陌生的蓝牙、红外设备的连接请求；不接入来历不明的免费 Wi-Fi。很多网络攻击都是通过公共 Wi-Fi 造成的，因为在连接免费 Wi-Fi 时，攻击者跟你处于同一个网络节点，容易实施一些伪装和欺骗行为。除此之外，还要注意不安装来历不明的应用软件，及时更新手机 App，并删除不常用的 App。不随意点击来历不明的短信、彩信和电子邮件等推送信息。

 案例

2020 年 1 月 30 日，温州市某银行工作人员刘某某前往上级部门领取了一份秘密级文件。该行领导林某考虑到春节后马上要报送材料，便要求刘某某将该涉密文件拍照以微信方式发给她。林某收到文件后，又要求刘某某将涉密文件微信发给同事尤某某。此后，尤某某将该涉密文件图片通过微信传至平板电脑，为向朋友表明自己加班无法赴约聚餐，尤某某将该涉密文件其中一页发至好友微信群。事后，尤某某受到政务记过处分，林某、刘某某受到警告处分，该银行在全市被通报批评。

微信小程序是近年来非常火的一种应用，极大地方便了人们的日常生活。而不正确使用微信小程序也有涉密风险。

 **案例**

2019年1月14日,台州市某区工作人员胡某某在整理台账资料过程中,违规使用"图片文字识别"微信小程序,对一份秘密级文件进行拍照识别,转化为电子文档后在手机上修改存档。此后,该文件一直存储在其手机内,未转发给他人,也未导出到其他设备。事后,胡某某受到诫勉谈话,并作深刻检讨。

现在,有很多人只会使用手机,对手机存储卡信息数据的销毁、手机信息安全隐患和技术漏洞,缺乏了解或知道的不多。因此,要杜绝麻痹思想和侥幸心理,加强学习,切实认清手机使用过程中的各种安全隐患,认知手机泄露个人信息的途径和方式,充分意识到手机泄密的严重后果,做到手机防泄密"警钟长鸣"。对特殊人群、特殊场所、特殊内容,要使用特殊的手机管理方法。

对于涉密人员,要严格遵守手机管理使用制度,做到专机专用。对于涉密场所,要按照保密规定,做到不在涉密场所携带和使用手机,不用手机记录、录音、照相和传输涉密内容。同时,不要轻易接听、接收陌生人的电话、短信、彩信、邮件,防止被植入病毒或木马;不要把手机设置为自动登录,每次登录都应输入密码;要充分利用手机自带的图案和密码锁屏功能,防止别人解锁屏幕偷看个人隐私;使用网络服务后,应及时注销手机账号登录状态;不使用工作电脑为手机充电。

二、手机安保防范措施

手机下载软件要登录官方平台下载,避免到论坛下载,比如手机自带的软件商店、官方网站,也可以接收他人传输的官方软件。不要使用来路不明的软件,不要浏览不良网页。坚持在正规的手机运营商处维修维护手机,防止被植入病毒程序。安装软件时,一定要详细查看软件索取的权限列表,出现敏感权限时要特别警惕。

首先,不带手机进入重要活动现场。手机即使在关机状态,也可以通过特定频率被遥控激活,在无振铃和显示状态下悄无声息地将信息发送出去。因此,在参加重要活动时,公务人员不应携带手机。

其次,在公务活动中少用手机联络。公务人员在日常的工作中,应尽量使用公务专线开展业务联络,不在电话中交流涉密及敏感事项。确有需要,在有线、无线通信中传递国家秘密的,必须采取保密措施。不使用明码或者未经有关机关审查批准的密码传递国家秘密。

再次,严禁密电明复或密明混用。在特殊情况下,明电或电话必须涉及密电时,不得暴露有关密电日期,也不得引用有关密电的具体内容。凡事先发了密电,而后又需要发明电的,对明电的措辞必须要严格审查。

最后,私人通信中不涉及国家秘密。公务人员在业余的私人通信中,也要注意手机的安全保密。不利用手机制作、复制、发布、传播含有国家秘密内容的信息。

此外,还要严格控制系统权限。要树立风险意识,尽量避免将访问个人隐私的权限和访问网络的权限同时授予可疑程序。对于平常不用或很少使用的功能,如蓝牙、红外、手机定位、高清摄像等,应予以关闭或停止使用,避免手机被远程攻击或被病毒搜索到,需要使用这些功能时再打开。使用免费 Wi-Fi 时,只使用自己了解和信任的网络,并且不轻易向外发送重要的个人信息。谨慎参与网上体验;不接受陌生蓝牙或红外的连接请求;不使用翻墙软件违规访问境外网站;安装手机加密软件,对软件文件资料甚至对软件进行加密操作;安装远程控制软件,手机丢失后可实现对手机数据删除、数据下载、远程定位等远程控制。

玩游戏时,一定要把手机调成飞行模式。部分手机游戏软件不需要连接互联网就能运行,而其配套的广告则需要。因此,打游戏时通过把手机调成飞行模式断网,就能阻止广告自动显现,也能阻止个人资料外泄。

为了安全起见,上网时最好使用虚拟专用网络,也就是用 VPN 上网。虚拟专用网络(VPN)能够对所有来往手机的数据加密。使用 VPN 不能阻止手机软件商和广告商收集和传送个人信息,但是却能增加黑客或间谍监视这一数据传送过程的难度。

在不影响日常生活需要的前提下,最好关掉 Wi-Fi 检索、定位功能。手机上的 Wi-Fi 检索、定位等功能能够很快地定位。你可能需要进入每一个软件的设置功能里面去关闭其定位功能,不过记得先关掉那些有拍摄功能的软件的定位功能。除非很必要,不要轻易使用这些功能。这样,间谍和黑客就不能通过软件数据获悉你身处的位置,或者你去过的地方。

更换手机时,一定要彻底删除不需要的信息。更换手机或需要删除相关信息时,可以选用具备数据粉碎功能的手机软件,或者对手机格式化后重复存储大量电影视频、垃圾文件、图片等无用数据,再反复删除这些信息,使无效信息反复填满手机空间,彻底覆盖掉原来的信息,增加数据恢复难度。

填写联系人时,不要过于详细记录联系人信息。为了弄清"谁是谁、在何处、什么单位"等情况,一些人便在通讯录中增加了备注信息,或直接将这些信息加在联系人的姓名后,如:张三,北京,XX 局局长;李四,XX 部队团长……殊不知,此做法在方便自己区分的同时,也方便了不法分子。一旦手机丢失或被植入木马,极易造成隐私和敏感信息外泄。

单从二维码本身看不出其中隐藏了什么内容,这也正好成了一些别有用心之人可钻的空子。他们将恶意程序和木马病毒制作成二维码在网络上大肆传播,一旦用户扫描,手机便会在后台自动下载并安装病毒程序,从而威胁用户的隐私和财产安全。因此,扫描二维码前一定要确定其来源,必要时,可使用一些二维码安全鉴别软件来识别恶意二维码。

因为废旧手机及存储卡通常存储有用户的通讯录、短信文电和图文数据,即便删除,也极易运用软件恢复,从而威胁用户的隐私、财产和数据安全。废旧手机宁可攒着,也不要轻易卖掉或者参加品牌方的"以旧换新"活动;或者可以使用必要手段彻底删除不需要的信息。

虽然手机存储材料或者其他数据很方便,但是不要把手机当成优盘使用,会存在许多安全隐患。一方面,手机与其他设备频繁连接,增加了交叉感染木马病毒的可能性;另一方面,手机连接网络,容易被植入木马病毒或造成信息泄露。特别应注意的是,不要将手机连接在涉密计算机上充电,如此充电相当于建立了一座涉密计算机通向互联网的桥梁,黑客能轻而易举地把病毒和木马植入我们的手机或者盗窃手机里面的数据。

现在的手机都具有拍照摄像功能,并且像素非常高。手机已然成为许多人的相机和"记事本",甚至有人将一些文件资料和证件都用手机拍下来,以方便使用。殊不知,在拍照的同时,手机会将你拍摄的时间和空间信息存于其中,如若保管不当或设置不当,照片和视频外流,很可能给你的隐私和文件资料安全造成威胁。因此,在没有需求的情况下,最好关闭相机的位置标签功能,在敏感、涉密场所或处理特殊公务时不要用手机拍照,尤其是拍摄涉密、敏感的文件资料和重要证件。

> **案例**
>
> 某市规划土地监察支队根据群众举报,发现某论坛上有机场、舰艇等相关军事信息。该论坛不仅汇聚了各地网友的信息,而且直接链接到国外一家地图网站的搜索引擎上,用户可以透过客户端软件免费浏览全球各地的高清晰卫星图片,并在上面标注出军事地点的地理坐标和相关信息。

论坛出现问题并非个例。随着定位功能等技术在手机和照相机中的广泛应用,拍照会在照片中自动标注地理坐标。针对这种情况,在设有"军事设施""重点工程""禁止拍照"等标志的地方,一定要提高保密意识,避免随手拍照泄密。针对这些问题,《中华人民共和国测绘法》要求,互联网地图服务提供者应当使用依法审核批准的地图,建立地图数据安全管理制度,采取安全保障措施,加强对互联网地图新增内容的核校。同时,县级以上政府和测绘地理信息主管部门、网信部门等要加强对互联网地图服务的监督管理。擅自发布重要地理信息数据,给予警告,责令改正,可并处五十万元以下罚款;对直接负责的主管人员和其他直接责任人员,依法给予处分;构成犯罪的,依法追究刑事责任。

不要轻易连接免费 Wi-Fi 网络。使用免费或没有加密防护的 Wi-Fi 网络,除极易被"钓鱼"外,通信内容也极易被监听和篡改。若是连上了"黑"Wi-Fi,手机还可能遭到攻击和被植入木马。特别要说明的是,使用像"Wi-Fi 万能钥匙""免费 Wi-Fi"等软件并不安全,若使用,你所掌握的 Wi-Fi 密码自然也有可能被与人分享。若被别有用心的人由此连上你的路由器并监听其中数据,那么你的网络访问便毫无安全可言。

要安全使用 Wi-Fi 网络:一是仅连接信任网络。当周围出现多个同名 Wi-Fi 时,应引起警觉。二是选择使用高强度的 WPA2 认证方式。三是设置高强度连接密码。四是开启"忽略网络"功能,手机就不会发送探测请求帧,也不会自动连入该网络,避免虚假 Wi-Fi 的网络攻击。

不要轻易打开定位功能。当用户的位置信息积累到一定量,通过分析很容易推断出用户的工作地点、工作性质、家庭住址、生活规律等。区区一个定位权限,就几乎打开了让用户隐私"裸奔"的大门。目前,市面上有许多软件都会访问和收集用户的位置信息,如一些社交类软件、导航类软件,甚至影音娱乐软件等。关闭定位功能后,系统中的许多软件将无法获取用户终端的位置信息,这在一定程度上提高了手机的安全性。

不要轻易使用"云备份"功能。虽然"云备份"功能极大地方便了我们存储和备份数据,但传到云端的数据并不是百分百安全的。目前,几乎所有品牌的智能手机都有"云备份"功能,该功能主要是将用户的通讯录、短信、照片等数据上传至云端,以实现节省本地空间、易于转移调用、方便故障恢复等目的。然而,使用"云备份",用户需要承担传输信息安全和存储信息安全的风险,且信息上传到云服务器后,谁又能保证这些数据不会丢失、被浏览或篡改呢?

不得在涉密手机上储存、处理、传输高于规定密级的信息。不得在人员情况复杂或不具备安全保密条件的场所使用涉密手机。未经批准不得将涉密手机提供给他人使用。不得擅自更改涉密手机的软硬件;不得在指定单位之外的场所维修维护涉密手机。

第二节 打印机安全保密技术

一、打印机的分类

从第一台打印机诞生至今,打印机设备经历了针式打印机、喷墨打印机、激光打印机等阶段,逐渐成为办公自动化设备中不可或缺的设备。直到当今的互联网时代,许多企业内部为了节约资源,节省成本,方便管理,提高工作效率等,将打印机接入网络,使用共享的方式,使得一台打印机可供多个用户使用。在极大地方便人们工作的同时,打印机的普及也带来了安全保密技术问题。

在互联网快速发展的今天,网络打印机逐渐走入人们的视野。网络打印机是指通过打印服务器(内置或者外置)将打印机作为独立的设备接入局域网或者Internet,从而使打印机摆脱电脑,成为网络中的独立成员。

网络打印机摆脱了传统打印机定点打印的局限,实现了分布式远程打印的功能,提升了打印效率。然而,网络打印机处于网络中的关键节点位置,用户通过网络传输打印作业并配置管理打印机,使得黑客可以利用设备或者协议漏洞对打印机进行攻击,造成打印机停止工作甚至泄露敏感信息。

二、打印前的安全

打印前的安全主要是要注意截屏泄密。也就是说,打印前的安全是指在打印任务传到打印机前可能出现的泄密情况,主要是涉密信息在显示器上显示时,会发生被截屏导致的数据泄漏。

截屏泄密是指他人在使用者不知情的情况下,利用操作系统的漏洞,通过本地网络(LAN)或者广域网络(WAN)截取使用者的屏幕,获取机密信息的方式。

目前常用的窃密截屏方式有三点:第一,使用截屏键,也就是 PrtSc 键复制屏幕;第二,使用相关软件调用 GDI 函数截取屏幕内容,GDI 函数是一种图形设备接口;第三,利用 DirectX 截取相关的影像文件,这里的 DirectX 是由微软公司创建的多媒体编程接口,它是一种应用程序接口。

防止被截屏泄密的方式也可以分为三点:一是禁止相关的功能键发挥作用或利用全局键盘钩子拦截用户的屏幕复制动作,例如禁用键盘上的 PrtSc 键,防止人为的硬件截屏方式;二是修补相关的系统软件漏洞,防止系统级别的截屏,利用 API Hook 技术可以实现,这里的 API Hook 技术是一种用于改变 API 执行结果的技术;三是采用相关的软件防止屏幕信息被窃取,例如可以安装微软的数字权限管理软件,安装后可使截取的屏幕变为黑色。

三、打印机的物理安全

打印机的物理安全主要是指从物理角度保护打印设备或其部件不被窃取;或者在设备被窃取的情况下,保证在该设备上执行的用户作业信息或日志不被泄漏。保证打印机的物理安全主要围绕打印机内置的存储硬盘开展。

打印机内置的存储硬盘主要用于临时存储当前的用户作业。文件打印出来后,打印机的存储器中仍会留存与原件内容相同的信息。虽然有些存储器内部的信息是加密的,但加密强度较低,易被破解。与计算机存储器不同的是,办公自动化设备存储器中的信息难以查找、难以清除,由此带来了极大的安全隐患。打印机泄密的途径主要有:一是设备维护、保修时,厂家通过联机测试设备或移动存储设备,可将机内存储器中的内容复制出来,或者通过更换部件的办法将存有信息的存储器换走;二是设备淘汰、报废时,存有信息的存储器有可能成为泄密源。因此,当作业在打印设备上被执行完毕后,应将硬盘上所保存的临时数据删除,才可以保证用户作业不会直接从打印设备上泄漏。

而为了保证打印机的物理安全,也就是保证打印机内置存储数据不被泄露,尤其是涉密的打印机应具有内置存储数据删除功能。这些删除功能一般应包括快速删除、安全删除、清洁删除;其中使用后两种硬盘数据删除方式,即使在硬盘被窃取的情况下,用户作业数据也无法被恢复。

快速删除,如它的名字一样,是速度最快的一种删除模式,可标记已删除的打印作业数据,而且还允许数码多功能一体机的操作系统在需要时回收和覆写数据,但这是三种删除方式中安全级别最低的一种。

安全删除可对现有数据进行一次性覆写,并可阻止基于软件的"反删除"数据操作,与清洁删除模式相比,该模式可更快速地擦除数据。

清洁删除符合美国国防部有关删除磁存储数据的规范要求,能安全彻底擦除数据。它采用多次数据覆写方式,可彻底擦除数据痕迹,还可防止随后通过分析硬盘驱动器的物理盘片恢复数据,但它也是速度最慢的一种模式。

除了存储硬盘的安全以外,打印机的物理安全也包括硒鼓的安全。硒鼓的泄密主要通过以下三个方面:一是通过硒鼓余存电荷窃取打印信息;二是在硒鼓内植入微型芯片电路板;三是在硒鼓上添加光电扫描器。

而防止硒鼓泄密也有三种方法:一是保证硒鼓中不配备任何形式的电路板和芯片,防止打印数据被非法窃取;二是硒鼓应具备静电清除能力,完成打印后,硒鼓应立即释放残余电荷,防止静电残留;三是每打印完一份文件,打印机应自动擦除有机感光鼓潜像,确保已打印资料不被二次打印。

四、打印机的网络安全

在很多用户网络环境中,为了避免非认证PC/非法PC或其他网络设备,包括网络打印机接入用户的网络,用户会部署认证协议。未通过认证的设备不能接入用户网络,这样可以有效防范网络病毒的传播和各种网络攻击的发生。

例如,惠普打印设备支持的身份验证方式包括 EAP-PEAP 和 EAP-TLS,EAP 是身份验证协议的简称,PEAP 和 TLS 就是两种不同的身份验证方式。可以使用上述任意一种认证方式安全地接入用户网络,同时利用协议中的 RADIUS 认证服务器,用户还可以确定打印设备的网络节点映射到的连接端口的物理位置。

五、打印机的作业安全

打印机作业认领是指用户发送到网络打印机上的打印作业并不立即打印出来,而是保存在打印机上或打印服务器上。用户在打印机上完成身份认证之后,用户名下所属作业会显示在打印机面板上,由用户选择打印或删除。当然,不管用户打印作业是保存在打印机上还是打印服务器上,都可以设置保存策略,如是否加密和设置保存期等。用户身份认证的手段可以是多种多样的,如可以使用密码、非接触式射频卡、磁卡、智能卡、指纹等。

以上认证方式的主要区别在于使用成本和安全级别。不管使用何种认证方式,只要用户在网络打印机上完成身份认证,就可以打印或删除自己的作业。因此,身份认证是作业认领的前提,这样可以在一定程度上防止非法用户获得打印信息。

打印机的泄密防范主要有以下四点:

第一点是防止硒鼓泄密。防止硒鼓泄密可以采取以下三个措施:一是保证硒鼓中不配备任何形式的电路板和芯片,防止打印数据被非法窃取;二是硒鼓应具备静电清除能力,完成打印作业后,硒鼓应立即释放残余电荷,防止静电残留;三是每打印完一份文件,打印机应自动擦除有机感光鼓潜像,确保已打印资料不被二次打印。

第二点是防止内存泄密。为防止负责缓存打印数据的内存泄密,打印作业完成后,打印机应能立即对内存进行清除;同时,打印机还应具备手动内存清除按键,方便用户手动清理内存,保证打印信息在打印机中的生存周期可控。一些涉密场所不应该配备带有永久性存储器的打印机,杜绝打印数据、用户信息和主机信息被非法存储。

第三点是防止通信接口泄密。涉密场所的打印机应尽量避免配置多余的外部通信接口,只保留以太网接口和 USB 接口等必备通信接口,并严格控制每种接口的数量。同时管理员应能够对通信接口的开启和关闭进行管控,并且在默认情况下通信接口应处于关闭状态。

第四点是打印机应该被限定在固定场所内使用,并且只能通过内部网络进行打印作业;除此之外,打印机一旦与外网连接,应给予声音、灯光等形式的警告提示,或以内网邮件形式通知管理员,并能够立即切断与外网的连接。

涉密打印机不得与互联网等公共信息网络连接。涉密打印机维修须清除数据并送具有保密资质的维修点维修。使用涉密打印机打印涉密文件、资料,应做好打印登记,废页应及时销毁。非涉密打印机不得打印涉密文件、资料。

打印机的物理安全主要是指从物理角度保护打印设备或其部件不被窃取;或者在设备被窃取的情况下,保证在该设备上执行的用户作业信息或日志不被泄漏。保证打印机的物理安全主要围绕打印机内置的存储硬盘开展。

打印机内置的存储硬盘主要用于临时存储当前的用户作业。文件打印出来后,打印机的存储器中仍会留存与原件内容相同的信息。虽然有些存储器内部的信息是加密的,但加密强度低,易被破解。

第三节　传真机安全保密技术

一、传真机概述

传真机是一种现代化办公设备和通信终端机,应用扫描和光电变换技术,把文件、图表、照片等静止图像转换成电信号,传送到接收端,以记录形式进行复制。由于它传输方便、速度快、图像质量好、自动化程度高、抗干扰能力强,且能以"真迹"的形式传输各种文件和图像,在办公自动化中得到了非常广泛的应用。

传真机可以分为模拟传真机和数字传真机,而按技术水平又可以分为一类机、二类机、三类机和四类机,分别简称为 G1、G2、G3、G4。G1 和 G2 传真机都是模拟传真机,均未使用图像压缩技术,已基本被数字传真机所取代。而 G3 和 G4 传真机都是数字传真机,目前数字传真机已成为主流传真设备,其中 G3 传真机的应用最为广泛。它充分利用图像的统计特性,对模拟原始信号进行数字化编码和数据压缩,以消减传真信号的冗余度,从而提高传输效率。

传真机的工作原理很简单,即先扫描即将需要发送的文件并转化为一系列黑白点信息,该信息再转化为声频信号并通过传统电话线进行传送。接收方的传真机"听到"信号后,会将相应的点信息打印出来,这样,接收方就会收到一份原发送文件的复印件。传真通信实际上就是将发送原稿上的黑白像素的分布情况尽可能细微地、不失真地在接收方与原稿相对应地复制出来,以得到与发送方原稿相同的图像。

二、传真机的安全

传真通信在给人们带来极大便利的同时,也越来越受到安全性问题的困扰。目前国际上的"攻击"和"窃收"技术已发展到很高水平,因此不管是官方机密信息,还是企业团体的信息情报或商业秘密,在使用传真通信时都必须考虑被入侵者、雇员或技术熟练的窃密者攻击、窃收和破译的可能。

普通传真机没有对传输的信息进行加密,窃密者只要掌握用户的传真号码,用相应的设备就可以截获用户传递的信息,因此应引起有关部门的高度重视。

目前我国使用的传真机及其控制软件绝大部分是从国外引进的,国内自行开发生产的很少。现在国内一些地方、一些部门组建了自己的传真通信网,除此之外绝大多数用户没有采取传真通信的安全措施。

传真机的泄密途径主要有以下几个方面:①传真时没采取加密措施,信息被非法截取;②加密但无专人接收的密件传真到达目的地时,接收人可能不是收件者本人,信息被不应知悉的人知悉;③使用自动传真但未确认接收方,传真的文件误传到其他用户。

目前中高档型传真机上大都设计了密码信箱这一功能。设计密码信箱的前提是传真机必须具备一定容量的存储器,把用于信箱工作的存储器划为一块或多块区域,这就是信箱,密码就是打开信箱的专用钥匙。使用密码信箱时,发送方将文件传送到接收方的信箱中,收件人只有输入有效的密码才能打印出来。

对于这种情况,要求接收方必须预置密码,发送方在传输前要临时置入接收方的密码。使用密码信箱是最简单、投资最少、最易实现的一种安全措施,但操作使用较麻烦;并且这种方法对传真信息本身并未进行保护,只是发件人对收件人可以进行一定程度的选择控制。

加密机技术也是一种有效的传真通信安全措施。加密机技术是将传真加密机直接连在 G3 机和公共电话交换网 PSTN 之间,确保加密通信的安全。加密机通过数据终端设备 DTE 和数据通信设备 DCE 两个接口与传真机相连接,对电文序列的加密是在并/串转换之后、送入调制解调器 Modem 之前,对收到的电文序列的解密是调制解调器 Modem 解调之后、送入译码之前。

三、内嵌式传真加密机

加密机根据介入方式的不同可分为内嵌式和门卫式两种。内嵌式加密机仅完成高速报文加解密;门卫式加密机在完成高速报文加解密的同时,还要进行 T.30 协议《公用电话交换网上文件传真传输规程》标识命令的识别、处理、转发及模-数、数-模变换等。相对而言,嵌入式加密机实现起来较方便;但现在使用的传真机极少提供专门的保密接口,所以门卫式加密机应用较广泛,可以很方便地连接在传真机和线路之间,通过介入传真通信规程,对传真报文进行加解密。

内嵌式传真加密机位于传真机内部,是在普通传真机的基础上增加保密功能而形成的保密型传真机。在传真机设计中将加密模块嵌入传真机内部,在对文件图像扫描数据进行编码后,将其送到加密部件进行加密处理,最后将结果经调制解调发送到线路上。内嵌式传真加密机在考虑到保密系统的实际情况,保证密码强度够用和系统安全性能好的前提下,做到了传真机和加密机一体化,机器功能强而操作管理简便。

内嵌式传真加密机具有以下优点:①系统安全性能好。由于集加密和传真通信功能于一体,可以方便地实现保密传真机的各项技术要求。②在机器内部,密码机系统部分始终处于主控地位,因而在保密传真通信的过程中,通信终端的全部操作均在其控制之下,从而使安全性得以保证。③大大降低了保密通信的投资成本,方便用户使用,而且为今后配置更先进、更完善的保密方案提供了良好的软硬件支持环境。

除了以上优点,内嵌式加密机在使用中也具有较为明显的缺点:不同厂家的加密传真机之间没有互通,不利于开放性用户网络的使用,因此不适于大范围推广。

内嵌式传真加密机要求对传真机的软硬件在一定范围内进行不同程度的修改和增扩,因此开发一种型号的保密传真机需要一定的开发周期,而且也限制了用户对机器选择的多样性要求,为此提出了研制在逻辑上构造独立的"门卫"加密机。

四、门卫式传真加密机

与之前内嵌式传真加密机不同的是,门卫式加密机与传真机不再是同一个个体,加密机在传真机之前就接入了 PSTN 网络。所谓"门卫",是指发方在进行传真通信前,先将传真信息经过门卫的加密、签名等安全处理后,再发送到 PSTN 上;反之,来自 PSTN 上的传真信息经过门卫的检查和脱密之后,再进入收方的传真机中。

门卫式传真加密机将传真与加密分离开,其中传真机做编解码工作,加密机做加解密工作。门卫式传真加密机的优点是任何一台普通传真机无须再进行技术开发处理,与一台门卫式加密机相连即可实现加密通信,既满足了用户对机器选择的多样性,又实现了传真通信的信息安全需要。

第四节 扫描仪安全保密技术

一、扫描仪的工作原理

信息化办公设备中,扫描仪的功能与打印机相反,是利用光电技术和数字处理技术,以扫描方式将图形或图像信息转换为数字信号的装置。扫描仪通常被用于计算机外部仪器设备,通过捕获图像并将之转换成计算机可以显示、编辑、存储和输出的数字化输入设备。

二、扫描仪的安全

随着办公自动化的日益普及,无论是政府机关还是一些具有保密性质的企业,在日常工作中已经离不开扫描仪了。

扫描仪在给人们的工作带来方便的同时,也给重要文件带来了安全隐患,如果管理和使用不当就会造成泄密。在保密检查中,使用保密检查工具检查后,往往会发现一些单位在使用扫描仪上存在一些泄密隐患,需要保密单位及时做好整改工作,以确保涉密文件的安全性。

扫描仪攻击由四部分组成：

一是攻击者的计算机。这是一个由攻击者操作的C&C(Command and Control,命令和控制)服务器,它控制光源以调制命令,攻击者对光源的控制可以基于有线或无线通信。

二是连接到微控制器并属于攻击者的外部光源。微控制器将来自C&C服务器的命令(以二进制代码表示)调制为对应于给定命令的光序列。外部光源和微控制器甚至可以被安装在无人机的支架上,通过攻击者的计算机控制无人机建立C&C通道。另一种选择是劫持被攻击组织的内部光源,对其进行远程控制。

三是接到组织网络的平板扫描仪。只要扫描仪的盖子处于打开或半打开状态,扫描仪的玻璃面板就会接收到攻击者发送过来的光脉冲信号。由于扫描仪对周围光环境的变化十分敏感,即使是扫描仪的玻璃面板上覆盖着纸张或者攻击者使用的是红外激光,攻击效果也不会受到影响。

四是组织内受恶意软件感染的计算机,用于提取扫描仪传输来的命令并执行它。

研究人员根据目标扫描仪不同的视线角度和距离,设计了几种类型的光源以适应不同的攻击环境：

一是直接使用安装在远离扫描仪清晰视线的支架上的外部激光器；

二是外部激光器同微控制器连接安装到无人机上,攻击者远程控制无人机接近扫描仪；

三是当目标扫描仪位于视线之内建筑物时,甚至可以通过附近过往车辆中的Android设备劫持组织内部接近扫描仪的智能灯泡。

连无人机、安卓手机都可以成为实现扫描仪攻击的工具,就可见现在的办公设备攻击,甚至是计算机攻击是多么千奇百怪了。

在互联网发展迅速的今天,一些新型的设备也能完成扫描仪的工作。微信的小程序中自带扫描功能,可以对纸质文件进行文字识别、图片识别、转成PDF等操作。

 案例

2020年2月,某市属企业收到一份机密级文件,该企业行政部主管将文件交彭某办理,要求其起草相关落实方案。彭某虽知涉密文件禁止使用手机拍摄、传输,但为图方便,仍使用微信中的一款图文识别小程序对文件进行扫描,转换为文字后,通过数据线传输方式,将文本导入非涉密计算机中处理。彭某认为,"不被人发现、操作完成马上清理就没事"。但不久后,该微信小程序后台运维人员从服务器中非法获取文件图片,并将其上传至互联网,造成严重泄密。案件发生后,该运维人员被追究法律责任,彭某被给予党纪处分、扣薪处理。

 案例

2021年2月,某市研究室工作人员张某在收到一份秘密级材料后,认为"写得很好,可以长期学习借鉴"。为方便以后学习和引用,便利用手机相册中自带的文字提取功能,对材料主要内容进行拍照、识别,再将文本通过手机创建的局域网导入非涉密计算机中存储、处理,造成涉密信息失控。案件发生后,张某被给予党纪政务处分。

三、扫描仪的泄密防范

扫描仪的泄密防范主要分为三点:

首先是严防不规范操作。一些单位在非涉密计算机,甚至是上网计算机中扫描涉密文件,存在严重的泄密隐患。这些不规范操作在保密工作中是绝对不允许的,因此要严格管理对扫描仪的操作行为。

其次是严把输入输出关。扫描仪作为输入口,可将涉密纸质文件信息扫描复制到计算机中。要严格遵守国家有关涉密载体和涉密信息的复制规定,不得随意扫描涉密文件和涉密信息。复制件应按原件密级进行管理。

最后是严格界定涉密属性。扫描仪会将处理的信息存储在内设存储器中。处理涉密信息的扫描仪如果连接到已登录互联网的计算机上使用,就会造成泄密。因此,处理涉密信息的扫描仪应当严格按照涉密设备加强使用管理,并在维修、报废环节严防存储器泄密。

第五节 其他设备及系统安全保密技术

一、碎纸机的安全保密技术

碎纸机是办公环境中常用的办公设备,主要用来粉碎过期或作废的纸质文件或光盘。碎纸机通常可以被窃取到这些信息:即时贴上的密码或内容,电话号码、邮件地址等通信信息,日程计划,系统手册和包装物,邮件,产品源代码等。

 案例

美国、德国一些专业碎纸拼接公司,能够对碎纸颗粒的两面进行细致扫描,根据颜色、笔迹、折痕和纹理进行分类,再通过交互性分析软件找出相匹配的碎纸,最终由多台并行工作的电脑完成拼接,能还原出约70%的内容。

二、投影仪的安全保密技术

投影仪是一种可以将图像或视频按照相应比例放大投射到幕布上的设备,可以通过不同的接口同计算机、VCD、DVD、BD、游戏机、DV 等相连接,播放相应的视频信号。

由于投影仪使用时与计算机直接连接,显示的都是终端非加密信息,因此也成为窃密者的攻击目标。

投影仪受到的威胁主要来自两方面:网络攻击或硬件木马植入。网络攻击主要针对无线投影仪或通过网线接口连接的投影仪,攻击者利用恶意软件劫持投影仪,获取投影仪显示信息。硬件木马植入技术攻击投影仪比网络攻击普遍,所有类型投影仪都有可能成为攻击目标,主要通过硬件改动加大自身电磁辐射或直接植入无线信号发射装置,在投影仪工作的同时,将投影内容向外无线发射,攻击者在附近接收信号并还原。

投影仪的泄密防范主要是针对涉密场所进行检查。涉密场所指集中制作、使用、存放涉密载体和处理涉密信息的地方。因为各种原因,有的涉密载体可能被临时摆放在办公桌上,工作人员的谈话也可能涉及国家秘密内容;这时如果涉密场所中连接互

联网的计算机上安装的视频、音频输入设备处于开通状态，就可能会因为自动窃照、窃听而造成泄密。

三、复印机的安全保密技术

涉密复印机应被放置在符合保密要求的场所，指定专人管理，不得与互联网等公共信息网络相连接。启用涉密复印机前，应当进行保密技术检测。非涉密复印机不得复印涉密文件、资料。

复印国家秘密文件、资料，应建立严格的审批登记手续并在机要室或指定的涉密复印机上复印。复印涉密文件、资料等，须即送即印，履行签收手续。复印涉密文件、资料过程中产生的不合格和多余件必须及时销毁。

涉密复印机应当在单位内部进行维修，并有专人现场监督，严禁维修人员擅自读取或拷贝存储信息。确需外送维修的，应当拆除信息存储部件（硬盘）或进行专业销密。涉密复印机存储部件出现故障如不能保证安全保密的，应按照涉密载体销毁要求予以销毁。

现有的复印机大都是数字复印机，经过数字复印机复印的文件都被扫描到了复印机内的存储硬盘中。即使复印人员拿走了原件和复印件，文件内容仍然存储在复印机的硬盘里。据测算，每页文件复印后，在复印机硬盘里留下大约 200KB 数据，一块容量为 100GB 的硬盘，能存储 50 万页文件，因此，涉密复印机的硬盘数据一旦被窃取，将会造成难以估量的损失。

复印机的泄密防范包括以下几点：

（1）身份鉴别。对复印机使用者进行身份鉴别，非备案用户不能使用。当用户身份鉴别的连续次数达到三次未通过以后，复印机将进行登录锁定。

（2）内存清零。复印机内存清零功能可以使复印机在进行完一个工作单元后，内存信息为零，确保不对授权资料进行再复印。

（3）维修密码。只有持有维修密码的人，才可以对机器进行维修；不同机器输入相同维修密码或者维修密码输入错误，机器会发出故障信号，并自动锁机。

（4）网络限制。系统无端口设计，对互联网、局域网进行屏蔽，杜绝网络失密。

（5）使用审计。对复印机的使用情况进行账户管理，保存每个合法使用人的使用信息，管理员可以定期或不定期地进行使用审计。

第十九章 涉密信息设备管理

第一节 涉密信息设备与安全保密产品

一、涉密信息设备与安全保密产品的种类

信息安全保密产品种类较多,选型时应坚持适用性、功能完整、性能优先、有利于管理和维护的原则。选用涉密信息系统使用的安全保密产品时,应当注意以下几点:

第一,安全保密产品的接入应该不明显影响信息系统运行效率,并满足工作的要求;

第二,安全保密产品原则上必须选用国产设备,当国产设备无法满足需要时可选用经国家主管部门批准的国外设备;

第三,安全保密产品必须通过国家主管部门指定的测评机构的检测;

第四,涉及密码技术的安全保密产品必须获得国家密码主管部门的批准;

第五,安全保密产品必须具有自我保护能力;

第六,安全保密产品应符合相关的国家标准。

在涉密信息系统设计与建设中选择相应功能的安全保密产品,必须根据分级保护原则来选择相应的安全保密产品,需要通过多方面来选择满足相应保护等级的合法产品。

第一,认真阅读安全保密产品的检测报告;

第二,依据配置策略正确安装并配置安全产品策略;

第三,根据计算机和信息系统变更及时调整策略配置;

第四,定期检查安全防护产品工作的有效性;

第五,安全产品的升级和更换应验证资质证书。

二、涉密信息设备与安全保密产品的选型

设备选型是指购置设备时,根据生产工艺要求和市场供应情况,按照技术上先进、经济上合理、生产上适用的原则,以及可行性、维修性、操作性和能源供应等要求,进行调查和分析比较,以确定设备的优化方案。

涉密信息设备有哪些选型要求呢?

第一,涉密信息系统中使用的安全保密产品应选用国产设备,非安全保密产品应充分考虑国家安全保密需要,优先选择国产设备;在选用国外设备时,应进行详细调查和论证,并经过批准,不得选用国家保密行政管理部门禁用的设备或附件,并采取严格的保密技术检测和防护措施。

第二,涉密信息系统中使用的安全保密产品要通过相关部门的检测批准,如计算机病毒防护产品应获得公安机关批准,密码产品应获得国家密码管理部门批准,其他安全保密产品如身份鉴别、访问控制、安全审计、入侵检测和电磁泄漏发射防护等应获得国家保密行政管理部门批准。

第三,涉密信息系统中的设备与介质选型应遵循"安全保密可靠、技术先进和经济合理"的原则。

安全设备的选择和业务系统的需求是紧密相关的,不同的应用需求对设备的要求是不一样的,面对市场上众多的品牌、各种专业技术、悬殊的产品价格,如何为信息安全系统建设选购功能强大、适应需求的设备是我们在建设安全系统时必须考虑的。选择涉密信息设备时应遵循如下原则:

第一,先进性。应用安全设备应代表当代计算机技术的最高水平,能够以更先进的技术获得更高的性能。

第二,实用性。安全设备应具有性能/价格比率的优势,以满足应用系统设计需求为配置目标,并不盲目地追求最高性能、最大容量。

第三，可扩展性。安全系统能随着系统的增加而扩展，具有长远的生命周期和可扩展性，能适应现在和未来需要。

第四，高可用性和高可靠性。安全系统必须能长期连续不间断工作。可靠性通常可以用 MTBF，即平均无故障时间来衡量。可以通过冗余技术来提高系统整体的可靠性。

第五，开放性。安全系统应最大限度地采用国际流行的公用标准，保护用户的投资，保证用户系统的可持续发展。

第六，经济性。在选择安全设备时也应考虑性价比，即以最低的价格获得能够满足企业业务需要的最优性能的设备，从而降低企业的成本。

第七，可管理性与易维护性。系统应具有良好的、统一的管理平台，能够使用户很方便地进行系统日常软、硬件维护。管理平台操作界面应直观、全面。

三、涉密信息设备与安全保密产品的采购与验收

选型之后，涉密信息设备的采购也是非常重要的。涉密设备与介质的采购实行统一规范、分级审查、严格管控、明确责任的原则，坚持谁采购谁负责、先审查后采购、先安检后使用。涉密信息系统建设使用单位应设有专门部门和人员负责涉密设备与介质的购置、标识和发放工作，任何其他部门和人员未经批准不得私自购置设备与介质应用到涉密信息系统中。

涉密采购的范围，主要是指采购的货物、工程和服务本身或者其用途涉及国家秘密，以及采购行为公开后有可能危及国家安全和利益的采购。

符合下列条件之一的，为涉密采购项目：①用于保密要害部门、部位的；②用于重大涉密会议和活动的；③用于涉密人员使用的信息类产品；④采购单位认为属于涉密采购的其他项目。涉密采购单位应当对采购项目是否属于涉密采购进行论证，若是涉密采购，采购单位应准备如下材料并在相关保密工作机构备案：涉密采购项目的具体用途、使用部位；涉密采购项目的数量、采购方式；供应方背景情况和产品技术标准证明；安全保密审查结论；采购单位制定的安全保密管理方案。

设备与介质的招标采购形式主要有两种，即邀请招标和社会招标。

邀请招标又名定向招标，由设备与介质采购方根据订购需要向多家供货方提出招

标意向书,邀请产品供货方参与采购招标。社会招标又名公开招标,由设备与介质采购方委托具备进行社会招标资质的中介机构,公开向社会各方征求设备,供货方广泛参与该项设备的招标活动。

设备、介质采购的申请单上需要报备设备名称、设备数量、设备用途、购买原因,也要获得各个部门的意见和签字。

涉密信息系统建设使用单位或系统集成单位等设备采购方在进行安全保密产品选型和采购时,应特别注意查验相关检测部门发放的检测证书原件,并保留复印件,而不能只验证检测证书的复印件。注意辨别检测证书真伪,核对检测证书上产品名称、型号和版本等信息是否与要采购的产品相一致,产品的检测证书是否过期等。

在验收设备时,设备与介质采购方应有专人负责对供货方交付的货物进行验收,验收时应当注意以下几点:

第一,根据合同核对产品型号、数量、配置和检测证书等;

第二,检查产品的外观包装情况;

第三,按照购货合同和装箱单清点零件、部件、工具、附件、说明书及其他资料的齐全情况,检查有无缺损;

第四,不需要安装的备件、附件、工具等,应注意移交,妥善装箱保管;

第五,检查后做出详细的检查记录,同时作为该产品的原始资料存档。

第二节 涉密信息设备的物理环境安全

一、物理环境安全的重要性

物理安全是保护人员、财产和物理资产免受可能造成损害或损失的行为和事件的影响。虽然经常被网络安全忽视,但物理安全同样重要。物理安全管理与控制的目的是避免由于物理环境管理不善所带来的各种安全风险,涉及物理区域划分、物理安全控制措施实施、IT设备维护与管理等方面。

为什么物理安全很重要?从本质上讲,物理安全是让设施、人员和资产免受现实世界的威胁,包括物理威慑、入侵者检测和对这些威胁的响应。虽然它可能来自环境事件,但该术语通常用于阻止人们——无论是外部行为者还是潜在的内部威胁——进入他们不应该进入的区域或资产。它可能会让公众远离总部、敏感工作区域的现场第三方,或者任务关键区域(例如服务器机房)的员工。物理攻击可能是闯入安全数据中心、潜入建筑物的限制区域或使用他们无法访问的终端。

攻击者可能会窃取或损坏重要的 IT 资产,例如服务器或存储介质、访问关键任务应用程序的重要终端、通过 USB 窃取信息或将恶意软件上传到系统。最外围的严格控制应该能够阻止外部威胁,而围绕访问的内部措施应该能够减少内部攻击者的可能性(或至少标记异常行为)。

案例

某渗透测试公司的首席执行官曾表示,公司在接近物理安全时最常犯的错误之一就是专注于前门。"他们会把所有的安全措施都放在前门;监控摄像头、保安人员、徽章访问,但他们不关注的是整个建筑的整体。"他说,吸烟区、现场健身房入口,甚至装载区都可能无人看守、无人监控和不安全。通过将手伸到另一侧并四处挥动,也可以轻松打开出口处带有运动传感器的旋转门或类似障碍。虽然成功的数字攻击的成本不断增加,但对资产的物理损坏可能同样有害。

二、物理安全所受威胁分类

物理安全是整个网络信息系统安全的前提,是保护计算机网络设备、设施,保护其他媒体免遭地震、水灾、火灾等环境事故、人为操作失误或各种计算机犯罪行为导致的破坏的过程。

自然环境威胁包括洪水、地震、暴风雨和龙泉峰、火灾、极端的气候条件等。供应系统威胁包括停电、通信中断、其他自然资源(如水、蒸汽、汽油)中断等。人为威胁包括未授权访问(内部的和外部的)、爆炸、愤怒的员工所造成的毁坏、员工造成的错误和事故、故意破坏、欺诈、盗窃以及其他威胁。以政治为动机的威胁包括罢工、暴乱、不合作主义、恐怖袭击和爆炸等。

物理安全技术包括如下几点:

第一，机房环境要求。目前，随着计算机硬件制造技术的迅猛发展，计算机软、硬件在性能上已经变得越来越稳定和可靠，计算机及一些网络设备等硬件设施对其周边环境的要求也有所降低，现在放置普通计算机的微型房间一般不需要进行专门装修布置，但保证房间的整洁、具有适宜的温度和湿度、通风等要求还是必需的。

国家为规范主机房的设计，颁布了许多相关的规定，如 GB50173-93《电子计算机机房设计规范》、GB2887-89《计算站地技术条件》和 GB9361-88《计算站场地安全要求》等文件。只有在遵循国家标准规定设计的机房，才能够确保电子计算机系统稳定可靠的运行及保障机房工作人员有良好的工作环境。从另一个角度来讲也做到了技术先进、经济合理、安全适用、确保质量。

第二，设备安全。设备安全主要包括设备的防盗、防毁坏、防设备故障、防电磁信息辐射泄漏、防止线路截获、抵抗电磁干扰及电源保护等方面的内容。其目标是防止组织遇到资产损坏、资产流失、敏感信息泄露或商业活动中断的风险，应从设备安放位置、稳定供电、传输介质安全、防火安全和防电磁泄密等方面来考虑。

设备的安放位置应有利于减少对工作区的不必要访问，敏感数据的信息处理与存储设施应当妥善放置，降低在使用期间对其缺乏监督的风险；要求特别保护的项目应与其他设备进行隔离，以降低所需保护的等级；采取措施，尽量降低盗窃、火灾等环境威胁所产生的潜在的风险；考虑实施"禁止在信息处理设施附近饮食、饮水和吸烟"等。

稳定供电是计算机、通信等信息设备能够正常应用的必要条件。如在交通运输部门的计算机网络售票系统、证券交易系统中，如果没有备用电源，一旦发生电力供应中断就会引起业务活动的中断。因此，保证重要信息设备的供电可靠性对保持业务活动的正常运作十分重要。通常采取的措施有多路供电途径以避免单点电力供应发生故障的危险、不间断电源(UPS)、备用发电机等。其中需要注意的是：电源系统要安装牢固，连接可靠，具有过载保护功能，有独立的电源开关，带有良好的接地的三相插板，是通过国家技术监督局检测的合格产品。

第三，传输介质安全。传输介质是网络中传输信息的载体，其安全性将直接决定信息的安全性，因此不容忽视。对传输信息资料的通讯电缆或支持信息服务的电力电缆应加以保护，避免被不法分子窃听或被破坏。用于传送数据的通讯电缆或支持信息服务的电力电缆被截断会造成信息的不可用，甚至造成整个网络系统的中断；用于传送敏感信息的通信电缆被截获，会造成机密信息泄露。

三、不同物理安全威胁下的防范措施

物理安全策略主要是对计算机信息的存储和传输两方面进行安全保护,其安全体系结构应从三个方面考虑:一是自然灾害,也就是由自然环境所带来的危害,或设备本身硬件设施故障、断电等所引起的物理损坏,主要包括设备的防盗、防毁、防电磁泄漏、防线路截获、抗电磁干扰、电源保护和设备老化等;二是电磁辐射、痕迹泄漏等;三是操作者操作失误引起的意外疏漏等。物理安全策略的目的是保护计算机系统、网络服务器、打印机等硬件系统和通信系统免受自然灾害、人为破坏等各种攻击破坏活动的发生。

设备安全:设备防毁,首先需要对抗自然力的破坏,使用接地保护等措施进行保护;其次需要对抗人为的破坏,使用防砸外壳等措施进行保护。

常见的设备保护措施是电源保护,应从两个方面做好计算机信息系统设备的能源保障:一是对电源的工作连续性的保护;二是对电源的工作稳定性的保护。措施主要包括:配置不间断电源、配置交流稳压电源、重要系统和大型系统配备多种供电来源、配备发电设备。应定期维护和检测,并有硬件备份,制定更新换代计划和其他应急措施。

防信息泄露:防止电磁信息泄露,需要提高系统内的敏感信息的安全性,可使用屏蔽法、屏域法、时域法等有效防护措施。防止线路截获的技术可从四个方面进行:预防线路截获、扫描线路截获、定位线路截获、对抗线路截获。主动检查是否存在窃听器,采用各种加密技术对原始信息进行加密处理,确保信息即使被截获也无法还原出原始信息。

物理隔离:采用隔离卡使一台计算机既连接内网又连接外网,可在不同的网络上分时地工作,节省资源。

物理隔离是指与国际互联网和其他公共信息网络没有任何直接或间接的连接,保证在网络物理连接上是完全分离的,且没有任何公用的存储信息。具体要求包括:

(1)环境安全:涉密单机所在工作环境、周围环境、安防部署等。

(2)所有涉密单机,严禁安装调制解调器或采取其他方式直接、间接与国际互联网或其他外部公共网络连接,必须安装涉密单机违规外联预警系统,对违规外联行为进行审计监控。

（3）必须拆除涉密便携式计算机中具有无线联网功能、蓝牙功能、红外功能的硬件模块；涉密单机禁止使用具有无线互联功能的外部设备（无线键盘、无线鼠标及其他无线互联的外围设备）；严禁将各类涉密存储介质在非涉密计算机及网络、连接国际互联网的计算机及网络上使用。

（4）容错与容灾，容错保证系统可靠性的三个途径：避错——完善设计和制造，减少系统发生故障的频率。纠错——作为避错的补充，一旦出现故障，可通过检测、排除等方式消除故障再进行恢复。容错——即使出现错误，系统也可以执行一组规定的程序。容灾是对偶然事故的预防和恢复，我们需要对服务的维护和恢复，还要保护或恢复丢失、被破坏的或被删除的信息。

（5）自然环境威胁：办公室最常见的安全隐患是火灾。那么如何预防办公室火灾？

第一，及时更换老旧插座。办公室的插座应该及时替换，比如一些老旧的插座、安全性能低的插座。电器多用插座供电，使用时切忌插用电器过多，以免造成插座、插头啮合不良发热失火。

第二，防止过度使用。不能只使用最方便顺手的墙体插座，闲置其他墙体插座，造成该插座电线加速老化，甚至因电流过载导致不测。

第三，远离可燃物。办公室的碎纸机、打印机、加湿器等便携式电器一般体积较小，散热性差，容易产生自燃事故，使用时应远离桌面、台布等可燃物体，并随时查看其工作温度。

第四，关闭电源。下班勿忘关闭电器开关，最好每个办公室设置一个双连开关，下班时随手切断室内电源。没有室内电源的可以拔掉电源。

第五，不在办公室里吸烟。在办公室抽烟要注意火灾防范，不能将烟头随手扔到废纸篓里，要确保人走烟灭。有条件的，尽量到公共吸烟区抽烟。

第六，大功率办公器材使用后及时断电。

第七，及时清理消防安全通道，严禁堵塞占用。保持办公室通道畅通，不在出口和楼梯间等处堆放杂物，常备灭火器等消防器材。

第八，切忌将电源靠近可燃物。便携式电器一般体积较小，散热性差，使用不当容易发生自燃，因此使用时应远离桌面、台布等可燃物，并随时查看温度。

第九，保持桌面清洁、整理文件材料。保持办公室整洁，纸质文件材料不要大量堆放在桌面上,桌面有打印机等设备,杂物不要遮挡电器的散热口。

为了防止设备的防盗防毁,应制定严格的管理制度,专人操作、维护,维修应经过授权并有负责人在场。同时,设备要有冗余备份,以应对突发事件的发生。

第三节 涉密场所的环境安全

一、对涉密场所环境安全的要求

对于涉密场所的选择,一般应该选择内部符合涉密条件的场所,也可以选择具备良好保密环境,软件和硬件均符合保密要求的宾馆、招待所、礼堂、会馆等。涉密场所一般不应该选择接待境外人员的宾馆、饭店。

由于特殊原因需要在接待境外人员的宾馆、饭店召开涉密会议的,应当将会场和会议代表居住区与境外人员的居住区拉开距离。会议驻地禁止境外人员出入;加强对会议代表和会议工作人员的管理。在会议召开之前,要对会场和住房进行严格的保密检查。

另外,在涉密场所使用的各种设备,包括通信设备、电脑、复印机、打印机等办公用品,在使用前要进行严格的保密性能检查,配备必要的保密技术设备。

涉密场所的环境安全的风险主要来源于自然环境灾害,人员访问控制失效,机房基础设施缺失导致的火灾、漏水、雷击和静电对设备电路的破坏、温湿度失调、设备失窃等安全事件,会影响网络、主机和业务的连续性,甚至导致业务数据丢失等。

二、涉密场所环境安全的措施

涉密场所的环境安全的目标是选择一个合理的物理位置,最大限度避开雷击多发区、爆炸、火灾、水灾隐患地点;在此基础上,为涉密场所配置完善的基础设施,包括通过电子门禁控制人员的出入、配置自动报警和灭火的消防系统来确保火情可以及时地被发现和消除;涉密场所环境控制要具备温湿度检测、漏水检测以及报警功能来保证运维人员可以及时发现涉密场所温湿度失衡和空调漏水,配置双路冗余电路、UPS 电源以及柴油发电机等备用电力输出系统来保证涉密场所电力供应的持续性,使涉密场所内的设备可以在稳定的环境中运行,降低设备故障的概率,保障信息系统的业务连续性。

第一,场地要求。涉密场所场地应选择具有防震、防风和防雨等功能的建筑;避免设在建筑物的顶层或地下室,否则应加强防水和防潮措施。

第二,物理访问控制要求。涉密场所出入口应配置电子门禁系统,控制、鉴别和记录进入的人员。

第三,防盗窃和防破坏要求。应对涉密场所设备或主要部件进行固定,并设置明显的不易除去的标志;应将通信线缆铺设在隐蔽处,可铺设在地下或管道中;应设置涉密场所防盗报警系统或设置有专人值守的视频监控系统。

第四,防雷击要求。应将各类机柜、设施和设备等通过接地系统安全接地;应采取措施防止感应雷,例如设置防雷保安器或过压保护装置等。

第五,防火要求。应设置火灾自动消防系统,能够自动检测火情、自动报警,并自动灭火。涉密场所及相关的工作房间和辅助房间应采用具有耐火等级的建筑材料;应对涉密场所进行划分区域管理,区域和区域之间设置隔离防火设施。

第六,防水和防潮要求。应采取措施防止雨水通过涉密场所窗户、屋顶和墙壁渗透;应采取措施防止涉密场所内水蒸气结露和地下积水的转移与渗透;应安装对水敏感的检测仪表或元件,对涉密场所进行防水检测和报警。

第七,防静电要求。应安装防静电地板并采用必要的接地防静电措施;应采用措施防止静电的产生,例如采用静电消除器、佩戴防静电手环等。

第八,温、湿度控制要求。应设置温、湿度自动调节设施,使涉密场所温、湿度的变化在设备运行所允许的范围之内。

第九,电力供应要求。应在涉密场所供电线路上配置稳压器和过电压防护设备;应提供短期的备用电力供应,至少满足设备在断电情况下的正常运行要求;应设置冗余或并行的电力电缆线路为计算机系统供电。

第十,电磁防护要求。电源线和通信线缆应隔离铺设,避免互相干扰;应对关键设备实施电磁屏蔽。此外,计算机、通信机等电子设备在正常工作时会产生一定强度的电磁波,该电磁波可能会被专用设备所接收,以窃取其内容,因此关键设备需要进行电磁屏蔽,比如使用专门的电磁屏蔽机柜和屏蔽网线。